文史哲學集成

李威熊著

中國經學發展史論

上冊

文史哲出版社印行

文史哲學集成 ⑳⑴

中國經學發展史論 上册

著　者：李　威　熊
出版者：文史哲出版社
登記證字號：行政院新聞局版臺業字○七五五號
發行所：文史哲出版社
印刷者：文史哲出版社
臺北市羅斯福路一段七十二巷四號
郵撥○五一二八八一二彭正雄帳戶
電話：三　五　一　一　○　二　八

實價新台幣 四八○元

中華民國七十七年十二月初版

序

羣經是中國學術文化的主幹，其中寄託了我國立國的精神。二千多年來，關係著中華民族的發展，不管在政治、社會、文學……等各方面，都與經學有著密切的關係。它那一股有形、無形的力量，一直影響著每一位中國人的人生觀。但自滿清末葉以後，在一連串反傳統的聲浪中，有不少國人也反對讀經，學術界曾有二度大規模的讀經問題論戰，如今經學的權威已徹底的被打破，昔日國人「柔日讀經，剛日讀史」的情懷，恐難再現。這是學術史上的一大變局，如此變局是憂是喜，現在不必急於妄下斷語，恐怕要交給「歷史」去論定是非。

中國經書，從漢儒開始，便把它視爲人生常理、常道的書，不管是個人言行或國家行政措施，本來就應該依照常道而行，我們日常一切行事，不但不能失常，更不能反常，唯有守經達變，才能爲自己和人類開創光明幸福的未來。基於此種原因，所以歷代都非常重視經學的提倡，經學家的有關著作，也多如汗牛充棟；面對如此浩如烟海的經籍，筆者不自量力，欲作一番「史」的探討，藉以掌握歷代經學變遷的大要，但這並不是一件容易的事。首先在基本素材的蒐集上，便遭遇相當大的困難，一來資料太多，無法一一過目；二來亡佚的經學著作也不少，使得歷代經學一些問題晦闇而難明。於是只能謹愼的作了一些選擇，先從通志堂經解，皇清經解正續編、經苑……等經學專輯，找到主要經學著作外，還根據各正史的儒林傳、書志，以及清修四庫全書總目提要和朱彝尊經義考等的說法，再參考了皮錫瑞的經學歷史、馬宗霍的中國經學史、日人本田成之的中國經學史，也盡量網羅古今學者有關經學的重要論述。爲了避免掠人之美，和提供讀者查考原典的方便，每章後面都加注交代出處；如果屬於一般性的問題，像作者生平或大家所熟知的，就不另贅述。

凡是屬於歷史性的著作，貴在它的客觀性，今就經學史而言，只要能把歷代經學發展現象眞實的展現出來，便是成功的作品。但是本書在某些問題上也作了一些評論，所以才把書名定爲「中國經學發展史論」，不過所有的論證也都是經過客觀分析後才歸納出的結論。

本書從開始撰稿一直到全書的完成，前後共花了十年的時間，雖盡心盡力想要寫好，但囿於學植，且多年來擔任行政工作，難免分心，不能一氣可成；由於時寫時斷，恐怕有不連貫或思慮欠週的地方；又因上下二千多年的經學，牽涉範圍甚廣，限於篇幅的關係，不容易面面顧到，定有不少遺漏處，還請博雅方家多給予批評指敎。

書中部分篇章，曾發表在孔孟月刊、學報和中華學苑等刊物，趁著彙輯成書時，順便作了一些補充和修正。全書也承蒙政大喬衍琯教授、林麗娥博士，與大簡博賢博士、花師許學仁博士，輔大吳彩娥小姐提供寶貴的意見，政大中研所彭雅玲、劉香蘭、柯金木、魏敏慧、陳方濟、王熙銓等位同學幫忙校對，才能順利出版，特以致謝。

中華民國七十七年十月　李威熊謹識於國立政治大學中文系

中國經學發展史論 上册 目次

第一章　經學與經書

經書是我們祖先經驗和智慧的記錄，也是修身治國、經世濟民的常理、常道，可以把它看成是人生的教育學，更是中華文化的骨幹。我們爲了認識和宏揚中國傳統的固有文化，則不能不讀經書；如要再進一步對羣經作系統研究，那便是屬於經學的範疇。

一、說　經

經的本義，據說文第十三篇上云：「經，織從絲也。」所以「經」本來就是指織布時直的線而言。大戴禮記易本命篇說：「東西爲緯，南北爲經。」以後引申有徑、道、由、常、法、理等意思。段玉裁說文注：「織之從絲謂之經，必先有經而後有緯，是故三綱、五常、六藝謂之天地之常經。」後人對經也有不同的詮釋，重要的有下列幾家：

鄭玄孝經注：「經者，不易之稱。」（玉海卷四十一引）又庶人章注：「經，常也。」

劉熙釋名釋典藝：「經、徑也，常典也，如徑路無所不通，可常用也。」

張華博物志：「聖人制作曰經。」

劉勰文心雕龍宗經篇：「經也者，恆久之至道，不刊之鴻敎也。」又：「聖哲彝訓曰經。」

熊十力讀經示要第一講：「經者常道也；夫常道者，包天地，通古今，無時而不然，無地而可異也。」

將前人的這些說法加以歸納，一般所謂的經，是指聖人所制作的言論，是一種經常不變的法則，也是人生日常行爲所必須遵循的大道。所以「經」在國人的心目中，便具有無上的權威，它也成爲垂敎萬世，和人民日常生活所遵奉的規範了。四庫全書總目提要經部敍曰：「蓋經者非他，即天下之公理而已。」不過，值得注意的是把「經」視爲如此之崇高，都是漢儒以後的事。

易、書、詩、禮、樂、春秋等，經孔子修訂後，皆書之於策，其長二尺四寸，孝經半之，論語八寸，此乃經籍簡册之規格。雖與經的稱呼無關，但卻是經書很重要的特色。又何以稱經，近人王靜芝先生在其所著經學通論中，謂經是一種書的通稱，這一種書大抵是載某一家主要的學說，如墨家稱墨子書爲墨經，道家稱老子書爲道德經、莊子書爲南華經，甚至以後佛敎徒稱佛家的書爲佛經，基督徒稱有關耶穌的書爲聖經，也屬同樣的道理。可是詳審羣經的意義，它除了是記載儒家學說的一種通稱外，應該還具有特殊的意義。因爲易、詩、書等在形成的初期並不稱爲經，較早稱經者，是見於莊子天運篇：「孔子謂老聃曰：『丘治詩、書、禮、樂、易、春秋六經。』」又曰：「夫六經者，先王之陳迹也。」荀子勸學篇也說：「學惡乎始？惡乎終？曰其數則始乎誦經，終乎讀禮。」但莊子天運是外篇，可能是戰國時人所依托，所以六藝稱經當以荀子爲最早。六藝大概是因爲經過了孔子整理的關係，它又是集中國古代文化之大成，性質自然與諸子不同；爲了強調它是一種聖賢垂教，貫穿古今，示人以修己治人大道的經典；因此經的地位也顯得格外崇高，別具有一種尊稱在。換句話說，經就是聖人的典則，旨在規範人生。而釋經的書起初稱傳，如易傳、春秋三傳。至於以傳爲經，那是日後的演變，但二者的關係，非常密切，章學誠文史通義經解上，甚至認爲：因傳而有經之名。

二、何謂經學

經學所包含的意義非常廣泛，日人本田成之說：「所謂經學，乃是在宗教、哲學、政治學、道德學底基礎上，加以文學的藝術的要素，以規定天下國家，或者個人底理想或目的的廣義的人生教育學。」（註一）這是從經學的特質上所下的定義。其實所謂經學，是指易、書、詩……等羣經之學的簡稱；凡成系統，有條貫之學術，即皆謂之學，因此，把諸經看成一門學問，作系統研究，如經傳的名物訓詁，或剖析其義理，或探討羣經源流發展歷史，以及經書上種種問題的研究等，都包括在經學的範疇。

經成爲專門的學術，當從西漢開始。秦始皇曾下令禁止天下私藏圖書，又進一步的焚書坑儒，經過這一場浩刼，經書所存無幾，到漢惠帝四年，始除挾書禁律。文帝、景帝曾立經學博士，於是羣經方成爲專門之學。漢書宣帝紀說：「博問經學之士，有以應變，輔朕之不逮。」兒寬傳也說：「見上，語經學，上說之。」由於在上位者的鼓舞，對經學的發展有很大的幫助。經學一詞，最早也是見於此。

西漢經學，講求師法，重微言大義。武帝以後，立經學十四博士，都是今文學，一般稱爲官學，當時古文經只流傳於民間，稱之爲私學。哀平之際，社會習尙特殊，一般士人喜談陰陽災異，圖緯讖候，而有所謂緯書，當時稱爲內學，六經卻反被稱爲外學。東漢古文學大興，說經偏重於章句訓詁，到了鄭玄注經多達百餘萬言，又兼容今古文之說，成一家之言，於是把中國經學帶到了另一境界。魏晉六朝，時局混亂，形成南北相互對峙的局面，而在經學上遂有南北之分；南方主王弼、王肅，北方尊鄭玄。隋唐以後，注疏之學大爲盛行，孔穎達等修五經正義，定經義於一尊，以便於科舉有所遵循，於是經學又南北合而爲一。入宋直到明朝末年，學術界因受釋道的衝擊，引起了相當大的變化，經學的研究方向，也跟以前有很大的不同。一般學者，特別重視生活的體驗，喜談心性，後人稱之爲宋學、心學或理學，這一時期的經學研究成果，有些收在納蘭性德所編的通志堂經解中。但物極必反，陽明心學對宋學雖有振衰之功，而到了末流，弊端叢生，漸流於空疏浮泛，於是有清一代，學者治經，講求崇本務實，實事求是，號稱徵實之學或樸學。乾嘉時，風氣尤盛，當時又分爲二派，一是以惠棟爲主的吳學，一是以戴震爲主的皖學，總稱之爲漢學，與當時所謂的宋學一派，壁壘分明。又在此樸學昌盛的當頭，也有一股反動的力量，那就是今文公羊學的再度勃興，莊存與便是當時的發起人，本派專明春秋公羊傳的義理，到了康有爲乃走極端，康氏曾作新學僞經考，以爲古文諸經皆劉歆所僞，又作孔子改制考，以爲六經皆出自孔子，並推崇孔子爲素王。日後舉國忙於西化，中國的經學便日趨衰竭，其權威終被否定；所以有人說，中國的學術文化，從董仲舒罷黜百家，獨尊儒術起，直到清季的康有爲止，可說是整個籠罩在經學的氣氛中，此話當不無道理。

二千多年來，每一個朝代，都有其不同的學術環境背景，因此對經學的研究也有不同的重點和精神。這是有志於經學研究者，應該特別注意的。四庫全書總目提要經部總敍說：

> 自漢京以後，垂二千年，儒者沿波，學凡六變：其初專門授受，遞稟師承，非惟訓詁相傳，莫敢同異；卽篇章字句，亦恪守所聞，其學篤實謹嚴，及其弊也拘。王弼、王肅，稍持異議，流風所扇，或信或疑。越孔、賈、啖、趙；以及北宋孫復、劉敞等，各自論說，不相統攝，及其弊也雜。洛閩繼起，道學大昌，擺落漢唐，獨研義理，凡經師舊說，俱排斥以為不足信。其學務別是非，及其弊也悍。學脈旁分，攀緣日衆，驅除異己，務定一尊。自宋末以逮明初，其學見異不遷，及其弊也黨。主持太過，勢有所偏，材辨聰明，激而橫決，自明正德、嘉靖以後，其學各抒心得，及其弊也肆。空談臆斷，旁證必疎，於是博雅之儒，引古義以抵其隙。國（清）初諸家，其學徵實不誣，及其弊也瑣。

這是中國歷來經學演變的大勢，該敍又說：「要其歸宿，則不過漢學、宋學兩家，互爲勝負。」

執簡馭繁，倒是很能把握中國經學發展的重點。

三、經書的分合

中國最早的經書，在漢代只有詩、書、易、禮、春秋五經，如加上亡佚的樂經，則稱之爲六經。日後以傳以記爲經，才有所謂的七經、八經……十三經、十四經等。

㈠六經：詩、書、禮、樂、易、春秋。

六經之稱，最早見於莊子天運篇，以詩、書、禮、樂、易、春秋爲次，當時又稱之爲六藝，是指常人在日常生活中所應具備的六種知識才能而言，它是人生最實用的基本學問，學者用功於六經，猶如農夫致力於耕種。賈誼新書六術篇：「外體六行，以與詩、書、易、春秋、禮、樂六者之術以爲大義，謂之六藝。」乃最早把六經作六藝之稱者。司馬遷史記孔子世家也說：

> 孔子以詩、書、禮、樂敎弟子，蓋三千焉，身通六藝者七十二人。

此言六藝，當然是指六經而言。又伯夷列傳也說：

> 夫學者載籍極博，然猶考信於六藝，詩、書雖缺，然虞、夏之文可知也。

又滑稽列傳：

> 六藝於治一也，禮以節人，樂以發和，書以道事，詩以達意，易以神化，春秋以道義。

爲學的目的，除了增加知識外，最重要的就是在學做人，六經之所以又稱爲六藝，足見其與修身待人處事有分不開的關係。段玉裁於說文序注云：「六經爲人所治，如種植於其中，故曰六藝。」即以六經爲人之精神食糧，如稻麥之能活人，所以必須勤加藝植。班固漢書藝文志有關羣經典籍部分，亦稱六藝略，與周禮地官保氏所指的禮、樂、射、御、書、數之六藝並稱。二者名稱雖同，但性質稍有差異，前者偏於知識性，後者偏於技藝性，但都是日常生活中不可或缺者。

(二)五經：易、書、詩、禮、春秋。

六經缺樂，稱爲五經。漢武帝建元五年（西元前一三六），置五經博士，於是五經之稱遂被一般人所沿用，宋程、朱以後，以大學、中庸、論語、孟子爲四書，因此四書、五經便成爲中國讀書人日常必須課讀的典籍。

爲什麼六經後來會缺樂呢？歷來大概有二種說法：古文學家認爲被秦火燒了。史記儒林傳說：「及至秦之季世，焚詩書，坑術士，六藝從此缺焉。」樂經與其他經典一樣，同時毀於秦火。但今文家則認爲樂經本來就沒有文字記載，它只不過是詩經的樂譜罷了。二家之說，孰是孰非？很難論斷。漢書藝文志六藝略，有關樂經部分著錄有：樂記二十三篇，王禹記二十四篇，雅歌詩四篇，雅琴趙氏七篇，雅琴師氏八篇，雅琴龍氏九十九篇等六種，並說：

> 易曰：「先王作樂崇德，殷薦之上帝，以享祖考。」故自黃帝下至三代，樂各有名。孔子曰：「安上治民，莫善於禮；移風易俗，莫善於樂。」二者相與並行。周衰俱壞，樂尤微眇，以音律為節，又為鄭衞所亂，故無遺法。漢興，制氏以雅樂聲律，世在樂官，頗能紀其鏗鏘鼓舞，而不能言其義。六國之君，魏文侯最為好古，孝文時得其樂人竇公，獻其書，乃周官大宗伯之大司樂章也。武帝時，河間獻王好儒，與毛生等共采周官及諸子言樂

事者，以作樂記，獻八佾之舞，與制氏不相遠。其內史丞王定傳之，以授常山王禹。禹，成帝時為謁者，數言其義，獻二十四卷記。劉向校書，得樂記二十三篇，與禹不同，其道寖以益微。

根據史記資料和漢志的說法，有關樂經問題，我們大概可以做下列幾點之推測：

1. 樂經之名稱在漢初似乎仍相當普遍，但在史記儒林傳中只敍述五經之承傳，獨缺樂經，所以樂經亡於秦漢之前，殆無疑義。

2. 樂經本指古代樂律之名，或奏樂之法則，與禮義之儀文並稱，同是儒家教化的二大重鎭，是安上治民，移風易俗所應具備者，但它與易、書、詩、春秋等在於說理述志的文章不同，而是偏重於動作性和技巧性，正與六藝之「藝」的意義相符，所以史記孔子世家說：「吾自衞反魯，然後樂正，雅頌各得其所。」所謂「樂正」，蓋指技術性爲多，如音律、節拍、彈奏技巧等。

3. 東周以後，王室衰微，禮樂崩壞，樂因被鄭衞之音所亂，再加上秦火之刼，因而造成樂經的亡佚。

4. 樂屬於樂律和技巧部分者，稱之爲經，記載樂之意義者，謂之記；與稱儀禮爲經，解釋儀禮者爲記（禮記）相彷彿。

5. 今所見周禮大司樂、禮記樂記、荀子樂論、史記樂書、漢書禮樂志等，卽古樂記之餘也。而有關樂記之整理，當歸功於劉向。

以上推測如果無誤的話，似乎今文家的說法較爲可信。又孔子施敎，屢言詩書，不大言樂，則樂可能是無文字的專書。如果有文字也是偏於古樂律和演奏以及歌唱技巧的記載，因形諸符號，較爲枯燥，又有些部分，可能只憑口耳相傳，或動作模仿，因此極易因天災人禍、時局動亂而失傳，這或許是樂經之所以全部亡佚的主要原因。

五經的排列，也有一定的次序，最常見的大概有二種：

今文家：詩、書、禮、易、春秋。（見史記儒林傳）

古文家：易、書、詩、禮、春秋。（見漢書儒林傳）

西漢重今文，東漢重古文，從上列史記、漢書儒林傳有關五經之排列，也可得到佐證。今文家是以五經內容程度之淺深而次第之；古文家之次序，是以五經產生之時代先後而定。但所謂內容難易，實在很難得一客觀標準；至於五經產生時代之先後問題，至今亦有很多爭論，所以所謂淺深，或時代早晚，完全是排列者主觀的見解，只供我們參考而已，並沒有太大的意義。

㈢**七經：詩、書、禮、樂、易、春秋、論語。**

歷來所謂七經，主要有下列數種說法：

1. 詩、書、禮、樂、易、春秋、論語。（見後漢書卷六十五張純傳李賢注）但後漢書趙典傳注則以五經加論語孝經爲七經。
2. 尚書、毛詩、周禮、儀禮、禮記、春秋公羊傳、論語。（見宋劉敞七經小傳、王應麟小學紺珠）
3. 易、書、詩、春秋、周禮、儀禮、禮記。（見淸康熙御纂七經）

三家之說，以後漢書李賢注爲最早，各家之說乃就其所見或研究之經數而言，並無特殊意義，故不大爲後人所注意。又東漢熹平石經所刻有周易、尚書、魯詩、儀禮、春秋、公羊傳、論語等七經。

㈣**九經：易、書、詩、三禮、三傳。**

唐初陸德明經典釋文以易、書、詩、周禮、儀禮、禮記、春秋左傳、孝經、論語爲九經。徐堅初學記以三禮、三傳加易、詩、書爲九經。清惠棟曾著九經古義，其順序爲易、書、詩、周禮、儀禮、禮記、公羊傳、穀梁傳、論語。後人稱九經常指徐堅初學記之說而言。又五代後唐長興年間，刻有九經。

㈤**十經：易、書、詩、三禮、三傳、論語孝經。**

宋書百官志以易、書、詩、三禮、三傳、論語孝經合爲一經，稱爲十經。然而南史周續之傳，卻以五經五緯爲十經。

㈥**十一經：將前述十經之論語、孝經分開。而元何異孫十一經問對，以四書加孝經、詩、書、春秋三傳、周禮、儀禮、禮記爲十一經。**

㈦**十二經：十一經加爾雅。**

唐文宗開成年間所立石經，已刻有十二經。

㈧**十三經：十二經加孟子。**

孟子在漢書藝文志、隋志、兩唐志，仍然置於子部。到了宋代，因講理學、心學，所以特別推崇孟子，於是把孟子書也列入經書之中，因此，十三經便成爲專有名詞，南宋光宗紹熙年間，有合刊注疏本十三經問世，這乃中國第一部經學叢書，對後人研究經學有很大的幫助。其名稱如下：

周易正義　魏王弼、韓康伯注。　唐孔穎達等正義。
尚書正義　漢孔安國傳。　唐孔穎達等正義。
毛詩正義　漢毛公傳鄭玄箋。　唐孔穎達等正義。
周禮注疏　漢鄭玄注。　唐賈公彥疏。
儀禮注疏　漢鄭玄注。　唐賈公彥疏。
禮記正義　漢鄭玄注。　唐孔穎達正義。
春秋左傳正義　晉杜預注。　唐孔穎達正義。
春秋公羊傳注疏　漢何休注。　唐徐彥疏。
春秋穀梁傳注疏　晉范寧注。　唐楊士勛疏。
論語注疏　魏何晏集解。　宋邢昺疏。
孝經注疏　唐玄宗御注。　宋邢昺疏。
爾雅注疏　晉郭璞注。　宋邢昺疏。
孟子注疏　漢趙歧注。　宋孫奭疏。

(九)**十四經：宋儒史繩祖主張將大戴禮記併入，合稱爲十四經。**

學問研究，越往後區分越爲細密，這是很自然的現象，有關經書的分合，由六經，五經到十三經，正可以看出歷來經學發展狀況。除了五經、六經、十三經已成了經學上的專有名詞外，其餘大多指某人研究那幾經的數目而已，對經學研究並沒什麼影響，但有些因已約定俗成，所以有志於經學研究者，也不能不知。至於十三經注疏，因成於衆人之手，不免有些缺失，但大體說來所疏十分翔實，是一般讀經者入門所必須參考的。但孟子孫奭疏，受後人批評最多，宋朱熹、清錢大昕等以爲並非孫氏所疏，可能是出自南宋邵武士人之手。（註二）

四、經書的刊行

㈠簡牘經書

檢查出土的甲骨和金文，到目前爲止，尙未發現有引羣經文句，所以論經籍之起，最早當追溯到竹簡木牘，其時間可能自上古到西元後三、四世紀。（註三）史記孔子世家稱孔子「晚而喜易，讀易，韋編三絕。」可知當時易經是書於竹簡上，至於其他各經可能也是一樣，這種風氣一直到西漢仍是如此，如近世在中國西北發現不少的流沙墜簡，其中有儀禮、詩經等簡册，便是最好的證明。

中國歷史上，記載發現簡册曾有多次：第一次在漢初；漢書藝文志說：「魯恭王壞孔子宅，欲以廣其宮，而得古文尙書及禮記、論語、孝經凡數十篇，皆古字也。」（註四）雖不言所發現的是木牘簡册，但以當時風氣推測之，當屬簡牘經書。日後，從晉不準盜魏襄王墓起，直到現在，前後發現不少戰國到漢魏間之竹簡。在那些出土的簡片中，發現有諸經簡册。民國四八年（西元一九五九）甘肅博物館於武威郊區一東漢古墓中，掘得三百八十五片的簡牘，其中有九篇比較完整的儀禮簡冊，一篇寫於竹簡，八篇寫於木札，是現存經書中較早的一種版本。（註五）它可能是王莽時代的寫本，藉此可以了解西漢晚期的簡冊制度。而喪服篇有三種不同的鈔本，據後人研究，該鈔本未經鄭玄改過，所以據此可以了解喪服的原本面貌，十分珍貴。近年來在大陸安徽阜陽漢墓，也發現了西漢竹簡書五部，中有詩經殘卷。該墓主是西漢汝陰侯夏侯嬰之子夏侯灶，據史記夏侯灶是卒於漢文帝十五年（西元前一六五），可知阜陽詩經是漢文帝十五年前的寫本無疑。是今見最早的簡牘經書，至爲珍貴難得。據文幸福阜陽漢簡詩經探究一文的考察，本殘簡共有一百七十餘條，有國風及小雅二種，國風只缺檜風未見，共有國風殘詩六十五首，其中但存篇名者三篇，小雅則只存鹿鳴之什中鹿鳴，四牡、常棣、休木四詩之殘句，此外尚有些殘句歸屬未定，其文字與毛詩異者達一百四十餘處之多，所以不是古文毛詩系統，也非屬今文齊魯韓三家。它是否卽漢志所謂「詩凡六家」，另外二家中的一家，尚有待研究。

㈡石刻經書

中國在周秦時代已有把文字刻在石頭上的習慣，而把經書刻在石碑上，謂之石經。我們從石經的刊刻可以了解各個朝代經學發展的大略；又石經文字容易保存長久，所以也可以作爲後世訂正群經文字的重要參考資料。宋王應麟稱古來石經有七，他說：「漢熹平則蔡邕，魏正始則邯鄲淳，晉裴頠，唐開成中唐玄度，後蜀孫逢吉等，本朝嘉祐中楊南仲等，中興高廟御書。」（註六）再加上清乾隆蔣衡所書之石經，共有八種。茲分述如下：

1. 漢熹平石經

東漢靈帝熹平四年（西元一七五），爲了禁止私改漆書經字，以平息紛爭，詔諸儒正訂五經，刊於石碑，爲古文、篆、隸三體書法，以相參驗，樹立學門，使天下咸取則。（註七）後漢書蔡邕傳也說：「邕以經籍去聖久遠，文字多謬，俗儒穿鑿，疑誤後學。熹平四年，乃與五官中郎將堂谿典，光祿大夫楊賜，諫議大夫馬日磾，議郎張馴、韓說，大史令單颺，奏求正定六經文字。靈帝許之。邕乃自書丹於碑，使工鐫刻立於太學門外。於是後儒晚學，咸取正焉，及碑始立，其觀視及摹寫者，車乘日千餘兩，塡塞街陌。」可見熹平石經當時很受一般士子之重視。但該石經在六朝以後，逐漸散亡，因此留下許多問題，頗爲後人所爭論。如所刻文字到底是三體，或僅一體，後漢書儒林傳和蔡邕傳所言不一，但據馮登府石經考異，謂後漢書儒林傳序稱三體者爲非。近世洛陽新掘出熹平石經論語「堯曰」殘石，僅隸書一體，可資佐證。又如熹平石經所刻經書，到底爲那些經，也有異說，玆據後魏楊衒之洛陽伽藍記所載，似僅有尙書、周易、公羊傳、禮記、論語等五部經書而已。羅振玉蒐集有漢石經殘石，馬衡有漢石經集存，對硏治漢代經學，厥功甚偉。

2. 魏石經

陳壽之三國志未曾言魏立三字石經之事，僅晉書衞恆傳，言在正始（魏齊王芳年號）立石經，晉書衞恆傳（卷三十六）說：

> 魏（曹魏）初傳古文者，出於邯鄲淳，恆祖敬侯（衞覬）寫淳尙書，後以示淳，而淳不別，至正始中（魏廢帝），立三字石經，轉失淳法，因科斗之名，遂效其形。

魏正始石經又稱三字石經，據晉書衞宏傳書石的人，先應該是衞恆的祖父衞覬，但據北魏書江式傳載北魏宣武帝延昌三年（西元五一四），式曾上表曰：

> 魏初博士清河張揖著埤倉、廣雅、古今字詁。陳留邯鄲淳亦與揖同時，博古開藝，特善倉、雅，許氏字指，八體六書，精究閑理，有名於揖，以書敎諸皇子，又建三字石經於漢碑之西，其文蔚炳，三體復宜。

據北魏書江式傳，書三字石經的人又明指是邯鄲淳，但晉書也有江式傳，卻又說是嵇康所爲。至於書石的人到底是誰，後人爭論不定，也許三人都參與了工作也說不定。當時是把石經立於洛陽太學堂前，即在漢石經的西面，晉永嘉以後，石經開始崩壞，清光緒年間，有正始石經尚書君奭篇殘石出世，後來又發現不少，馮登府曾爲洛陽石經作辨正，該石經確實用古文、篆文、隸書三種字體書寫，所刻的只有尚書和春秋，左傳只刻到春秋莊公中葉止。近人徐鴻寶、馬衡都有洛陽正始石經集拓本。從殘石可以看出它書石的方式，尙書首二碑作品字式，第三碑以後是作三字直下式。

3. 晉石經

晉書裴頠傳曰：「時天下暫寧，頠奏修國學，刻石寫經。」但晉石經後世並未見之，可能僅止於奏表，並未刊行。

4. 唐石經

唐石經始刊於唐文宗太和七年（西元八三三），成於開成二年（西元八三七）。舊唐書文宗本紀云：「開成二年……，冬十月……癸卯，宰臣判國子祭酒鄭覃進石壁九經一百六十卷，時上好文，鄭覃以經義啓導，稍折文章之士，遂奏置五經博士，依後漢蔡伯喈刊碑列于太學，創立石壁九經。」只刻正文，但於標題次行書某注，即指所據之本子，所刻經典有周易、古文尚書、毛詩、三禮、春秋三傳等，稱之爲九經，又有孝經、論語、爾雅合稱爲十二經，另有五經文字和九經字樣。但當時對該石經反應並不佳，文宗紀又說：「上又令翰林勒字官唐玄度復校字體，又乖師法，故石經立後數十年，名儒皆不窺之，以爲蕪累甚矣！」可見開成石經並不太受後世學者所重視，但北宋人刊印群經，經文卻多據開成石經。

5. 蜀石經

始刊於蜀孟昶廣政元年（西元九三八），成於宋徽宗宣和元年（西元一一二四），相傳五代後漢河中龍門人毌昭裔，精通經術，嘗依雍都舊本九經，延張德釗爲書，刻石於成都學堂。（註八）據馮登府石經考異，蜀石經刻有易、書、詩、三禮、三傳、孝經、論語、爾雅、孟子，凡十三經。蜀石經大概亡失於南宋理宗嘉熙、淳祐以後。馮氏曾據殘碑遺字，考核異文，可供研究本石經者之參考。

6. 北宋石經

本石經始刻於北宋仁宗慶曆元年（西元一〇四一），完成於嘉祐六年（西元一〇六一），由仁宗詔刻於國子監。（註九）王應麟玉海稱石經凡七十五卷，有易、書、詩、周禮、禮記、春秋、孝經、論語、孟子諸經，由楊南仲書，分爲眞篆二體，又稱二字石經，或嘉祐石經、開封府石經、國子監石經、汴學石經。日後殘缺，朱彝尊經義考謂金時耶律隆曾加以重修，但至明代又殘缺不全，清顧亭林、萬季野（斯同）、杭大宗（世駿）均有考異之作。

7.南宋石經

南宋石經，乃高宗小楷御書，刊於紹興五年（西元一一三五），成於孝宗淳熙四年（西元一一七七），刻有周易、尙書、毛詩、春秋、左傳、論語、孟子諸經，禮記只刻中庸、大學、學記、儒行、經解五篇。刊石立於太學首善閣及大成殿後三禮堂之廊廡。（註一〇）又稱爲紹興御書石經，或宋高宗御書石經、宋太學御書石經。元明間，因屢經遷徙，現已不甚完整。

8.清石經

乾隆五十六年（西元一七九一），命長洲蔣衡書十三經於太學；嘉慶八年（西元一八〇三），又重加摩改，故前後有二搨本，對經字考訂，頗有幫助。後人稱作乾隆石經或蔣衡石經。

石經除上述八種外，還有唐石臺孝經，對後人研究孝經，富有參考價値。從歷代石經的刊刻，可知羣經由於輾轉相傳，時間一久，在文字上難免會有所分歧，朝野爲求一定本，因此才有石經的刊行。所以根據石經，可以正訂諸經文字。早期石經雖大多已散失，但存於今日者，縱使斷碑殘石，吉光片羽，亦彌足珍貴，可以幫助我們了解歷代經學發展的大概情況。如依據熹平石經殘石，可以探知東漢末期，雖古文學盛行，但今文學仍未完全消失。從發現的石經論語殘石，可知它仍根據魯論二十篇本刻成，（註一一）又據開成石經知唐代已有十二經之名。至於十三經，始見於蜀石經，可證孟子到五代、宋初，才正式列於羣經。又如據洛陽新出土殘石，所得魯詩，其篇章次第，與毛詩不同。再如根據清石經，其周易乃據古本，分上、下經與十翼爲二，與通行十三經周易王弼本不同。若此之類，對研究各代經學的發展，不無助益。

㈢寫卷經書

所謂寫卷經書，是指把經文寫在布帛和卷軸上而言；把書寫於布帛上起於何時？已無可考，但可能到戰國初期已相當的流行，現存最早的帛書，是民國二十七年（西元一九三八）在長沙古墓出土的戰國時代楚國帛書。（註一二）到了東漢和帝元興元年（西元前一〇五）蔡倫發明了紙以後，開始有紙寫的卷軸，因爲布帛和紙寫的卷軸容易受潮而腐爛，所以保管困難。民國六二年（西元一九七三）十二月至六三年初，又在長沙馬王堆三號漢墓發掘時，發現了隨葬的帛書易經殘卷，是漢文帝十二年（西元前一六八）以前的古物（註一三），乃現存最早的寫卷經書，十分難得。民國六十年（一九六九）在我國新疆吐魯蕃唐墓中，發現卜天壽手鈔「論語鄭氏注」。另外敦煌千佛洞石室的發現，其中有不少六朝和隋唐時代的經卷書本。根據現近人王重民敦煌古籍敍錄，簡介如下：

1. 易經卷子

(1)周易王弼注：伯二五三〇：從噬嗑後數行至離。伯二五三二：從解至益。卷尾均存有後題，前卷是唐高祖時的寫本，後卷「民」字缺筆，信是唐初寫本。伯二六一九：兌卦下半至中孚上半。伯三六八三：家人下半至睽卦上半，書法欠佳。斯六一六二：存咸衡二卦。

(2)周易釋文：伯二六一七：從大有到卷末，寫於唐開元二十六年（西元七三八）。斯五七三五：僅存六行，屬泰、否、同人三卦。與上卷屬同一寫本。伯二六一七就接在本卷之後。

2.尚書卷子

(1)古文尚書：伯二五三三：孔安國傳夏書。伯二五一六：孔安國傳商書。又石室佚書影印本有顧命九行半。這三殘本都是魏晉以來，未經天寶改字之相傳隸古定原本。伯三六〇五：益稷後半。伯三六一五：禹貢之開端，存二十二行，與上卷筆迹相同，「治」字不缺筆，爲高宗以前之寫本。伯三四六九、三一六九、五五二二、四三〇三、三六二八，都是禹貢殘卷，但非同一寫本。伯三七五二：存胤征八行，屬唐太宗時寫本。伯三七六七：存亡逸篇三十二行，爲隋唐間寫本。伯三六七〇：盤庚上篇之後半，在前之伯二五一六相銜接，是屬同一寫本，伯二六四三：盤庚上至微子。卷末題「乾寧元年（西元八九四唐昭宗）正同二十六日義學生王老子寫了。」經文多遵古字，傳則間從今文，王氏認爲此卷是眞衞包以後之古文。伯二七四八：從洛誥第十五起，止於蔡仲之命第十九，中有殘缺，王氏確定爲中唐以前之寫本。伯四五〇九：顧命殘本，仍未經天寶中改定之古本。伯二九八〇：秦誓，屬六朝寫本。伯二五四九：爲正文尚書篇目。伯三八七一：爲費誓殘文，此二卷與伯二九八〇屬同一寫本。

(2)今文尚書：（指當時之楷書）

伯三〇一五：爲堯典，由「靜言庸違」起至篇末，書法工楷，頗似歐褚字體。伯二六三〇：爲周書，起多方之後半至立政篇後題。

(3)尙書釋文

伯三三一五：本卷爲陸德明經典釋文之原書僅存者，與今本釋文頗有不同，後人研究者甚多。

3. 詩經卷子

(1)毛詩故訓傳

伯二五九：從周南麟趾至陳宛邱，爲唐寫本。伯二九三八：從國風柏舟至匏有苦葉，亦屬唐寫本。伯二五一四：小雅鹿鳴以下至卷九後題，爲六朝本。伯二五七〇：從出車至卷九後題，屬六朝人筆。伯二五〇六：從六月以下至卷十後題，亦出自六朝。斯一〇：存邶風燕燕至靜女，屬六朝寫本。斯一三四：毛詩豳風七月殘卷，屬唐寫本。斯五七〇五：存大雅臣工之什八行，爲六朝或初唐寫本。

(2)毛詩音

伯三三八三：毛詩音爲晉徐邈撰，本卷起於大雅文王之什旱麓，迄蕩之什召旻。斯二七二九：始周南關雎第一，至唐風蟋蟀第十，爲初唐寫本。

(3)毛詩白文

斯七八九：起漢廣止干旄。斯三三三〇：起鴻雁止十月之交。斯六三四六：起棫樸止公劉。皆唐寫本。

(4)毛詩正義

斯四九八：屬詩大雅民勞正義殘卷。傳、箋用朱書，正義用墨書，凡「民」皆作「人」，屬唐寫本，知孔氏原書應如此。

4.禮記卷子

(1)禮記鄭玄注

伯二五〇〇：爲檀弓殘卷，存「貿貿然來」以下八十九行，爲初唐寫本。斯三九五〇：爲月令殘卷，屬中唐寫本。伯三八三〇：起大傳「繼爲別宗」止少儀「賵馬入廟」，屬六朝本。斯五七五：起於儒行「不閔有司故曰篇」注語，止大學「此之謂自謙」。爲唐太宗時之寫本。

(2)禮記音

斯二〇五三：起於樂記第十九，止於緇衣第三十三，大概是徐邈之禮記音，屬唐太宗朝寫本。

(3)唐明皇御刊刪定禮記月令斯六二一：爲唐明皇御刊刪定李林甫等注之禮記月令殘卷，是爲唐代流行之單本，多因舊義，無大發揮。

5.春秋經傳卷子

(1)春秋左傳杜預集解

伯二五六二：僖公五年至十五年，初唐寫本。

伯二五〇九：僖公二十七年至三十三年，六朝寫本。

伯二五四〇：昭公二十七年至二十八年，唐武德初寫本。

伯二五二三：定公四年至六年，六朝寫本。

斯八五：文公十四年至十七年，六朝寫本。

李鳴南藏有昭公四年至五年本子。

伯三七二九：昭公五年殘卷，羅振玉以爲是唐武德寫本。

(2)春秋左氏抄。（舊唐書經籍志著錄有春秋左氏抄十卷）斯一三三：爲左氏傳節本，自襄公四年至二十五年。爲六朝寫本。斯一四四三：僖十六、二十二、二十三傳節文；專輯晉公子重耳走國之事，屬唐寫本。

(3)春秋穀梁傳范寧集解

伯二五三六：起莊公十九年，止閔公二年，爲六朝別本。伯二四八六：起哀公六年「齊陳已弒其君荼」至卷末。爲唐龍朔三年（唐高宗西元六六三），三日亭長婁思惲寫本。

(4)春秋穀梁傳解釋

范寧穀梁傳集解序稱當時給穀梁傳作疏者近十家，但皆膚淺末學，伯二五三五，不知何人作，可能即十家中之一家，起於僖公八年十二月，止於十五年十一月，爲唐高宗朝寫本。

6.孝經卷子（元行冲撰御注孝經疏）

伯三七二四：起「復坐語汝」止卷終，寫於天寶六年（西元七四二，）猶似元行冲原本，但非出自行冲之手。

7. 論語卷子

(1) 論語鄭氏注

伯二五一〇：起述而止鄉黨，每篇題之下，皆書「孔氏本，鄭氏注」，卷末題：維龍紀（唐昭宗）二年（西元八八九）二日敦煌懸。斯三三三九：爲八佾篇殘卷。又日人大谷氏藏有子路篇殘卷。

(2) 論語集解

斯八〇〇：約六七十卷，錯誤百出，諒出學童之手，爲中唐寫本。

(3) 皇侃論語疏

伯三五七三：存卷一、卷二，爲梁皇侃之單疏本，屬李唐舊抄本。

8. 爾雅卷子

(1) 爾雅白文

伯三七一九：始釋詁「遘逢遇也」止釋訓「委委他他美也」，屬唐代寫本。

(2) 郭璞爾雅注

伯二六六一：起釋天第八止釋水第十二。爲六朝寫本。其下截着錄三七三五，與伯二六六一當屬同一寫本。

敦煌寫卷的出世，可說是漢學研究上的一大盛事。從這些資料中，可以了解六朝隋唐時代經書的一些概況。例如諸經本文和注疏本是分開單行，在敦煌所發現的皇侃論語疏，即爲單疏本。又如經今文、古文情形，經字異文、章篇之順序……等，都可由寫卷經書提供我們一些新的資料。再如本已亡佚的經書，像御注刪定李林甫等注禮記月令、論語鄭注、春秋穀梁傳解釋……等，亦可從寫卷中，得知一二。其他像陸德明經典釋文，完成於初唐，中間可能經過了多人的改定，才成爲今天流行的本子，而由於敦煌尚書釋文的發現，使我們知道了陸德明原本的眞面目。可惜這些資料大多流落在國外，運用起來，十分不便，如果國內能建立一個完整的資料體系，然後把有關經書寫本，做系統的整理歸納，並與魏正始石經、開成石經、五代蜀石經做一比對，以及參考現在流行的一些本子，不但可能會有新的發現，甚至對六朝、隋唐經學發展之研究，也會有很大的助益。

四雕版經書

中國何時使用雕版印書，尚難定論。但雕版經書大概起於五代，卽西元第十世紀左右，由當時的四朝（後唐、後晉、後漢、後周）宰相馮道，創議刻書，印有易經、書經、詩經、三禮、春秋三傳、孝經、論語、爾雅、五經文字、九經字樣、經典釋文等，這些刻本，稱之爲五代監本。（註一四）王國維五代兩宋監本考、以及近人于大成先生都認爲這次所刻的，是以唐石經的經文做藍本，另加經注本的注文。（註一五）但這些書一本也沒傳下來，所以無法得知其版面，聽說日本藏有翻刻的爾雅一部（註一六）。入宋以後，雕版印書相當流行，刻書地點幾乎遍及全國。

1.北宋雕版經書

北宋刻經由國子監負責，分爲單疏本和經注本二種，單疏本始於太宗時，經注本則至眞宗朝才有刻本。

(1)國子監單疏本

北宋太宗端拱元年(西元九八八)國子監開始刻印羣經正義，王應麟玉海卷四三藝文部云：

端拱元年三月，司業孔維等，奉敕校勘孔穎達五經正義百八十卷，詔國子監鏤板行之。易則維等四人校勘，李說等六人詳勘，又再校，十月板成以獻。書亦如之，二年十月以獻。春秋則維等二人校，王炳等三人詳校，邵世隆再校，淳化元年（西元九九〇）板成。詩則李覺等五人再校，畢道昇等五人詳勘，孔維等五人校勘，淳化三年（西元九九二）壬辰四月以獻。禮記則胡廸等五人校勘，紀自成等七人再校，李至等詳定，淳化五年（西元九九四）五月以獻。

本次所刻者即唐孔穎達所修五經正義。從太宗端拱元年至淳化五年（西元九九四），前後歷經七年，書才刻成。在宋眞宗咸平四年（西元一〇〇一）又續刻周禮等七經正義。玉海卷四十三藝文部又云：

至道二年(西元九九六)至請命禮部侍郎李沆校理，杜鎬、吳淑直講，崔偓佺、孫奭、崔頤正校定。咸平元年(西元九九八)正月丁丑，劉可名上言諸經板本多誤。上令頤正詳校，可名奏詩書正義差誤事。二月庚戌奭等改正九十四字，沆預政。二年(西元九九九)命祭酒邢昺代領其事，舒雅、李維、李慕清、王渙、劉士元預焉，五經正義始畢。又：咸平三年（西元一〇〇〇）三月癸巳，命國子祭酒邢昺等校定周禮、儀禮、公羊、穀梁傳正義。又重定孝經、論語、爾雅正義。四年九月丁亥，（一作丁丑）翰林侍講學士邢昺等，及直講崔偓佺表上重校定周禮、儀禮、公穀傳、孝經、論語、爾雅七經疏義，凡一百六十五卷，賜宴國子監，昺加一階。餘遷秩。十月九日，命摹印放行，於是九經疏義具矣。

北宋所翻刻的五經正義，或宋代眞宗時命杭州國子監所刻的七經注疏單疏本，今無一本或殘本留傳後世。

(2)國子監覆刻經注本

宋史儒林傳云：

田敏雖篤於經學，亦好為穿鑿，所校九經，頗以獨見自任。如改尚書『若網在綱』為『若綱在網』，又爾雅「椴、木槿」，注曰：『日及』改曰『白及』，如此之類甚衆，世頗排之。

又：「李覺，淳化初，上以經書版本，有『田敏輒刪去者』數字，命覺與孔維詳定。」

玉海卷四十三亦云：

景德（眞宗）二年（西元一〇〇五年）……九月辛亥，命侍講學士邢昺，與兩制詳定尚書、論語、孝經、爾雅文字。先是，國子監言：羣經摹印歲深，字體訛缺，請重刻板。因命宗文檢討杜鎬，諸王侍講孫奭詳校。至是畢，又詔昺與兩制詳定而刊正之。

可知北宋爲何重刻經注本，一者由於五代監本，有田敏臆改之文；二者由於訛印歲深，字體訛缺。玉海同卷又云：

祥符七年（西元一〇一四年）九月，又並易、詩重刻板本，仍命陳彭年、馮元校定。自後九經及釋文有訛缺者，皆重校刻板。

從玉海這段文字可以看出：北宋雕版羣經並非一時刻成，而是陸續刊刻的。凡發現舊本有訛缺，則隨時加以重刻。（註一七）根據王國維五代兩宋監本考，北宋所刻的經注本計有：周易九卷略例一卷（王弼注），尙書十三卷（孔氏傳），毛詩二十卷（鄭氏箋），周禮十二卷（鄭氏注），儀禮十七卷（鄭氏注），禮記二十卷（鄭氏注），春秋經傳集解三十卷（杜氏），春秋公羊解詁十二卷（何休學），春秋穀梁傳十二卷（范寧集解），孝經一卷（御製序並注），論語十卷（何晏集解），爾雅三卷（郭璞注），這些都是早期經注本，可惜卻無一本傳下。（註十八）到了南宋以後，有關經書版本，已相當衆多。

2. 南宋雕版經書

(1)官刻：南宋官刻經書，仍稱之爲監本。玉海云：「紹興九年（西元一一三九）九月七日，詔下諸郡索國子監元頒善本，校對鏤版。」今存有春秋穀梁注疏殘册（藏於北平圖書館）、監本纂圖重言重意互注禮記殘册、監本纂圖春秋經傳集解、監本附音春秋公羊注疏、監本附音春秋穀梁注疏（存南京國學圖書館）等。

(2)私刻：南宋私刻經書著名的有二家：一家是福建余志安勤有堂，余家刻本，今存有周禮鄭注陸音十二卷及禮記等二書。據民國七十年元月五日臺北中央日報載：沈仲濤以千册珍貴古籍捐贈故宮博物院，中有南宋余仁仲所刻穀梁、公羊及周禮句解。（另有左傳存中央圖書館）另一家爲相台岳珂所刻九經三傳，稱相台岳氏家塾本。翁同文考爲元岳浚刊本，可信。

3.元代雕版經書

(1)官刻：元世祖至元三十七年（西元一二九〇）成立興文署，召工刻經、史、子。

(2)私刻：顧炎武日知錄稱宋元刻書在書院，山長主之。今存元代所刻經書有：蔡沈書集傳、朱子詩集傳殘卷、劉瑾詩經通釋、春秋胡氏傳殘卷、汪克寬春秋胡傳纂疏殘卷、王侗四書集註批點殘册、敖繼公儀禮集說殘册等。上述沈氏所捐之書，卽有敖繼公儀集說十六册，是蝴蝶原裝，十分珍貴。

4.明代雕版經書

(1)官刻：明代當時北京、南京國子監內，均刻有經書，故有南北監本之別；又明掌管宮廷事務之機構叫「司禮監」者，附設有所謂「經廠」，亦負責刻書，稱之爲「經廠本」，當時刻有四書五經。

(2)私刻：明季私家刻書十分盛行，重要者有吳興閔齋伋家首創朱墨和五色雕版，稱之爲閔刻本，刻有羣經。又常熟汲古閣主人毛晉，亦刻校書籍，稱之爲毛刻本或汲古閣本，所刻十三經流行甚廣。閔板多删節，不足論，李元陽刻十三經注疏卽阮元所稱閩本。

5.清代雕版經書

(1)官刻：康熙一朝，在武英殿初設修書處，刻書極工，乾隆四年（西元一七三九），詔刻十三經、廿四史，此卽日後所稱之殿版。嘉慶間，阮元卽江西南昌學府刊十三經注疏附釋文，又有校勘記。爲今藝文印書館所印之十三經注疏的底本。另外清同治年間，曾國藩在江寧設立金陵書局，隨後江西、浙江、福建、兩廣、兩湖等省亦相繼建立，都刊有讀本十三經，時人稱之爲局本。

(2)私刻：清代私家刻書館甚夥，著名的有毛晉汲古閣、納蘭性德之通志堂、畢沅之經訓堂、盧文弨之抱經堂、孫星衍之平津館、鮑廷博之知不足齋、吳騫之拜經樓等。其中納蘭性德校刊之通志堂經解，皆唐宋元明人解經之書，錢儀吉輯刊之經苑四十一部，亦皆宋元明人之經說，阮元學海堂編皇清經解共收經學著作七十四家，一百八十餘種；王先謙編續皇清經解又稱南菁書院經解，共收一百一十一家，二百零九種；都是研究經學的重要參考書籍。

6.外國雕版經書

經書流落外國，而亦有雕版刊行於世者，有如高麗本之四書五經，日本大正本論語集解，七經孟子考文也可供校勘時之參考。

經書因流行日久，不免會有所脫落、衍誤，或發生異文之現象，因此讀經必須講求版本，由於所據的版本不一，可能在經文上便會有所不同。治學貴在求眞，也許因一字之差，經義卽大相逕庭。由此可見，治經宜求原本經文，如果能了解經書各種版本，不但有助於校勘之方便，而且才能眞正認識經書的眞面目。

【附　註】

註　一　見日人本田成之著之中國經學史，頁二，廣文書局。

註　二　見錢大昕十駕齋養新錄卷三，商務印書館。邵武，在福建省。

註　三　錢存訓著，周寧森譯，中國古代的簡牘制度。見喬衍琯、張錦郎合編之圖書印刷發展史論文集續編，頁一七。文史哲出版社。

註　四　劉歆移讓太常博士書亦云：「及魯恭王壞孔子宅，欲以爲宮，而得古文於壞壁之中，逸禮有三十九篇，書十六篇。」

註　五　同註三。與鄭注本儀禮不同。今文儀禮本有大小戴和慶氏三家，此簡本可能就是失傳的慶氏本。簡本的編次與兩戴本不同，字句也有歧異處。

註　六　見王應麟困學紀聞卷八經說。

註　七　見後漢書儒林傳。又後漢書李賢注引洛陽記曰：「大學在洛城南開陽門外，講堂長十丈，廣二丈。堂前石經四部，本碑凡四十六枚：西行，尙書、周易、公羊傳十六碑存，十二碑毀。南行，禮記十五碑悉崩壞。東行，論語三碑，二碑毀。禮記碑上有諫議大夫日磾，議郎蔡邕名。」鼎文書局。

註　八　見宋史及宋史新編，鼎文書局。

註　九　見宋史趙克繼、謝泌傳，及宣和書譜章友直傳。鼎文書局。

註一〇　見王應麟玉海卷四十三，大化書局。

註一一　見呂振瑞漢石經論語殘字集證，頁二，雪蘭莪潮州八邑會館學術出版基金。

註一二　見昌彼得中國圖書史略，頁一二，文史哲出版社。

註一三　見嚴靈峯馬王堆帛書易經初步研究，頁一，成文出版社。

註一四　見五代會要卷八，世界書局。

註一五　見孔孟月刊第十二卷第十一期于大成著經書的版本。

註一六　見陳國慶、劉國鈞合著之版本學，西南書局。

註一七　同註一五。

註一八　見故宮文物月刊第十一期。

附表：經數表

二經	春秋、孝經	中庸鄭注。孝經鉤命決。何休、公羊傳序
	書、春秋	漢書、王莽傳
	易上下經	易正義
三經	書、詩、周禮	王安石三經新義。小學紺珠、藝文類
	易、書、詩	李重華、三經附義
	論語、孟子、大學中庸	譚貞默、三經見聖
	孝經、論語、孟子	黃丕烈、三經音義
	周易、禮經、孝經	曹元弼、三經學合刻
四經	詩、書、禮、樂	禮記、王制。左傳、僖公二十七年。管子、戒
	古文尚書、詩、左傳、穀梁	後漢書、章帝紀。皇極經世書、觀物內篇
	易、書、詩、春秋	欽定四經
五經	易、書、詩、禮、春秋	白虎通、五經。五經正義。北史、房暉遠傳
	三禮、三傳、詩、書、易	
六經	詩、書、禮、樂、易、春秋	禮記、經解。莊子、天運。漢書、武帝紀贊
	易、書、詩、周禮、禮記、春秋	楊甲、六經圖

七經	易、書、詩、禮、樂、春秋、論語	後漢書、張純傳
	詩、書、三禮、公羊、論語	劉敞、七經小傳。小學紺珠、藝文類
	易、書、詩、三禮、春秋	傅咸、七經詩。樊深、七經義綱、七經論。御纂七經。黃淦、七經精義。李元春、七經要說
	易、詩、書、三禮、春秋	吳繼仕、七經圖
	易、詩、書、禮、樂、春秋、論語	全祖望、經史答問
	易、詩、書、禮、春秋、論語、孝經	同右
九經	易、書、詩、禮、樂、春秋、論語、孝經、小學	漢書、藝文志、六藝九種。谷那律、九經庫
	易、書、詩、三禮、左傳、孝經、論語	陸德明、經典釋文
	易、書、詩、三禮、三傳	徐堅、初學記。顧炎武、日知錄
	易、書、詩、三禮、春秋、論語、孟子	魏了翁、九經要義。郝敬、九經解。徐世沐、九經惜陰
	易、書、詩、三禮、公羊、穀梁、論語	惠棟、九經古義

	書、三禮、春秋、公羊、穀梁、孝經、爾雅	姜兆錫、九經補注
	四書、五經	周應賓、九經考異
十經	易、書、詩、三禮、三傳（以上各一經）、論語孝經（爲一經）	宋書、百官志
	五經、五緯	南史、周續之傳
十一經	易、書、詩、三禮、三傳、論語、孝經	玉海、藝文
	易、書、詩、三禮、三傳、孝經、爾雅	同右
	論語、孝經、孟子、大學、中庸、詩、書、周禮、儀禮、禮記（以上各一經）、三傳（爲一經）	何異孫、十一經問對
	易、書、詩、禮、樂、春秋、孝經、論語、讖緯、經解、小學	玉海、藝文
十二經	六經、六緯	莊子、天道篇釋文
	易上下經、十翼	同右

	易、書、詩、三禮、三傳、論語、孝經、爾雅	唐、開成石經
十三經	易、書、詩、三禮、三傳、論語、孝經、爾雅、孟子	十三經注疏
十四經	十三經、大戴禮	朱熹、五經語類。朱彝尊、經義考。史繩祖、學齋佔畢

第二章　中國經學形成的考察

經學是中國學術的骨幹，但六經絕對不是突然形成，更不是凌空架構，也不是出自一時一人，它是在長期歷史文化的醞釀中，逐漸發展而成的。換句話說，經書是在中國古代的地理環境、政治、社會、民情、風俗習慣等背景下，加上先民智慧、以及人生經驗累積的一些記錄，然後經過披沙瀝金地整理、選擇、詮釋，方成爲後世政治、社會、人生的基本教材的典籍，以作爲行事的準則。唯有在中國的土地上，以及特有的民族性，高度的智慧和深刻的人生體驗，才產生了中國經學特有的面貌與內涵。

漢書藝文志六藝略，曾論及六經的起源，但過於簡單，據此無法深入明瞭六經形成的眞象。其說大略如下：

易曰：「伏羲氏仰觀象於天，俯觀法於地，觀鳥獸之文，與地之宜，近取諸身，遠取諸物，於是始作八卦，以通神明之德，以類萬物之情。」——論易之起

易曰：「河出圖，洛出書，聖人則之。」故書之所起遠矣！——論書之起

書曰：「詩言志，歌詠言。」故哀樂之心感，而歌詠之聲發，誦其言謂之詩。——論詩之起

易曰：「有夫婦、父子、君臣、上下，禮義有所錯。」而帝王質文，世有損益，至周，曲爲之防，事爲之制，故曰：「禮經三百，威儀三千。」——論禮之起

易曰：「先王作樂、崇德，殷薦之上帝，以享祖考。」故自黃帝，下至三代，樂各有名。——論樂之起

古之王者，世有史官，君擧必書，所以愼言行，昭法式也。左史記言，右史記事，事爲春秋，言爲尙書。——論春秋之起

以上只能說明六經形成的一種現象。班志以爲：易經是起於效法自然和自身之現象，藉以通神明之德，以類萬物之情；尙書則是取法河圖洛書，由史臣記言而成；詩經則在表達情志；禮經是爲祀神、事君，以及人與人間相處的法則；樂則爲享神之樂章，且名稱歷代各有不同，如舜樂曰韶，湯樂曰韶濩，武王之樂曰武；春秋則由史官記事而來。可見六經的形成與當時政治關係極其密切，這也是六經之所以成爲後世治國典則的主要原因。六藝略又說：「易爲之原」，這句話不是說六經皆由易經發展而成，只是在表明六經彼此間的相關性和統一性，並以易經作樞紐而已。

一、羣經形成的背景

中國經書可說是我們祖先聖賢智慧的結晶，和對當時社會環境的反映，並用以垂敎子孫的文字記錄。漢書藝文志敍述六經形成的許多現象，其他古老民族也同樣有之，但爲什麼他們沒有像

中國經書這樣偉大的著作產生呢？可見中國經書的形成，自有其特殊的背景在。玆分述如左：

㈠地理環境

一種文化思想的產生，與環境有不可分的關係。而環境有自然環境和人文環境二種；在自然環境上，中華民族國家的形成，與外國古老民族有很大的不同。如中國堯舜民族活動的區域是在黃河大曲的東岸和北岸，汾河流域以及流入黃河的三角洲地帶；夏民族則在黃河大曲的南岸，伊洛二水流域，以及流入黃河之三角洲地區；殷商民族則在漳水、洹水流域，以及入黃河三角洲地區；周民族則在黃河大曲的西岸，渭水、涇水流域，以及入黃河三角洲地區。（見附圖）由於各民族不停的向外擴張，於是經由黃河的許多渡口，如河津、潼津、蒲津、孟津、茅津渡、風陵渡等，使各部落自然的融和爲一體，所以中華民族本身就是融合而成，然後再不斷的融合同化其他民族，才逐漸構成了今天的中華民族。其表現在文化上，也顯得特別的博大能容，由於每次融合，必產生新的激素，自然歷久彌新。在此背景下，羣經所蘊含的精神，也格外的平和，且處處能爲他人著想，因此不帶侵略性，絕無種族和地域上的歧視。這種「萬物一體」、「民胞物與」、「天下一家」的偉大襟抱，正是羣經最高義蘊所在。（註一）

早期的中華民族，以黃河中游的黃土高原地區爲主要活動區域，由於黃河容易泛濫成災，而且黃土莽原，冬季特別的嚴寒；不像尼羅河流域、肥腴月灣、恆河、印度河三角洲那麼的富庶。所以百姓謀生，實非易事。爲了生存，需要和大自然搏鬪，由於受到外界不斷的打擊，使人人具有深刻的人生體驗，所以，中國民族格外刻苦、耐勞、勤樸，凡此種種特質，從中國的羣經中，可體會出這一股豐富的生命力，和堅韌的民族性，這是其他民族所不及的。再由於它是融合而成的文化，懂得如何尊重人，也肯定「人性」有向善的可能，一切以人爲本，務使人人踏踏實實地過人所應過的生活；認爲人生沒有僥倖，唯有一分耕耘才有一分收穫，不崇尚虛玄，和幻想空中樓閣；絕不像外國有些宗教哲學家，把人生看得那麼縹緲不落實；也不像馬克斯物本論，那麼漠視人性。所以羣經所談的道理無他，就是要給人類找出一條坦然的大道，指導人類如何去建設一理想社會，而使每一個人，都能過著美滿和諧的生活。看來雖不甚高論，但它卻是平凡中不平凡的大道理，這也是中國經典之所以可貴的地方，這種精神乃來自中國特有的地理環境。

(二)氏族結構

中國人的家族觀念，較其他任何民族都要來得強烈些，不但講血緣，也講地緣，同一血統的親族，共同居住於同一地區，卽稱之爲氏族，在原始時代叫做部落。三代以前，姓氏本有區別，不得混言，明顧炎武日知錄卷廿四云：「言姓者本於五帝，見於春秋者，得二十有二……自戰國以下之人，以氏爲姓，而五帝以來之姓亡矣！」由此可知，先有姓，而後有氏。以後繁衍日衆，周代王族、諸侯、公侯、大夫之別子多各自爲氏，然當時猶稱氏族。（註二）基於古代同姓氏不相聯婚的習俗，因此由於通婚的關係，自然而然拉近各部族間的距離，又爲了彼此間的互惠和需要，許多部族常共同推舉一位具領導力的人物來當領袖，稱之爲共主。如神農卽姜姓，黃帝爲姬姓，堯陶唐氏，舜有虞氏，禹姒姓，商湯子姓……等，都是當時比較大的部族，也各曾被推舉爲共主。那麼其餘的氏族，便是屬下的當然諸侯，這也就是早期諸侯國之所以衆多的原因。易經比卦說：

「先王以建萬國，親諸侯。」這乃必然的現象，所謂「建萬國」是指對各氏族的承認而言。這情形一直延續到西周初期仍然沒變，根據歷史的記載，武王、成王兩世，共建立了七十多個新諸侯，其中同姓的有五十多個，這時候的中國封建制度才較成熟，但這種封建等於是一種移民和區域發展。其性質與西洋所謂的封建階級、奴隸階級完全不同。尤其是早期的中國氏族結構，都是出於親族關係，各氏族間彼此爲了生存和發展，而結合在一起，擔任領袖的共主是大家推選出來的，並非出於武力的征伐，是服務性的，當然可做可不做，這樣那會有階級存在。但是爲了維持一個大家庭、氏族、諸侯國之間的和諧，彼此又要團結合作，打成一片；就必須弘揚善良的人性，和講求人與人之間的相處之道，這就是羣經中特別重視倫理道德的根本原因。孟子離婁上說：「人人親其親，長其長，而天下平。」便是這個道理。陳立夫先生臺灣區姓氏堂號考序說：「中華文化，首重倫理。倫理也者，自家庭而家族而宗族，更擴而運用於政治社會諸倫序關係，構成我民族組織力之自然根源，稽諸歷代政敎遺規，莫不以昌明倫理綱常爲根本動力。」所謂政敎遺規，在古代是指六經而言。一個親族共居的團體，各有各的輩分和地位，爲了不致於相互淆亂，必須正名分，和遵守一定的人倫規範，使上不凌下，下不僭上，強不陵弱，衆不暴寡，一切才能有條不紊；所以夫和婦順，父慈子孝，兄友弟恭，卽爲人倫的基礎；後因隨著人際關係的擴大，倫理德目也隨之增加，如有禮、義、廉、恥之四維，忠、孝、仁、愛、信、義、和、平之八德，仁、義、禮、智、信之五常……等，但其具體的表現則在於禮。曾國藩說：「先王之道，所謂修己治人，經緯萬彙者何歸乎？亦曰禮而已矣。」（註三）而禮雖在別貴賤，分等第，但絕不可誣之爲封建觀念，因爲它在端正人的名分，也是文明的象徵，人類和禽獸最大的區別就在禮。周禮、儀禮、禮記，乃至於春秋左傳及其他諸經，其主要旨趣便是在闡述這一番大道理。「人倫明於上，小民親於下。」這種思想是自虞夏以來，卽根植於中國每一個人的心中。總之，羣經的命義所在，乃是由於氏族的結構關係中，發現了人性光明的一面，而人性的永恆價值，便是倫理與道德的合一，其行爲的具體表現，就是禮。所以禮的講求，也就構成了中國經書的主要內涵。

㈢農業社會

尙書大禹謨說：「正德、利用、厚生。」所謂「利用」、「厚生」是屬於民生問題，民以食爲天，洪範言八政，卽列食爲首，禮記王制八政，亦以飲食第一。(註四)中國的農業發達甚早，由於重視農業，必須與修水利，和觀察天象，以了解季節的變化，好「敬授民時」，從事農耕，這也是中國河渠、天文、曆法特別發達的原因，如史記八書裏有曆書、天官書、河渠書。因經營農業過農耕生活，在這種背景下，對於六經的形成，也有直接的影響，如尙書禹貢，卽在陳述全國山川物產，以及四方貢物和田賦。又如禮記月令，月卽天文，令卽政事，卽依天文現象所設計出的一套施政綱領。凡此種種，雖然都是政治措施和治國理民的要道，但與水利、時令都有不可分的關係。

因經營農業，故有關農業制度，田賦之釐定，農官之設置，也是經書上所重視的問題。敍述田賦制度的，如孟子滕文公上說：「方里而井，井九百畝，其中爲公田；八家皆私百畝，同養公田，公事畢，然後敢治私事。」此記井田制度。（註五）孟子又說：「夏后氏五十而貢，殷人七十而助，周人百畝而徹，其實皆什一也。」則在說明當時土地分配制度和田賦情形。至於尙書舜典云：「棄，黎民阻飢，汝后稷，播時百穀。」詩七月：「田畯至喜」，后稷、田畯以及周官之遂人、遂大夫、里宰、鄰長、旅師、稍人、委人、土均、草人……都是古時之農官。再如農業之耕耘與收割，並非一、二人之力卽可完成，必須糾集衆人，彼此團結合作，前節所論及氏族的形成，其實也是出自農業生活的需要。又爲了維持大家族的體系，於是父慈子孝等倫常道德規範，也隨之而生，說已見於前。又因營農業生活，大夥兒日出而作，日入而息，民風純樸，一般說來，民性也較爲樂天知命，這種精神，也常常見於經書。如詩經豳風七月，卽在描寫豳地農民全年勞動的生活情況，其文筆生動，栩栩如生，卽因豳地所具有的特殊農業背景，才能產生如此特殊的詩篇。

(四)動盪時局

人類歷史的發展，到目前爲止，仍循著一治一亂，一亂一治的軌迹在運行，甚至於亂世比太平治世還要來得長。大概因人類易患健忘症，或由於眼光短視，只顧眼前之利，不能記取歷史的教訓，於是一再重蹈歷史的錯誤，才造成社會的動盪不安。其實爲政還是在人，如果要想打破一治一亂，一亂一治的歷史變局，永遠過太平的日子，必須從「人性」的檢討上著手。因爲「人存則政舉，人亡則政息。」昏庸暴虐的國君，是非不明的朝廷，矇上欺下的官吏，這常常是造成時代動盪的主因，以此來看中國歷史，像堯、舜時代的太平盛世，給人類帶來了光明的希望，但這太平的日子始終不太久長，反而如桀紂般的暴虐無道的國君卻時常有之。不斷的征戰，動盪的時局，對人類的生活，形成莫大的壓力。情動於中而形於外，時代愈亂，人民感受愈多，則不能不有所反應。這也是詩爲什麼在春秋中晚期產生特別多的原因。無數的感嘆歌詠，絕不是牢騷，更非無病呻吟，而是一種天良的發現，和想拯救人類偉大使命感的呼籲，有人把它稱之爲「憂患意識」。如詩經大雅板：「上帝板板，下民卒癉，出話不然，爲猶不遠，靡聖管管，不實於亶，猶之未遠，是用大諫。」詩序說此詩是刺厲王之作。蕩詩云：「蕩蕩上帝，下民之辟，疾威上帝，其命多辟，天生烝民，其命匪諶，靡不有初，鮮克有終。」詩序說：「蕩、召穆公傷周室大壞也，厲王無道，天下蕩蕩，無綱紀文章，故作是詩也。」這卽是悲天憫人的一種憂患意識。他如易經所表現的憂國憂民的精神更爲顯然。伏羲畫八卦，文王居幽而演易，也是出自憂患之作，所以孔子說：「易之興也，其於中古乎？作易者，其有憂患乎？」又說：「易之興也，其當殷之末世，周之盛德邪？當文王與紂之事邪？」（註六）因此從大易中可以看出，聖人對風雨飄搖的社會，那種「困窮亨通」的悲憫心腸。至於其他各經也大多如此。

　　再看六經與孔子是有不可分的關係，孔子爲何要編定六經，只要看孔子生在什麼時代，便可以了解這一位聖人的心情。孔子編定六經，很是具有時代的意義，他看到周室陵夷，君不君，臣不臣，才作春秋。又看到諸侯相互征伐，百姓無辜而遭殃，因此才高倡倫理道德之說，以重整混亂的社會秩序。從整部論語中，處處可以看出對人類社會的愛心和關懷。如論語學而篇說：「道千乘之國，敬事而信，節用而愛人，使民以時」，又泰伯篇說：「曾子曰：士不可以不弘毅，任重而道遠。仁以爲己任，不亦重乎！死而後已，不亦遠乎！」如此「以天下爲己任」，和「天下興亡，匹夫有責」的偉大承當，正可以代表羣經的眞精神。到了孟子則強調：「憂以天下」、「樂以天下」，卽是由於動盪時局所引起的廻響。范仲淹在岳陽樓記一文說：「先天下之憂而憂，後天下之樂而樂。」都是經書憂患精神的具體表現。這也是今天大家所謂「多難興邦」、「殷憂啓聖」的精神。

㈤堯舜禪讓

堯舜二帝是中國人心中最崇高、最偉大的聖王，那種選賢與能，和平轉移政權的禪讓之風，更是最理想的政治。因此，堯舜的政治理想也就成爲中國道統的濫觴。但有些疑古的人，卻把他們當作傳說中的人物。難道尙書堯典、舜典，孟子的記載，以及史記五帝本紀等有關堯舜事跡，全都是鄉壁杜撰的嗎？今根據殷墟出土的甲骨證明了商代已有高度的文明，這高度的文明，絕不可能突然產生，應該有一段相當長的醞釀時期，所以夏代的大禹絕不是一條大爬蟲，堯、舜也不能以傳說人物視之。民國四十六年（一九五七）在我國大陸發現二里頭夏遺址，以及其他先民遺址不斷出土，便是最好的證明。近人柳詒徵先生說：「唐虞讓國之事，紀于尙書。尙書開宗明義，卽曰：『允恭克讓』，明其所重在此也。述唐虞禪讓之事最詳者，無過於孟子，次則史記，二書所言如此，則堯舜禹之皆讓國，爲實事，無可疑矣！」（註七）根據史記五帝本紀：稱堯是帝嚳的兒子，其仁如天，其智如神，敬授民時。於年老之時，命舜攝行天子之政，以視天命，八年堯崩，三年喪畢，舜薦堯子丹朱，繼承帝位，不果，天下歸舜。舜謀於四嶽，敞開四方之門，以通天下耳目，並命十二牧，議論帝德，厚待百姓，遠斥佞人，則蠻夷之人無不率服。又舜以孝聞于天下，踐帝位三十九年，有子商均不肖，難孚衆望，因禹治水有功，乃薦禹於天下，使之攝位。舜崩，諸侯歸禹，乃登天子之位……。

這一段禪讓的事跡，在經義上具有莫大的意義。柳氏在中國文化史中又說：「吾國聖哲之教……恆以讓爲美德。故論吾國文化，不可不知遜讓之風之由來也。」論語里仁篇說：「能以禮讓爲國乎？何有？不能以禮讓爲國，如禮何？」所以禮記禮運篇大同的理想社會，就是堯天舜日，天下爲公的世界，它的根本精神乃在於禮，在於讓；孔子、孟子所推崇的聖賢便是堯舜；儒家所鼓吹的政治理想，也就是堯舜禪讓的那種偉大的襟懷，所以孔、孟言必稱堯舜；儒家理想中的國君，是一位人格完美，關心百姓的仁者。明朝黃宗羲明夷待訪錄中原君一篇，卽來自堯舜尚公利的啓發，他說：

有生之初，人各自私也，人各自利也；天下有公利而莫或興之，有公害而莫或除之。有人者出，不以一己之利為利，而使天下受其利；不以一己之害為害，而使天下釋其害。此其人之勤勞，必千萬於天下之人。夫以千萬倍之勤勞，而己又不享其利，必非天下之人情所欲居也。故古之人君，去之而不欲入者，許由、務光是也。入而又去之者，堯、舜是也。

又曰：是故明乎為君之職分，則唐、虞之世，人人能讓，許由、務光非絕塵也。

黃氏之立論正是中國經典中君道的眞精神，所以我們可看出羣經的一些道理要求，都是對國君而發，卻無指責百姓者，如尚書載大禹時，臯陶造律，目的卽在維護百姓的利益，保障民權。縱使談修身、成已、內聖，也是爲治人、成人、外王之準備；又怕爲政者，不能貫徹爲民服務的德政，所以必須向天負責，遠堯舜的禪讓，也是天命所歸，後世稱國君爲天子，便是來自這個思想。而國君的責任，就是要代天行道，使人道與天道合而爲一，讓社會臻於完美的境界。中國人特別強調天人合一，原因就在於此。

㈥天神信仰

人除了過物質生活外，尚有其精神生活的一面，何況人生還有許許多多的問題，並非人的智慧和能力所能了解和改變的。如宇宙從何而來？人在宇宙中所處的地位如何？日後又何去何從？皆不可得知，而人生於天地之間，仰觀天象，俯察地理，於是中國先民常把一些無可奈何之事，歸諸天地，歸諸大自然之神，而形成了一種特殊的信仰，這種信仰一直支配著中國人的思想和生活。從表面上看來，好像是一種迷信的行爲，其實在這種思想形成的初期，是象徵著人民對天地神明那種大公無私精神的崇拜；所以孔子贊美堯說：「唯天爲大，唯堯則之。」又天地大自然，給了我們生命，包容了我們。我們生活所需的一切，亦仰仗於自然，因此，我們祭天敬神，完全是出自於對天的敬畏和崇德報本的感謝心意，絕無迷信的色彩。但後來可能由於有心人的利用，或者因爲一些偶然事情的巧合，而有意加以擴大渲染，才慢慢的塗上了迷信的色彩，於是占卜、求神、祈福、禳災、除禍……等種種行爲，也在民間普遍的流行；而負責人神之間的溝通者，起初有巫覡，後來有道士，稱之爲神媒或靈媒，他們可以降神、解夢、預言、祈雨、醫病、星卜……越演變，迷信成分越濃。直到今天，在一般民間尚未完全擺脫這種迷信的束縛。這種民俗信仰，對經書的內容當然具有很大的影響。左傳成公十三年說：「國之大事，在祀與戎。」考察今出土的十多萬片甲骨文中，大多爲祭祀打仗而占卜。而易經便是一部古代占卜之書，諸卦是爲了卜筮之用，卽從易卦變與不變的道理，去體認宇宙人生的種種奧秘。繫辭上說：「聖人設卦觀象，繫辭焉而明吉凶。」又如左傳也記載了不少占卜之事；像僖公三十二年傳說：「晉文公卒，庚辰，將殯於曲沃，出絳，柩有聲如牛。卜偃使大夫拜，曰：『君命大事，將有西師過軼，我擊之，必大捷焉。』」又如魯莊公二十二年傳云：「陳侯使筮之。遇觀䷓之否䷋曰：『風爲天於土上，山也』」這些現象在今天看來，不免流於神秘與附會，所以范寧評左傳說：「其失也誣。」但這正可以反映出經書產生時代的一些風尚。可是中國人因爲對現實人生有相當深刻的體認，雖然要人信天、尊崇天，但不要人受制於天。這種精神也同樣的表現於經書當中，如論語述而篇說：「子不語：怪、力、亂、神。」又公冶長篇子貢說：「夫子之言性與天道，不可得而聞也。」八佾篇：「祭如在，祭神如神在。」易經乾象說：「天行健，君子以自強不息。」尚書臯陶謨也說：「天工，人其代之」。所以羣經中所表現對天神的信仰，乃相當理性化，如孟子所說：「盡其心者，知其性也，知其性，則知天矣！」這種理性的態度，也是中國對天神的信仰，沒演變成像佛敎、基督敎等宗敎信仰的原因。所以敬天的目的只不過是爲了崇恩，爲了報德，這種實事求是的思想，也是中國自古以來，能一再撥亂反正，締造長治久安的至德要道。

以上六項，是形成中國經學的主要因素，其中地理環境、氏族結構，農業社會、動蕩時局，是它的外緣；堯舜禪讓（政治理想）、天神信仰（民間宗敎），是它的內因，再加上中國人特殊民族性，以及孔子有心的編輯，才發展出中國特有經學。

二、周公與六經

我們可以把經學歷史的發展推溯到周公，甚至於更早。孟子稱周公，「兼三王，施四事」以制作，古文學家咸認爲詩、書六藝，皆周公舊典。中國歷史，到了周初的確已具有高度的文明，堯舜之道，文武所傳，其成於周公，殆無疑義。但六藝雖爲成周一代的典籍，可是並非全係周公之制作。今據史記及其他文獻，來說明六經與周公的關係：

㈠就易經說：

史記周本紀說：「西伯（文王）蓋即位五十年，其囚羑里，蓋益易之八卦爲六十四卦。」又孔穎達周易正義云：「卦辭文王，爻辭周公。」於是後人都說伏羲畫八卦，文王重爲六十四卦，而卦辭、爻辭分別爲文王、周公所作。雖然重卦者爲誰？經文又究爲何人所作？歷來頗多爭論。可是易經到周公時，已相當的完備，這是不可否認的事實。左傳昭公二年曰：「韓宣子來聘，……見易象與魯春秋，曰：『周禮盡在魯矣！吾乃今知周公之德，與周之所以王也。』」所以易又名周易，關係最密切的便是周公，以別於夏之連山，殷之歸藏。

㈡就尚書說：

尚書是中國古代史官所記的一些史料，其成書並非出自一時一人，王國維先生認爲虞夏書中如堯典、皋陶謨、禹貢、甘誓，商書中如湯誓，文字稍平易簡潔，或係後世重編，然至少亦必爲周初人所作。至商書中之盤庚、高宗肜日、西伯戡黎、微子，周書之牧誓、洪範、金縢、大誥、康誥、酒誥、梓材、召誥、洛誥、多士、無逸、君奭、多方、立政、顧命、康王之誥、呂刑、文侯之命、費誓、秦誓諸篇，皆當時所作。（註八）史記魯周公世家云：「周公佐武王，作牧誓。」又周本紀云：「周公受禾東土，魯（尙書序作旋）天子之命，初管、蔡畔周，周公討之，三年而畢定，故初作大誥，次作微子之命，次歸禾，次康誥、酒誥、梓材，其事在周公之篇。」又云：「成王在豐，使召公復營洛邑，如武王之意。周公復卜申視，卒營築，居九鼎焉。曰：『此天下之中，四方入貢道里均。』作召誥、洛誥。成王既遷殷遺民，周公以王命告，作多士、無逸。召公爲保，周公爲師，東伐淮夷、殘奄，遷其君薄姑。成王自奄歸，在宗周，作多方。既絀殷命，襲淮夷，歸在豐，作周官。興正禮樂，度制於是改，而民和睦，頌聲興。成王既伐東夷，息愼來賀，王賜榮伯作賄息愼之命。」有關周書許多篇的寫成，史記都作了詳細的交代，而且多篇與周公有關；史記之說一定有其資料根據，不能貿然懷疑。至於虞、夏商書的篇章，當時雖尙未成篇，但資料就存在各宮廷檔案中，要取得這些資料並不困難，所以尙書在周初必已相當完整。但眞正成爲定本，當在周公之後，因爲尙書有些篇是在周公死後才完成的。

㈢**就詩經說**：

詩經中雖有商頌，但非始於殷商，其成書年代，大概在西周初期（西元前十一世紀），至春秋中期（西元前六世紀），前後約五百多年，而西周初的作品並不多。周公制禮作樂，詩樂不可分，所以周公對於詩，自有其貢獻。文心雕龍原道篇說：「重以公旦多材，……剬詩緝頌。」甚至有些篇相傳還是出自周公之手，如詩序：

> 七月：陳王業也，周公遭變，故陳后稷先公風化之所由，致王業之艱難也。
>
> 鴟鴞：周公救亂也。成王未知周公之志。公乃為詩以遺王，名之曰鴟鴞焉。

國語周語：

> 是故周文公之頌曰：「載戢干戈，載櫜弓矢，我求懿德，肆于時夏，允王保之。」

時邁載戢干戈五句，謂為周文公之頌。（周文公卽周公）又周頌思文，國語周語芮良夫也引頌文曰：「思文后稷，克配彼天。立我蒸民，莫匪爾極。」後人也說思文是周公作。

這些說法雖有待考證，但可反映出周公和詩亦有其關聯性。

(四)就禮樂說：

制禮作樂，同屬一件事，禮主敬，樂主和，都是建立完全人格所必須具備的條件，周公為一代聖賢，與禮樂的關係最深，古書有關周公制禮作樂的記載，亦較他書為多。如左傳文公十八年傳魯太史克便說：「先君周公制周禮。」周文化可說是集殷商以前諸文化之大成，而禮、樂便是當時建立封建制度，維持政治體系的二大樞紐。周公輔佐成王，卽極力推展禮樂之教，禮經、樂經方成一代之大典。錢穆先生說：「今論周公在中國史上之主要活動，及其對於中國傳統文化之主要貢獻，則厥為其制禮作樂之一端……周之監于夏、殷二代，而大興文教，制禮作樂，成其為文武之政者，其實卽周公之政也。故周公之制作禮樂，實繼承于當時之歷史傳統，而又能加以一番之創新，使當時之中國，文明燦然，煥乎大備，爲後世所遵循。」（註九）尙書大傳很明白的說：「周公居攝六年，制禮作樂。」但此止言周公制禮作樂，不知禮樂是否卽爲禮經或樂經，根據漢書藝文志，稱禮古經五十六卷，經十七篇，周官經六篇，有人認爲禮經、周官經皆周公所作，如賈公彥儀禮疏序：「周禮、儀禮，發源是一。現有終始，分爲二部，並是周公攝政太平之書，周禮爲末，儀禮爲本。」賈氏在敍周禮廢興又說：「孝武帝始除挾書之律，開獻書之路，（註一〇）既出於山巖屋壁，復入於秘府，五家之儒，莫得見焉。至孝成皇帝，達才通人劉向、子歆，校理秘書，始得列序，著于錄略，然亡其冬官一篇，以考工記足之。時衆儒並出共排，以爲非是，唯歆獨識……乃知其周公致太平之迹，迹具在斯。」但持反對意見者亦不少，如皮錫瑞三禮通論、毛奇齡周禮問都認爲周禮絕非周公所作。孰是孰非，由於去古已遠，文獻不足，不敢妄下定論。可是禮儀制度，本在「經國家，定社稷」，周禮所述者又都是經國官制，非人民所急需，也就是一般所謂禮不下庶人之義；加上簡册書寫不便，在民間不大可能流傳，故劉歆說它藏於秘府，很有可能，又有周一代，特別崇尙文德，孔子曾說：「郁郁乎文哉，吾從周。」所謂文，當然指禮樂之文飾而言，所以禮、樂之經，縱使不成於周公，但於周公之時規模大體已具備，這當無問題。日後只不過再加增訂引申發揮，方告成書。

㈤**就春秋經說：**

春秋經之成書，是孔子以後的事，而孔子作春秋經乃根據魯史，魯國又是周公始封之地，自然與周公政與不能脫離關係，所以杜預春秋左傳序說：「孟子曰：楚謂之檮杌，晉謂之乘，而魯謂之春秋，其實一也。韓宣子適魯，見易象與魯春秋，曰：『周禮盡在魯矣！吾乃今知周公之德與周之所以王。』」可見周代禮制存於易象及魯之春秋，是不可否認的事實。杜氏序又說：「仲尼因魯史策書成文，考其眞僞，而志其典禮，上以遵周公之遺制，下以明將來之法。」所以春秋是「周公之志，仲尼從而明之。」「其發凡以言例，皆經國之常制，周公之垂法，史書之舊章，仲尼從而修之，以成一經之通體。」因此孔穎達左傳正義說：「發凡五十，皆是周公舊法。」由此推知，孔子作春秋，是根據周公所創的魯國歷史，所以說周公乃發其端緒者也。

綜上所述，六經或多或少，都與周公有不可分的關係，當時是用作勸戒、敎化之用，据此可以看出六經編纂初期的基本精神。至於其他各經，如爾雅，舊說言周公所記。（註一一）由於六經也保留下了古代政治、社會等一些寶貴的資料，所以古文學家，以六藝爲史，並謂其爲周公一代之典，亦不無原因。不過詳考各經的內容，以及上述六經與周公的關係，六藝在周公時代，尚未完全定型，這是可以肯定的，但已慢慢受到社會普遍的注意，說周公是開經學之先河一點也不爲過。

三、從周公到孔子時期的經學

既然中國經書的形成，周公是居於極重要的地位，那麼想要探討中國經學的發展情形，就不能不從周公談起。但周公大概死在周成王十一年（西元前一一〇四年），而孔子是生於東周靈王二十一年（西元前五五一年），已是春秋時代的末期，與周公相隔五五三年；在這長達五百多年的時間裏，不但在政局上有了很大的變化，而且人類文明必然地向前又邁進了一大步，它對經學到底產生何種層面影響呢？倒很値得我們去探討。大體說，群經經過了這麼一段長時間的醞釀，已有更進一步的新發展，並且更近於成熟階段。由於當時時代的需要，以及孔子過人天縱之資的體悟，和他對人類偉大使命感之所驅，爲了挽救當時的政治社會，不得不再將羣經加以整理，以做爲人生指導的原則，和治國理民的指針，並拿它當作教導弟子們的教科書。（註一二）經書的規模到此大致業已完成。

有關本期的經學發展，由於資料的缺乏，很難整理出具體且有系統的概念，雖然今天可以看到不少兩周的銅器銘文　可惜這些銘文大多過於簡短，尚未發現有直稱或引用經文者。但是如將這些銘文的內容加以研究，與經書所表現的宗教、政治、道德等思想，卻不謀而合，（註一三）他如毛公鼎散氏盤之於書，石鼓文之於詩，都極相類似；這對於當時學術界的一般概況，彼此可相互的印證。另外，如果左傳、國語這二部書還屬可信的話，那麼根據這二部書中有關記載，尚可了解春秋時期經學的一些現象，如易、詩、書、禮、樂等，不但受到時人的重視。而且還可以看出這些經書在形成初期，所具有的特殊意義。如左傳僖公二十七年（西元前六三三年）傳云：

狐偃曰：「楚始得曹而新昏於衞，若伐曹衞，楚必救之。則齊宋免矣？」於是乎蒐于被廬，作三軍，謀元帥。趙衰曰：「郤縠可，臣亟聞其言矣。說禮樂而敦詩書。詩書；義之府也；禮樂，德之則也，德義，利之本也。夏書曰：『賦納以言，明試以功，車服以庸。』君其試之。」

徐復觀先生根據這段話作了三點結論：㈠詩書禮樂，此時已連結成爲一組的名稱。㈡說詩書是義之府，禮樂是德之則，詩書禮樂已與現實生活連結在一起，發揮著教戒的作用，㈢趙衰數聞郤縠之言，而所言者乃詩書禮樂，是此時的詩書禮樂，已成爲貴族間的基本教材。並指出這三點都是經學得以成立的基本條件。（註一四）國語楚語也有一段相類的話：

> 莊王使士亹傅太子箴。……問於申叔時，叔時曰：「教之春秋（徐復觀先生謂此指楚之檮杌），而為之聳善而抑惡焉。以戒勸其心；……教之詩，而為之導廣顯德，以耀明其志；教之禮，使知上下之則；教之樂，以疏其穢而鎮其浮……。」

對於詩書所具教化的意義，已說得相當的具體。與稍晚莊子、荀子等對經的作用的看法完全相同，這也說明了經之所以爲經的道理。今左傳、國語二書稱引易、詩、書者相當的多，（註一五）不但可看出群經文詞是當時人的共同語言，而且據此對當時社會文化的動向自不難明瞭。又從中也可以看出孔子對六經的推崇，並不只是代表他個人的見解，而是時勢之所趨。又因從平王東遷以來，王綱解紐，禮崩樂壞。君不君，臣不臣，父不父，子不子，整個社會有了很大的變動，爲了重建社會的舊秩序，則不能不借助於禮樂詩書的力量，中國的經書，便是在這種情況下，慢慢發展而成。

四、孔子與六經

孔子祖述堯舜，憲章文武，對中國古代的文化做了整理、總結，而一般人對孔子所謂刪詩書，訂禮樂，贊周易，作春秋之說，尚有待徵信，但孔子編訂六經，昌明經義，精鍊文辭，使六經變成儒家之典籍，這是不可否認的事實，今文學家特別強調六經皆爲孔子之政治學說，以爲孔子微言大義之所在。錢穆先生云：「六經既爲其時之衙門檔案，故遂綜之曰王官之學。惟孔子則研求此種檔案而深思獨見，有以發揮其所涵蘊之義理，宣揚其大道，自成一家之言。後世推尊孔子，乃推尊其所研習，而崇其名曰經。」（註一六）足見經乃因孔子而顯揚於世，漢書儒林傳說：

周道既衰，壞於幽厲；禮樂征伐自諸侯出，夷陵二百餘年，而孔子興，究觀古今之篇籍，敍書則斷堯典，稱樂則法韶舞，論詩則首周南，綴周之禮，因魯春秋，舉十二公事，繩之以文武之道，成一王法，至獲麟而止。蓋晚而好易，讀之韋編三絕，而為之傳。皆因近聖之事，以立先王之教；故曰：「述而不作，信而好古。」

史記孔子世家也說孔子：「以備王道成六藝」，都可看出孔子在中國經學形成上，的確居於極重要地位，往上是承襲，往下是開展，如六藝之所以被稱爲經，而在學術界成爲獨尊的局面，與經由孔子的整理和宏揚，大有關係，我們可從下列幾個事實得到證明：

㈠孔子紹周公之遺緒

中國道統，始於堯舜，經禹、湯、文、武、周公，下及孔子。周公堪稱周代學術之集大成者，（註一七）所以周公在中國文化史上，可說是一位關鍵性人物，他是一位多才多藝的聖哲，章學誠稱詩書六藝，皆周公之舊典。堯舜之道，周公傳之；文武之政，周公成之；周初宗法、封建、井田三大要政，宏規遠模，燦然可觀，亦爲周公所定。孔子長於魯邦，故對周公制禮作樂之精義，不但知之深且愛之切，（註一八）甚至孔子一生的希望便是繼承周公的德業，我們從論語、荀子、孟子書中可看得出來。泰伯篇說：

孔曰：「如有周公之才之美，使驕且吝，其餘不足觀也已！」

荀子儒效篇云：

孔子曰：「周公其盛乎！身貴而愈恭，家富而愈儉，勝敵而愈戒。」

孟子滕文公下：

昔者禹抑洪水而天下平。周公兼夷狄，驅猛獸，而百姓寧。孔子成春秋，而亂臣賊子懼。

孟子之所以將孔子與周公、大禹並舉，因爲孔子生平爲學，最尊崇的，便是周公等聖人。論語述而篇孔子更感歎說：「甚矣！吾衰也。久矣！吾不復夢見周公。」從這話可以看出孔子在盛年之時，本欲紹繼周公之業，行周公之道，用心至切；而今年邁體衰，歎道之不行，但志仍不忘周公。正如淮南子要略所說：「孔子修成康之道，述周公之訓，以教七十子，使服其衣冠，修其篇籍，故儒者之學生焉。」自周公卒，至孔子約五百歲，孔子乃集中華文化第一次之大成，不但是中華文化的象徵，實際也負起了中國文化的薪傳任務。錢穆先生說：「孔子生周公後，有德無位。……然孔子實能深得周公制禮作樂之用心者。……故凡治周公之禮，尋究周公封建、宗法與井田之三大創制，而推尋其中心精神之所在者，則必首于孔子論仁之旨有深識焉。」（註一九）周公與孔子，都是中國歷史上的聖哲、大儒，一作一述，六經之道，才燦然大備，所以說：「天不生仲尼，萬古如長夜」，良有以也。

(二)孔子家傳詩禮：

孔子常以「興於詩，立於禮，成於樂。」（論語泰伯）作爲一個人立身處世成德基礎，而詩禮本是孔子家傳之學，從論語中可以找到不少的例證，如季氏篇有這麼一段記載：「陳亢問於伯魚曰：『子亦有異聞乎？』對曰：『未也。嘗獨立，鯉趨而過庭，曰：學詩乎？對曰：未也。不學詩，無以言。鯉退而學詩。他日又獨立，鯉趨而過庭，曰：學禮乎？對曰：未也。不學禮，無以立。鯉退而學禮。聞斯二者。』」孔子之學，言行並重。詩爲心志修養，故能長于言辭；特重人格訓練，故知所以自立。（註二〇）孔氏一門以詩禮傳家，必定有其淵源。試觀詩經商頌那篇序云：「『那』，祀成湯也。微子至於戴公（微子七世孫），其間禮樂廢壞，有正考甫者，得商頌十二篇于周之大師，以『那』爲首。」正考甫卽孔子七世祖，因此儀徵劉申叔（師培先生）稱孔氏必世傳詩學。（註二一）所以在論語陽貨篇，孔子一再叮嚀伯魚說：「汝爲周南、召南矣乎？人而不爲周南、召南，其猶正牆面而立也與？」又史記孔子世家說孔子曾刪詩，縱使後人有很多疑義，但孔子對詩經的貢獻是不容否定的。如論語子罕篇孔子自己說：「吾自衞反魯，然後樂正，雅頌各得其所。」史記也說：「三百五篇，孔子皆弦歌之。」使詩與樂合，這都是孔子的大貢獻。

論語述而篇說：「子所雅言，詩書執禮，皆雅言也。」習禮是孔子待人處世的主要德目，大概也是得自家傳。爲政篇說：「殷因於夏禮，所損益可知也。周因於殷禮，所損益可知也。其或繼周者，雖百世可知也。」可見孔子對禮的因革損益有深切的瞭解，這完全是由於平時的耳濡目染和對禮的愛好得來。（註二二）史記孔子世家也說：「魯大夫孟釐子病且死，誡其嗣懿子曰：『孔丘，聖人之後，滅於宋，其祖弗父何，始有宋而嗣讓厲公，及正考父，佐戴、武、宣公，三命茲益恭。故鼎銘云：「一命而僂，再命而傴，三命而俯，循牆而走，亦莫敢余侮。饘於是，粥於是，以餬余口。」其恭如是，吾聞聖人之後，雖不當世，必有達者，今孔丘年少好禮，其達者歟！吾卽沒，若必師之。』及釐子卒，懿子與魯人南宮敬叔往學禮焉。」龍宇純先生在其「荀子思想研究」一文中特別提到：「孔子本是尙鬼的殷人之後，先世嘗屢爲司禮之官，孔子少時卽接受職業的禮生教育，而以知禮名；其後因好學而精進，而超凡入聖，創立以仁爲中心的儒學，而其基礎則是禮，以禮爲造登仁境的踐履之階。」但由於周室衰微，禮制到孔子時，已崩壞不全，從論語八佾篇孔子所說的話便可得知。他說：「夏禮吾能言之，杞不足徵也，殷禮吾能言之，宋不足徵也，文獻不足故也。足則吾能徵之矣！」杞、宋之禮不能徵，正可證明文獻殘缺，但孔子卻能言夏、商之禮，如果不是孔子家世傳禮，何以能如此呢？儒家的教化特重在禮制，如此，又豈能說禮經與孔子無關？

㈢孔子編定六經

孔子以前已有經籍，這是無可疑惑的；一到了孔子，又因襲舊說，重新編定，並稍作損益，才趨於完備。莊子天運篇說：「孔子謂老聃曰：丘治詩、書、禮、樂、易、春秋六經，自以爲久矣！」可見孔子對六經是下過一番工夫。揚雄法言問神篇也說：「詩、禮、書、春秋，或因或作，而成於仲尼，其益可知也」。因此與孔子同時，或稍晚於孔子的諸子，才開始徵引六經之語。而有關孔子編定六經的情形，史記說得相當詳盡。孔子世家說：

> 孔子之時，周室微而禮樂廢，詩書缺。追迹三代之禮，序書傳，上紀唐虞之際，下至秦繆，編次其事……故書傳、禮記自孔氏。孔子語魯大師：『樂其可知也，始作翕如，縱之純如、皦如、繹如也，以成。』『吾自衛反魯，然後樂正，雅頌各得其所。』古者詩三千餘篇，及至孔子，去其重，取可施於禮義，上采契后稷，中述殷周之盛，至幽厲之缺，始於衽席……禮樂自此可得而述，以備王道，成六藝。孔子晚而喜易，序彖、繫、象、說卦、文言。」又云：「子曰：『弗乎弗乎！君子病沒世名不稱焉，吾道不行矣！吾何以自見於後世哉？』乃因史記作春秋，上至隱公，下訖哀公十四年，十二公，據魯，親周，故殷，運之三代。」

這一段話，說明了孔子編定六經的經過，與孔子在論語述而篇所說的：「述而不作，信而好古」，正相脗合。至於孔子作十翼和春秋之問題，據此也可得到合理的解釋。如有關孔子作易傳，司馬遷止稱：「序彖、繫、象、說卦、文言。」並未講作十翼，這裏所說的「序」，後人（如史記正義）把它當作「序卦」解，可能是出自一種誤會，所謂「序」，依文法的結構看，應該當動詞用。指的是編次，或稱孔子演述易經經文有彖、繫、說卦、文言諸傳之謂。此乃針對經文之「卦辭」、「爻辭」而發，並非獨立之創作；且在當時未必已有書，很有可能是門人依據孔子之意，加以編成的。有如論語成於弟子之手一樣；因此十翼中有稱「子曰」者，也就沒有什麼好奇怪的了。但十翼在史記孔子世家尚少序卦、雜卦二傳，或許是後儒揣摩孔子之意，再增補而成，以取其成十周全之意。有了十翼，周易才擺脫占筮神秘的色彩，而成爲世界上一部最早的，也是一部最奇妙的哲學著作。（註二三）

㈣孔子將六經普遍化

古代教育不太普及，貴族才可能有受教育的機會，一些書籍典册都掌在宮廷史官手裏；到了春秋時代，由於社會變動甚大，王官失守，孔子亦致力於私人講學，於是學術方得普及於民間，這種將學術平民化、大衆化，也是孔子的一大貢獻。而孔子便是以六經爲教材，既然以六經爲教材，當然不能不加以系統整理，和肯定它的重要性。如就詩經而言，孔子曾說：「不學詩，無以言。」（論語季氏）「誦詩三百，授之以政，不達；使於四方，不能專對；雖多，亦奚以爲？」（子路篇）「小子！何莫學夫詩？詩，可以興，可以觀，可以羣，可以怨；邇之事父，遠之事君，多識於鳥獸草木之名。」（陽貨篇）「詩三百，一言以蔽之，曰：思無邪。」（爲政篇）可見孔子認爲詩三百篇有很高的教育意義，可以訓練語言，可以博物，可以爲政，可學習待人處世的道理，更可以培養純正思想。至於其他各經也同樣富有教育意味。所以史記孔子世家說：「孔子以詩書禮樂教，弟子蓋三千焉，身通六藝者，七十有二人。」文獻通考經籍考說：「蓋自夫子删定贊繫筆削之餘，而後傳習滋廣，經術流行。」劉師培更進一步的說：「孔門編訂之六經，蓋六經之中，或爲講義，或爲課本。易經者哲理之講義也。詩經者唱歌之課本也，書經者國文之課本也，春秋者本國近世史之課本也，禮經者修身之課本也，樂經者唱歌課本，以及體操之模範也。又孔子教人以雅言爲主，故用爾雅以辨言，則爾雅者，又卽孔門之文典也。」（註二四）錢穆先生也說：「舊說孔子修詩書，訂禮樂，贊易而作春秋，此所謂六經。其先皆官書也。經孔子之手而流布於民間。」（註二五）由於六經經孔子得以普及民間，使社會上產生一些新的知識分子，這就是所謂「士」的階層，或者又稱之爲儒，六經至此，也演變成儒家的經典，經的觀念也根植於每一個中國人的心中。從此以後，經學一直影響中華文化達二千五百年之久。

㈤孔子昌明了經義

孔子不但編定了六經，又以六經作爲施教的課本，將六經普及於廣大的社會，同時也昌明了羣經要義。如孔子談到易經，認爲學易並不在於占卜（見論語子路篇），而是在求「無大過」（述而篇），易理經孔子這麼一點破，於是易經遂成爲人生指導原則的書。在書經方面：書經本是虞、夏、商、周的史料，禮記經解引孔子的話說：「疏通知遠書教也。」指出讀尙書可遠知上古帝王之事，以通達政事。可見孔子是把書經當作施政的一面鏡子，不只是歷史資料。又論語爲政篇說：

或謂孔子曰：「子奚不為政？」子曰：「書云：孝乎惟孝！友于兄弟；施于有政，是亦為政，奚其為為政？」

從這段話可以了解孔子認爲治國、平天下的大道理，就根基於齊家、修身的人倫綱常中。在詩經方面：孔子說：「溫柔敦厚，詩敎也。」又說詩可以「興、觀、羣、怨。」可以「邇之事父，遠之事君」，也能夠「多識鳥獸草木之名」。又說：「不學詩，無以言」，孔子乃從各個不同的角度，弘揚了詩經的功用。說到禮：指出它是人性良知、仁心的自然展現，也是人與天、鬼神，以及人與人間的行爲規範，是發自眞誠的本心，並表現於外的儀文，所以孔子說：「恭儉莊敬，禮敎也。」（禮記經解）又說：「不學禮，無以立。」禮的根本就在一「仁」字。因此，孔子才說：「人而不仁，如禮何！」（八佾篇）由仁而義，合乎仁，合乎義才是禮。這是孔子的眞知灼見。談到樂，雖然樂經早已亡佚，但可以看出孔子是把樂看成跟禮一樣，必須以仁做根本，孔子說：「人而不仁，如樂何！」其主要作用，則在「廣博易良」。因而孔子特別強調雅樂，反對淫靡之音，論語陽貨篇孔子說：「惡紫之奪朱也，惡鄭聲之亂雅樂也。」又說：「樂云！樂云：鐘鼓云乎哉！」可知樂的功用，並不在外表的形式，孔子是着重在內心情感的融洽，和對健全人格的陶冶，明乎此，才知道孔子爲什麼說「成於樂」的道理了。最後談到春秋經，它與孔子的關係最爲密切，也是孔子平生用心最深的一經，孟子離婁篇說：

> 王者之迹熄而詩亡，詩亡然後春秋作。晉之乘，楚之檮杌，魯之春秋，一也。其事則齊桓、晉文，其文則史。孔子曰：「其義則丘竊取之矣！」

可見孔子作春秋，是有微言大義在，它主要在「正名分」、「名道義」、「辨是非」、「寓褒貶」、「攘夷狄」……，最後則在實現「大一統」，義正詞嚴，所以孔子才說：「知我者，其惟春秋乎？罪我者，其惟春秋乎？」（孟子滕文公篇）證明孔子不但作了春秋，同時也弘揚春秋的義理，使後人知道什麼叫大是大非，也懂得有所爲和有所不爲道理。綜上所述，經書之所以成爲「書中之書」，經學成爲「學中之學」，（註二六）與孔子對經義的闡發，是有絕對的關係。

五、孔門傳經

六藝成爲孔門的經典以後，有關經學的傳授，根據有關典籍，可以看出一個端倪，資料雖然不多，但卻說得相當有條理，依其線索尚可尋得脈絡。北齊陽休之聖賢羣輔錄云：（註二七）

顏氏傳詩，爲諷諫之儒。
孟氏傳書，爲疏通知遠之儒。
漆雕氏傳禮，爲恭儉莊敬之儒。
仲良氏傳樂，爲移風易俗之儒。
樂正氏傳春秋，爲屬辭比事之儒。
孫氏傳易，爲絜靜精微之儒。

陽氏乃根據韓非顯學所謂的「自孔子之死也，有子張之儒，有子思之儒，有顏氏之儒，有孟氏之儒，有漆雕氏之儒，有仲良氏之儒，有孫氏之儒」八儒而立說。但所稱顏氏、孟氏、……八者，究爲何人，實在難以肯定，又說某氏傳某經，說得太過確切，再因所據資料沒交代淸楚，不免會啓人疑竇。然而從中可得到一些啓示，如早期傳經，各家皆守其專門之學，又因古代典籍是寫在簡册上，流傳極其不易，故篤守其所學，一脈相傳，也是一種自然的現象。這或許也是兩漢治經講師法和家法的主要原因。

史記、漢書儒林傳及漢書藝文志，都談及六經傳授的大略，但在秦以前，可能因文獻不足，故一些經學史都避而不提，因此只能從諸子所引及其他有關資料，略知一二。

談及孔門傳經，以子夏、荀子二人最爲重要，他們對孔子學說最大的貢獻，便是宏揚了孔子的經學。尤其是荀卿，更是傳經的大功臣，汪中荀卿子通論，認爲易、詩、禮、春秋都是荀卿所傳，有關早期諸經傳授情況，劉申叔在經學教科書中更有扼要說明：

易：孔子傳商瞿，再傳至子弓，復三傳至田何。

書：孔子授漆雕開，然師說無傳，惟孔氏世傳其書，九傳至孔鮒。

詩：孔子授子夏，六傳至荀卿，荀卿授浮邱伯為魯詩之祖；復以詩經授毛亨，為毛詩之祖。

春秋：左丘明作傳，六傳至荀卿，荀卿復授張蒼，是為左氏學之祖。公、穀二傳，咸為子夏所傳，一由子夏授公羊高，公羊氏世傳其學，五傳至胡母生是為公羊學之祖。一由子夏授穀梁赤，一傳而為荀卿，復由荀卿授申公，是為穀梁學之祖。

茲參考劉氏及各家有關孔子傳經系統，列表如下：

易
- 孫氏
- 商瞿—子庸—馯臂子弓—周醜—孫虞—田何

書
- 孟氏
- 孔鯉—孔伋—孔白—孔求—孔箕—孔穿—孔順—孔鮒

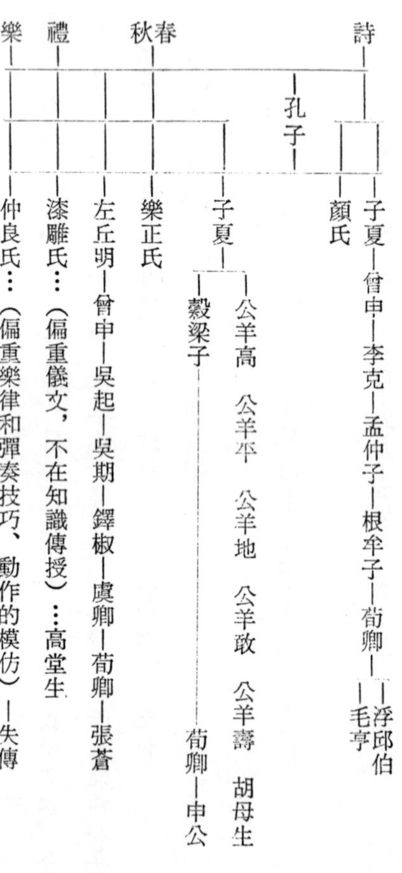

也許孔門傳經，並不像表上所列的那麼有規律，如參見各家所列的傳經表，多少都有些出入，主要是因爲在私家講學風氣盛行以後，士人聚徒講授，門生旁衍，支脈必多，若要一一究其統緒，實非易事。因此只能就其成名成家者，考其涯涘，以明其統屬。故有關史、漢及古代典籍對羣經傳授之敍述，雖未必皆爲當時眞實普遍之情況，但由於古代書寫工具、簡牘的不便，典籍流行必然會受到極大的限制，因此各家所列的傳經系統，一定有其代表性，以此做爲考訂諸經源流和發展概況的主要依據，並無可厚非。

【附　註】

註　一　見錢穆著中國文化史導論第一章中國文化之地理背景，正中書局。

註　二　參見原抄本顧亭林日知錄卷廿四，明倫出版社。

註　三　見續古文辭類纂雜記類曾國藩聖哲畫像記，廣文書局。

註　四　尚書洪範八政：「一曰食，二曰貨，三曰祀，四曰司空，五曰司徒，六曰司寇，七曰賓，八曰師」。禮記王制：「八政：飲食、衣服、事爲、異別、度、量、數、制。」

註　五　韓詩外傳卷四亦云：「古者八家而井田，方里爲一井，……其田九百畝；……八家爲鄰，家得百畝，……家爲公田十畝，餘二十畝共爲廬舍，各得二畝半」，與孟子說稍異，後世有人懷疑井田制度之存在。

註　六　見易繫辭傳下。

註　七　見柳詒徵中國文化史上册，頁六九，正中書局。

註　八　見王國維古史新證。

註　九　見錢穆作中國學術史論集第一册：周公與中國文化。

註一〇　除挾書禁律應在惠帝四年，廣開獻書之路在文景已開始，並非始於武帝。

註一一　西京雜記稱孔子教魯哀公學爾雅，爾雅之出遠矣！舊傳學者皆云周公所記也。張揖進廣雅表亦曰：昔在周公，纘述唐虞，宗翼文武，克定四海，勤相成王，六年制禮，以導天下，著爾雅一篇。陸德明釋文：釋詁一篇，周公所作。

註一二　見史記卷四十七孔子世家：「孔子以詩、書、禮、樂教，弟子蓋三千焉。」鼎文書局。

註一三　參見郭沫若著金文叢考—周彝中之傳統思想考。

註一四　見徐復觀作中國經學史的基礎，頁三，學生書局。

註一五　左傳引「詩云」至少二十次，引「詩曰」最少七十七次，引「詩所謂」至少五次，引「故詩曰」最少八次。引「書曰」最少十次，引「故書曰」最少四次，引「夏書曰」最少十一次，引「故夏書曰」最少三次，引「商書曰」最少四次，引「商書所謂惡之易也」一次，引「仲虺之志」者一次，引太誓者二次，言及康誥及蔡仲命書者各一次。又由魯莊公十二年追記陳敬仲出生時，「周史有以周易見陳侯者，陳侯使筮之起，大約一共記載了十九次有關周易的事情。以上所見同註二。

註一六　見錢穆著經學與史學，國學論文選集，學生書局。

註一七　劉師培經學教科書引魏源語。

註一八　見張其昀著中華五千年史第四册第二章天之未喪斯文——孔子的師承，華岡出版有限公司。

註一九　同註九。

註二〇　同註一二。

註二一　見陳慶煌著劉申叔的經學，政大中文所博士論文。

註二二　如論語八佾篇稱孔子入太廟每事問，又孔子曾向老子問禮。

註二三　參見高師仲華著孔子與經學，孔孟月刊第十二卷第十二期。

註二四　劉師培編著劉申叔先生遺書，㈣經學教科書。

註二五　見錢穆著國史大綱上册，商務印書館。

註二六　同註二二

註二七　潘重規先生聖賢羣輔錄新箋，認爲聖賢羣輔錄是陶淵明所作，見西南書局藝文類聚第四册。

附錄

中國經學的形成與先秦魯學的關係

一、有待澄清的問題

中國經學是中國傳統學術文化的主流，但中國經學何以形成？前人的說法不但模糊紛歧，而且也留下一些問題，有待進一步澄清，例如經學的形成與巫、史有何關係？又經學形成初期，到底是屬區域性學術，或是全國性學術？再者孔子以前是否有經？班固漢書藝文志又為什麼說諸子是「六經之支與流裔」？這些問題可能要先透過先秦魯國學術的考察，才能找到眞正的答案。

㈠六經是否皆巫？

巫是人神之間的媒介者，包括祝、覡、太卜、卜人、卜師、占人……等。先民知識未開，面對著偉大的自然界，每當遇到人力不可及，智慧不可知者，難免求之於神鬼，並帶有相當虔誠崇拜心理，這便是早期的自然宗教，如果六經所代表的，是中國古代思想的一大部分，那麼六經就可能與巫有關。漢書藝文志六藝略說：

及秦燔書，而易為筮卜之事，傳者不絕。

周易既爲筮卜之書，卦、爻辭又屬卜辭，則周易當是古代社會神秘宗敎信仰所留下的文獻。在古代較有名的巫如巫咸，有人說他是黃帝時人，也有人說他是殷商時人，(註一)又如巫賢，相傳是巫咸之子。再如周時的巫彭，則爲名醫。可見巫不但可以溝通神人，也可替人醫病。至於禮、樂之興，最初也是爲了酬神，本田成之中國經學史說：

禮、樂原來是從神祇的崇拜來的，經學上所說修身、齊家、治國、平天下悉是帶著神聖的色彩的，政治由社稷宗廟的名以施行，冠婚葬祭都是伴著神事的，這很可以明白了，旣知道其源是從巫史的明堂來的，那就沒什麼可怪的處所了。

再以左傳來說，范寧卽指其「失之在巫」，所以本田成之說「六經皆巫」。如從易與禮、樂諸經的內容看，似乎與巫脫不了關係。但是其他各經是否也都與巫有關？縱使有關，我們能說「六經皆巫嗎？」這問題則有再進一步探討的必要。

(二)六經是成自史官嗎？

中國古代社會，政敎不分，學在王官，所以有人認爲經書都是官書，由史官掌之。漢志六藝略說：

古之王者，世有史官，君舉必書，所以愼言行，昭法式也。左史記言，右史記事，事為春秋，言為尚書，帝王靡不同之。

這是漢人對於經與史官關係的說法，淸龔自珍定盦續集古文鈎沈論說得更爲具體，龔氏云：

六經者，周史之宗子也：易也者，卜筮之史也。書也者，記言之史也。春秋也者，記動之史也。風也者，史所采於民而編之竹帛付之司樂者也；雅、頌也者，史所采於上大夫也。禮也者，一代之律令，史職藏之故府而時以詔王者也。

因六經出自史官，所以後人主張六經皆史的也有不少人，如元代郝經陵川集云：

古有史而無經，尚書、春秋皆史也；詩、易者，先王所立之法，皆史也。

章學誠文史通義卷一易教上也說：

六經皆史也，古人不著書，古人未嘗離事而言理，六經皆先王之政典也。

這一派的學者，都指「六經是先王陳迹」「王敎之政典」，如果經眞的只是古史，那麼與漢志所說「諸子出自王官」，以及古代的一些典籍，又有什麼區別呢？這也是在探討經學形成初期情形極待釐清的問題。

㈢孔子以前有沒有經？

皮錫瑞撰寫經學歷史，在其開頭「經學開闢時代」便說：

經學開闢時代，斷自孔子刪定六經為始，孔子以前，不得有經，猶之李耳旣出，始著五千之言，釋迦未生，不傳七佛之論也。

皮氏所提出的理由是：

易自伏羲畫卦，文王重卦，止有畫而無辭，亦如連山、歸藏止為卜筮之用而已，連山、歸藏不得為經，則伏羲、文王之易亦不得為經矣。

> 古詩三千篇，書三千二百四十篇，雖卷帙繁多，而未經刪定，未必篇篇有義可為法戒。周禮出自山巖屋壁，漢人以為瀆亂不驗，又以為六國時人作，未必真出周公。儀禮十七篇，雖周公之遺，然當時或不止此數而孔子刪定，或並不及此數而孔子增補，皆未可知，觀「孺悲學士喪禮於孔子，士喪禮於是乎書」，則十七篇亦自孔子始定。春秋自孔子加筆削褒貶，為後王立法，而春秋不僅為記事之書。

皮氏的意見可以代表經今文學家的看法，認爲五經皆經孔子整理刪述，至於樂經則在禮與詩中，並非單獨成書，因此主張有孔子而後有六經，孔子之前不能有所謂經。但是古文學家則認爲孔子之前已有六經，經非始於孔子。(註二)二派見解不同。

(四)諸子是「六經之支與流裔」嗎？

漢志諸子略說。

> 諸子十家，其可觀者九家而已，皆起於王道既微，諸侯力政，時君世主，好惡殊方，是以九家之術蠭出並作，各引一端，崇其所善，以此馳說，取合諸侯，其言雖殊，辟猶水火，相滅亦相生也。仁之與義，敬之與和，相反而皆相成也。易曰：「天下同歸而殊塗，一致而百慮。」今異家者各推所長，窮知究慮，以明其指，雖有蔽短，合其要歸，亦六經之支與流裔。

漢志主要依據劉向、劉歆父子的七略，以諸子爲六經之支流與末裔，正可代表向、歆的看法。但此說也遭到後人的反對。他們以爲六經與諸子是並列關係而非主從關係。而六經充其量也只不過代表儒家的典籍而已，如果「經」眞的是這種情形，那麼中國二千多年的經學權威將被動搖，馮友蘭寫中國哲學史，一開始卽從諸子寫起，而不談經學，自有其用意。不過一般人把經釋爲常理、常道，是在宗教、哲學、政治學、道德學的基礎上，加以文學的藝術的要素，以規範天下國家或個人的理想或目的，是廣義的人生教育學（註三）。其義正可把諸子涵蓋在內，可見漢志稱諸子爲「六經之支與流裔」，是有其根據，如透過經學形成背景的考察，或可找到眞正的答案。

以上幾個問題，爲本文所要探討的重點。而在研究方法上，乃先從考察魯史發展角度入手，但也不忽略隨時取證各經之內容，和借助古代相關文獻以及新近出土的一些文物，也參考前人的研究成果，就上述諸問題加以分析、歸納，期能將事實的眞象清明的顯現出來。

二、中國經學形成的關鍵人物——孔子

談到中國經學的形成，孔子是位關鍵性人物。史記孔子世家太史公特別贊說：「自天子王侯，中國言六藝者，折中於夫子。」此六藝，卽指六經而言，雖然後人對孔子與六經的關係，也有不同的看法，但根據經文和對早期一些文獻資料的檢查，都可證明六經皆與孔子有關。

㈠孔子與周易

論語是研究孔子生平思想的重要資料，在述而篇孔子說：「加我數年，五十以學易，可以無大過。」（註四）史記孔子世家還說他：「讀易韋編三絕」，可見孔子對易經用力甚深，又論語子

路篇云：

> 子曰：「南人有言曰：『人而無恆，不可以作巫醫。』善夫！『不恆其德，或承之羞。』」
>
> 子曰：「不為而已矣！」

「不恆其德，或承之羞」，正是周易恆卦九三爻辭，孔子引用易經勉人要有恆，這都是說明孔子與易經關係的直接證據。另外中道思想也是孔子學說的主要部分，而易經諸卦只要得「中」便是吉，(註五)也可間接證明孔子思想可能受到周易的影響。史記孔子世家說：

> 孔子晚而喜易，序彖、繫、象、說卦、文言。

漢書藝文志也說：

> 孔子為立彖、象、繫辭、文言、序卦之屬十篇。

史記、漢書都說孔子曾作易傳，此說後人雖頗有爭議，但孔子愛好易經是一事實，他還以六藝教弟子；至於孔子如何教導易經，如據常理加以推測，十翼很有可能是孔子解析易經道理所歸納出的要領，但在孔子時未必成書，是由稍後的弟子、或再傳弟子整理而出，因爲它的資料是來自孔子，所以把十翼屬孔子作，亦不爲過。

(二)孔子與尚書

漢書藝文志認爲尚書是由孔子編纂而成，並說得相當的確切。漢志云：

> 易曰：「河出圖，洛出書，聖人則之。」故書所起遠矣！至孔子纂焉，上斷於堯，下訖于春秋，凡百篇而為序。

依漢志的說法，孔子不但編纂了尚書，還爲書作序，這是沿襲史記的說法。司馬遷在孔子世家說：「孔子序書傳，上紀唐虞之際，下至秦繆，編次其事。」這些說法雖皆有待求證，但從論語所引，都可以看出孔子和尚書的關係。如述而篇：

子所雅言，詩、書、執禮，皆雅言也。

爲政篇：

書云：「孝乎惟孝，友于兄弟。」施於有政，是亦為政，奚其為為政？

憲問篇：

子張曰：「書云：『高宗諒陰，三年不言』，何謂也？」子曰：「何必高宗，古之人皆然。君薨，百官總己，以聽於冢宰三年。」

論語屬言詩書，可見書、詩、執禮皆孔子平時所常說的話（註六），並且用它來敎導弟子。就尚書的內容來說，亦與孔子學說相吻合。（註七）

㈢孔子與詩經

孔子非常重視詩敎，曾告訴兒子伯魚說：「不學詩，無以言。」「汝爲周南，召南矣乎？人而不爲周南、召南，其猶正牆面而立也與？」（註八）孔子何以會如此重視詩？因爲詩三百篇心思純正，論語爲政篇說：

子曰：詩三百，一言以蔽之，曰：思無邪。

孔子又認爲讀詩有莫大的功用，可以爲政，辨外交，可以興、觀、羣、怨、事父、事君，多識草木鳥獸之名，如論語子路篇說：

> 誦詩三百，授之以政，不達，使於四方，不能專對，雖多，亦奚以為？

陽貨篇又說：

> 小子何莫學夫詩，詩可以興，可以觀，可以羣，可以怨，邇之事父，遠之事君，多識鳥獸草木之名。

孔子也特別強調讀詩應重其深義，不能只在文辭上用功夫，如論語八佾篇就有這麼一段記載：

> 子夏問曰：「巧笑倩兮，美目盼兮，素以為絢兮。」何謂也？子曰：「繪事後素。」曰：「禮後乎？」子曰：「起予者商也，始可與言詩已矣！」

從論語這些話都可看出孔子和詩經關係的密切。史記孔子世家更認爲孔子曾刪過詩，司馬遷說：

> 古詩三千餘篇，及至孔子，去其重，取可施於禮義，上采契、后稷，中述殷、周之盛，至幽、厲之缺，始於衽席。故曰：關雎之亂，以為風始，鹿鳴為小雅始，文王為大雅始，清廟為頌始，三百五篇，孔子皆絃歌之，以合韶、武、雅、頌之音。

孔子是否刪詩，後世爭論很多，但孔子對詩的整理，使詩與樂合，這種貢獻是不容否認的事實。論語子罕篇孔子自己說：「吾自衞返魯，然後樂正，雅頌各得其所。」便是最好的證明。

(四)孔子與禮經

論語泰伯篇孔子說：「興於詩，立於禮，成於樂。」季氏篇也記載孔子曾告訴兒子伯魚「不學禮，無以立」，足見孔子對禮的重視，在陽貨篇孔子也討論到三年喪的問題：

宰我問：「三年之喪，期已久矣，君子三年不為禮，禮必壞；三年不為樂，樂必崩。舊穀既沒，新穀既升。鑽燧改火，期可已矣。」子曰：「食夫稻，衣夫錦，於女安乎？」曰：「安。」「女安，則為之！夫君子之居喪，食旨不甘，聞樂不樂，居處不安，故不為也。今汝安，則為之！」宰我出。子曰：「予之不仁也！子生三年，然後免於父母之懷，夫三年之喪，天下之通喪也，予也有三年之愛於其父母乎！」

從孔子與宰我的這一段討論，「三年喪」此一禮俗在當時似乎已受到社會的重視，而且孔子還相當的支持。禮記雜記下說：

哀公使孺悲之孔子學士喪禮，士喪禮於是乎書。

孔子以士喪禮教授學生，應是事實，所以司馬遷在孔子世家贊才說：「適魯，觀仲尼廟堂車服禮器，諸生以時習禮其家。」又孔子重禮，不止在禮的儀文，更重視禮的實質精神。論語陽貨篇孔子說：「禮云禮云，玉帛云乎哉？」孔子時候的禮，從這些文獻資料來看，應指儀禮而言。

(五) 孔子與樂經

樂經因後世不傳，所以在六經中最受爭論。但孔子懂樂是絕對的事實。史記孔子世家贊說：

孔子語魯太師，樂其可知也，始作翕如，皦如，縱之純如，繹如也，以成。吾自衛反魯，然後樂正，雅頌各得其所。

所謂「周文」，應以禮，樂為大宗，孔子認為「立於禮」後，還須「成於樂」，才能陶冶個人健全的人格。而「正聲」、「正樂」正可發揮移風易俗的功用。陽貨篇孔子說：「惡紫之奪朱也，惡鄭聲之亂雅樂也。」且孔子亦認爲禮與樂一樣，不能只重視外在形式，中心的和樂才是樂的本質。難怪陽貨篇孔子又要說：「樂云樂云，鐘鼓云乎哉！」

㈥孔子與春秋

在六經中，唯春秋一經與孔子的關係最爲直接，但奇怪的是在論語書中卻未提到春秋，或引春秋經文。而最早提到孔子作春秋者，是見於孟子。滕文公下云：

> 孟子曰：世衰道微，邪說暴行有作，臣弑其君者有之，子弑其父者有之。孔子懼，作春秋。春秋，天子之事也，是故孔子曰：「知我者，其惟春秋乎？罪我者，其惟春秋乎？」

又離婁下云：

> 孟子曰：王者之迹熄而詩亡；詩亡然後春秋作。晉之乘，楚之檮杌，魯之春秋，一也。其事則齊桓、晉文，其文則史，孔子曰：其義則丘竊取之矣！

到了史記，孔子作春秋之說，記載得更爲詳細，孔子世家說：

> 魯哀公十四年（西元前四八一年）春，狩大野，叔孫氏車子鉏商獲獸，以為不祥，仲尼視之，曰：「麟也。」取之……及西狩見麟。曰：「吾道窮矣！」乃因（魯）史記作春秋。上至隱公，下訖哀公十四年，十二公。據魯，親周，故殷，運之三代。約其辭文而指博。……至於春秋，筆則筆，削則削，子夏之徒不能贊一辭。弟子受春秋，孔子曰：「後世知丘者以春秋，罪丘者亦以春秋。」

史記稱孔子「因魯史記作春秋」，與論語述而篇稱孔子「述而不作」，並不相矛盾，如就春秋經資料的整理上說，它是據魯史的「述」；但經孔子整理後的春秋經，則具有微言大義在，這是孔子所獨創，與魯史春秋已大不相同，因此從經義上說是孔子「作」，亦無不可。雖然從季清以來，有不少疑古學者否定孔子作春秋的說法，但證據都欠充分，無法推翻成說。

據以上的分析，孔子家傳詩禮，編訂六經，作爲敎導弟子的敎材，也昌明了經義，將六經普遍化，都是孔子對經學的偉大貢獻，但這些都只能證明孔子與六經的關係，而無法確定六經是從孔子開始。

三、孔子與先秦魯學

孔子是魯國人，如果六經是由孔子編訂後才大爲流行，那麼六經的原始，應該只是屬於魯國區域性的學術，但是後人爲什麼稱孔子是集中國文化第一次之大成。又以孔子爲主的經學，爲什麼居然會成爲中國傳統學術的骨幹。如果從先秦魯學發展情況研究入手，也許可獲得事實眞相。

(一)孔子前的魯學

此魯學是魯國學術文化的簡稱。以山東曲阜爲中心的魯地，在周公封魯，伯禽就國以前，根據文獻和考古先民新遺址的出土，可以證明已是文明相當高的地區。據說伏羲氏與女媧卽起於魯地，今山東離曲阜不遠的濟寧，卽有女媧陵。(註九) 又如史記補三皇本紀說：「炎帝神農氏發於姜水，因以爲姓，初都陳，後居曲阜。」相傳黃帝也生於壽丘，壽丘地在今曲阜北方約三里處（註一〇），黃帝大臣力牧也是曲阜人。又左傳定公四年說：「因商奄之民，命以伯禽封少皞之虛。」可見曲阜也是少皞金天氏的故址，民國四十八年，在我國大陸山東大汶口、龍門口等地，發掘了不少石器時代的遺物，一般稱爲大汶口文明區，它是以山東汶水流域爲中心，包括泗水、汝水、潁水兩岸地帶，這些區域，正是古代的魯地。從出土的資料顯示，此應與古太皞伏羲氏，少皞金天氏有關。因此，絕不能隨意把太皞、少皞當作神話傳說人物去看待，左傳僖公二十一年說：

任、宿、須句、顓臾，風姓也，實司太皞與有濟之祀，以服事諸夏。

任、宿、須句、顓臾等古國，都分別在今山東省境，其資料也偶而見於古代其他典籍，惜文獻不多。至於少皞所留下的資料，則較爲豐富。唐蘭在「中國有六千多年文明史」一文說：

大汶口文化在龍山文化之前，比遠在龍山文化之後的安陽小屯文化要早得多，大汶口文化和仰韶文化、青蓮岡文化、河姆渡文化等等，都是十分古老的文化，直到現在為止，我們已經發現的大汶口文化遷址，大約延續到二千多年，以山東省大汶口和曲阜、兗州一帶為中心，徧佈於古代黃河下游的南岸和淮河北岸之間，其區域約有十幾萬平方公里，和古代文獻對照，這個區域曾住著少皞民族，曲阜是少皞之虛，卽少皞國家的故都，因此大汶口文化應該是少皞文化。（註一一）

所以史記魯周公世家稱封周公於少皞之虛曲阜是沒錯的。逸周書嘗麥解也說：

乃命少皞清司馬（馬字似是衍文）鳥官以正五帝之官，故名曰質，天用大成，至於今不亂。

在左傳昭公十七年也有「少皞摯」一語。少皞清又名質，而質與摯音近通用；逸周書所謂少皞

淸，很可能卽左傳少皞摯；曾受命於黃帝，治理少皞國家，在黃帝後曾一度強盛過，直到顓頊時，才又衰弱下去。（註一三）

根據左傳等有關資料的考察，少皞國在上古時代卽具有相當型態的國家規模，其後裔也分佈很廣。國語鄭語云：「嬴、伯翳之後也。」韋昭注：「伯翳、舜虞官，少皞之後伯益也。」又左傳昭公元年：「周有徐、奄。」杜預注：「二國皆嬴姓。」說文：「嬴、少皞之姓。」漢書地理志在臨淮郡徐縣說：「故國、盈姓。」又在東海郡郯縣下說：「故國、少皞後，盈姓。」在城陽皞縣下也說：「故國、盈姓、少皞後。」盈、嬴古音同通用。所以唐氏進一步說：「大汶口文化的遺址，正是文獻上少皞國家與少皞民族活動的範圍，曲阜的大汶口文化遺址比較多。」（註一四）因爲曲阜是少皞的都城，當然大汶口文化型的遺址在此所發現的要比其他各地來得多，而且在不少遺址中也有陶文出土，據考古學家較保守的估計，距今也有六、七千年，我們稱古代東方氏族爲夷族，應該指的就是少皞等部族而言。在夏、商，兩代，有關魯地留下的資料不多。尚書禹貢中的兗州、靑州，卽屬今天的魯地。商代是屬東方部族所建立的國家，那時的曲阜稱奄，或商奄，在盤庚遷都以前，曾一度爲商代的國都。足見曲阜在那時已是相當重要的都城。在商、周牧野一戰，周武王打敗了商紂後，第一次分封，本封周公於河南魯地，第二次分封時，才將周公遷至曲阜。周公是武王的胞弟，又是朝中最重要的大臣，武王居然把他封在山東魯國，可證魯國地位的重要，它絕非蠻荒之地。伯禽就國後，在原有高度文化基礎上，又帶來了關中地區的中原古文明，經過了五百年的融合，終於薰陶出中國歷史上最偉大的聖人孔子。

(二)孔子後的魯學（包括孔子當時的魯學）

東方的先商和商代文明，自周公封魯伯禽就國後，又逐漸的移入中原文化，魯國文明已非單獨區域性文化。孔子以天縱之資，和文化的使命感，以及對人類前途的偉大期許，憑其好學深思的精神，將古今東西文化加以綜合整理，中國的經典便終於在這種情形下突顯出來了。以經學爲主的儒學便是當時魯國學術的代表，但是日後經學、儒學又何以成爲天下性的學術呢？如透過孔子以後儒學擴展情形的探討，當可了解其中的原委。

孔子首開私人講學風氣，門下弟子衆多，史記孔子世家說：

> 孔子以詩、書、禮、樂教弟子，蓋三千焉，身通六藝者，七十有二人。

這三千多個弟子，另加上再傳、私淑等門徒，可以想像孔學在當時學術界一定形成一股相當大的力量，孔子以後的魯學，主要是指著這一批人在學術上的成就。

在孔門弟子中，比較傑出的有七十餘人（註一六）。論語先進篇孔子曾說：

> 德行：顏淵、閔子騫、冉伯牛、仲弓。言語：宰我、子夏。政事：冉有、季路。文學：子游、子夏。

顏淵等十二人，又是七十餘賢門人中的佼佼者。在這麼多弟子中，有不少人在經學的傳承上有其特殊的貢獻。如：

1. 漆雕開：據孔子家語弟子解：「漆雕開，字子若，習尚書，不樂仕。」
2. 商瞿（子木）：史記孔子弟子列傳云：「商瞿，魯人，孔子傳易於瞿。」儒林傳也說：「自魯商瞿受易孔子；孔子卒，商瞿傳易六世。至齊人田何子莊。」

3.端子賜（子貢）：論語學而篇：「子貢曰：『貧而無諂，富而無驕，何如？』子曰：『可也，未若貧而樂，富而好禮者也。』子貢曰：『詩云：如切如磋，如琢如磨。其斯之謂與？』子曰：『賜也，始可與言詩已矣！告諸往而知來者。』」可知子貢是深通詩者。

4.卜商（子夏）：傳孔子經學貢獻最多的就是子夏。相傳子夏傳詩經並作詩序。三國吳陸璣草木鳥獸蟲魚疏云，「孔子刪詩授卜商，商爲之序以授曾申。」又子夏也傳禮知樂，儀禮喪服篇賈公彥疏云：「『傳曰』（指喪服經傳）者，不知是誰人所作，人皆云孔子弟子卜商字子夏所爲。」在禮記樂記篇記載子夏論古樂、新樂，有相當深刻的評述。（註一七）子夏也傳春秋穀梁傳，史記孔子世家云：「……至於爲春秋，筆則筆，削則削，子夏之徒不能贊一辭。」後漢應劭風俗通義更說：「穀梁名赤，子夏弟子。」雖然子夏傳經大多出自漢人以後的說法，有人也持反對態度。但以子夏那種「日知其所亡，月無忘其所能」，「博學而篤志，切問而近思」（註一八）的好學態度，子夏與諸經的密切關係，應該不是子虛烏有。

5.言偃（子游）：清邵懿辰著禮經通論，認爲子游是傳孔子之禮。（註一九）禮記檀弓篇中多次提到子游與禮有關的事（註二〇），或可作爲子游習禮的證明。

6.曾參（曾子）：史記仲弟子列傳：「孔子以爲（曾子）能通孝道，故授之業，作孝經。」朱子大學章句也特別提到：「經一章，蓋孔子之言，而曾子述之。其傳十章，則曾子之意，而門人記之也。」

7.孔伋（子思）：禮記正義中庸篇下引鄭玄目錄云：「孔子之孫子思伋作之，以昭明聖祖之德。」

8.孟子：史記孟子荀卿列傳云：「孟軻，騶人也。受業子思之門人。道既通，遊事齊宣王，宣王不能用。適梁，梁惠王不果所言，則見以為迂遠而闊於事情。……退而與萬章之徒序詩、書，述仲尼之意，作孟子七篇。」後漢趙岐孟子題辭也說：「孟子，……通五經，尤長於詩、書。」再從孟子書中引詩、書之語，都可看出孟子在經學上的素養。又孟子一書在宋以後也被列為十三經之一。

孔門弟子或再傳弟子，都是弘揚孔子學術的主要人物，所以有關經學的定型，以及經學又演變成天下學術的主流，弟子們的貢獻最大。如在孔門七十餘子中，就有不少是來自魯國以外的國家。其中來自衞國的有端木賜、卜商、高柴、奚容蒧、句井疆、廉潔等六人。來自齊國的有公冶長、樊須（一說魯人）、公晳哀、梁鱣、后處、步叔乘等六人，來自楚國的有公孫龍（一說衞人）、任不齊、秦商（一說魯人）等三人。來自秦國的有秦祖、壤駟赤等二人。來自陳國的有顓孫師、巫馬施（一說魯人）、公良儒等三人，來自晉國的有公堅定、鄡單二人。來自宋國的原憲（一說魯人）、司馬耕等二人。來自蔡國的有漆雕開一人。來自吳國的有言偃一人。這些來自四面八方的弟子，也把各國文化信息帶到魯國，又經孔子的教導，及彼此的相互切磋，調融陶鑄，遂開展出魯學的新氣象；而弟子又把此新氣象帶回自己的國家，魯學也因此傳播於各國。就孔子本身也曾二次周遊列國，第一次在魯昭公二十五年（西元前五一七年）到齊國；第二次在魯定公十三年（西元前四九七年），孔子到過衞、蒲、宋、陳、蔡等國，每次都有學生跟隨，當然魯學也隨之遠播各地。另外由於戰亂的關係，弟子遷徙流離的情形應相當普遍。如史記仲尼弟子列傳就說：「孔子既歿，子夏居西河教授，爲魏文侯師。」魏國的許多賢達人士如田子方、段干木、李克、吳起、禽滑釐等，都是子夏的學生。（註二一）其他像子思也曾周遊諸國，子貢則終老於齊，宰我亦曾在齊國爲官，澹台滅明嘗南遊到長江，魯國的學術也隨著他們流傳到各地。稍後的孟子，也到過不少國家，孟子所到之處，當然也不忘弘揚魯國的經學和儒學，經學到了漢代，能一躍而成爲天下學術的重心，它的遠因卽出於此。

四、問題的澄清

中國經學既然是由古代魯地所開展出來的學術，因此要探討中國經學形成的現象，透過先秦魯學的考察，應是一條很正確的道路。經上述「孔子與六經」、「孔子與先秦魯學關係」的探究分析後，可以歸納出下列幾點較具體的結論，或可澄清後人對有關經學形成初期的一些疑惑。

㈠巫只是反映經學形成初期社會的天人關係

天人關係、神人關係是先民生活的一大重心。中國經學正普遍反映了當時一般人的人生觀，和政治社會的一些典章禮儀，因此經書中存有天神、人鬼信仰的神秘色彩，自然在所難免。如易經有不少學者就認爲它是古代卜筮的書，易繫辭傳說：「天生神物，聖人則之」，又云：「探賾索隱，鉤深致遠，以定天下之吉凶，成天下之亹亹者，莫大乎著龜。」充分反映出先民的鬼神觀，所以史記滑稽列傳說：「易以神化」。他如詩經頌詩則是在歌頌鬼神的篇章。尚書中的天道思想也相當濃厚，洪範篇所論的天人關係已相當具體。又禮、樂的緣起也是由鬼神的崇拜而來；春秋凡日蝕、天災、地變必書，亦寓有其神祕色彩。而巫是溝通神人的媒介者，范寧更稱春秋左傳其失也「巫」，都可看出經與巫的關係，這種關係只能說是它反映了當時社會的天人觀。如果說「巫」是六經形成的關鍵人物，甚至說「六經皆巫」，不但苦無堅強證據，也未免太忽略了經學形成初期的一些事實。如魯學是相當樸實，且合於人性的學術，經學又經孔子刪述才推展開來，孔子是主張「敬鬼神而遠之」的人，因此說「六經皆巫」則流於誇大不實。我們從魯學形成經過來看，巫在經學中所扮的腳色，並非那麼重要。本田成之在中國經學史曾提到日人狩野氏的說法：

> 殷時代是祭、政一致的，所謂「聖人以神道設教」，巫、巫咸等神職都有權勢，或在大臣之位，手握政治教育的實權，其後「祝」出「宗」出，而得了巫、巫咸的職，這是到了周時代的事，這樣祝及宗漸次成為典禮的人，比較巫要榮顯，迨巫漸次低降，後遂完全降至於民間了。然而巫從上代以來，成了天文醫方、文學的基礎，實是創造中國文化的淵源的人。(註二二)

狩野的推論有待斟酌，人信天信神信鬼，在原始知識未開的古代，應該是一種普遍的自然現象，未必是聖人借神道以設教，「巫」只是溝通神人關係的特殊人物，如把這種媒介人物說成是中國文化（包括經學）的淵源人，則完全不合實情，因為六經眞正關鍵人是孔子；孔子絕非巫，而是道道地地的人。如周易本與連山、歸藏都是卜筮的書；而周易所以成爲「經」，則在孔子的贊述及其弟子的弘揚。

㈡史官只是代表早期經學資料蒐集保管的重要人物

周公、孔子是中國經學形成的二位重要人物；周公雖未就魯，但卻是魯國學風的開創者，因此談經學必須追溯到周公，但從今存的歷史文獻和出土的文物加以考察，尚無法證明在周公時已有完整的經學。經籍的大致整理完成，應是春秋晚期魯國的孔子，弘揚經義的大功臣也是孔子，因此，前人所謂「經都是官書，由史官掌之」，「六經者，周史之宗子也。」恐難成立。徐復觀在中國經學史的基礎一書也提到：

> 經學的成立，是由詩、書、易、禮、春秋五種古典再加上樂，為其基本條件。詩、書、禮皆由史官所纂輯、保管。周公時代，離纂輯成書的時代尚早；易尚停留在純占筮的階段，且當時似乎尚未流行；春秋指的是孔子所修的，不是就周春秋、魯春秋而言。（註一三）

詩、書、禮雖是由史官所輯、保管，也是代表古代學術、文化的重要部分，但應該只是停留在資料的階段，到了春秋時代這些資料才慢慢外流，且具有某種意義。在左僖二十七年傳有這麼一段記載：

> 狐偃曰：「楚始得曹而新昏於衛，若伐曹衛，楚必救之，則齊、宋免矣？」於是乎蒐于被廬，作三軍，謀元帥。趙衰曰：「郤縠可。臣亟聞其言矣！說禮樂而敦詩書。詩書，義之府也；禮樂，德之則也；德義，利之本也。夏書曰：『賦納以言，明試以功，車服以庸』。

君其試之。」

這是在孔子以前有關經書的記載，已具有敎化的作用。但六經經孔子整理後，其經學的意義才更爲明顯。至於春秋則是魯國史官所保管的資料，與周史根本談不上絲毫關係。這些資料，只是史料，它變成經而成爲人生的敎育學，自魯國的孔子才更爲具體化。

㈢經是孔子所集中國古代文化之大成

考察先秦的魯國歷史，和據近代大汶口區古遺址大量文物出土，大大的可證明早在周初以前的魯地，已是文明鼎盛之邦。少皡金天氏、商先祖都曾在曲阜建過都；因地位重要，周武王才把周公封在魯，日後又大量融合了中原古文明，孟子稱周公「兼三王，思四事」以制作，使魯國文化又向前邁進了一大步，也奠定後來中國經書的雛形。孔子稱「久矣！吾不復夢見周公」，孔子何以會如此的仰慕周公，一來崇拜周公大公無私的偉大人格，二因對當時社會的失望，三者在推崇周公對中國典章制度製訂上的偉大貢獻。孔子編定六經是繼承了周公之遺緒。如在易經方面，孔穎達周易正義說：「文王作卦辭，周公作爻辭」，左傳宣公二年也說：「韓宣子來聘，見易象與魯春秋，曰，周禮盡在魯矣！吾乃知周公之德，與周公之所以王也。」在書經方面，根據史記魯周公世家，曾指出不少篇是周公所作。（註二四）在詩經方面，據詩序以七月、鴟鴞兩篇爲周公所作，又據國語、左傳以爲時邁、思文等是周公作，文心雕龍原道篇也特別提到：「重以公旦多材，……制詩緝頌。」這些說法雖都有待進一步考證，但起碼可以看出周公與詩經的關聯性。再就禮樂說，周公爲一代聖賢，與禮樂關係最深，如左傳文公十八年魯太史克說：「先君周公制周禮」，尚書大傳也說：「周公居攝六年，制禮作樂。」孔子才說：「郁郁乎文哉，吾從周。」所謂「文」主要是指禮、樂文飾。所以禮、樂二經縱使非完成於周公，但在周公時，規模大體已具備，當無問題；再有春秋經雖然是孔子以後的事，但春秋乃根據魯史而作，而魯國之首封是從周公開始，自然與周公政典就不能脫離關係，所以杜預左傳集解序才說：「仲尼因魯史策書成文，考其眞僞，而志其典禮，上以遵周公之遺制，下以明將來之法。」所以杜氏才又說春秋是「周公之志，仲尼從而明之。」又云：「其發凡以言例，皆經國之常制，周公之垂法，史書之舊章，仲尼從而修之，以成一經之通體。」（註二五）從周公到孔子歷經五百年，曲阜古文明和中原文明的融合，終於造就出一代的聖人——孔子；他爲教育弟子的需要，才編訂六經，上承周公，下啓後代，所以說經籍是孔子集中國第一次古代文化之大成，一點也不爲過，但卻不能說經到孔子時才有。

四經學由孔門的弘揚才成爲全國性的學術

孔子編訂六經，既然是集中國古代文化之大成，那麼經學就非區域性的文化；又孔子也是第一位平民教育家，學生人數衆多，六經是孔門的主要教材，於是弟子便成爲弘揚經學的重要人物；加上弟子有許多不是魯國人，那時各國間的交往也十分頻繁，齊國稷下，曾一度聚集上千學人，（註二六）稷下離魯不遠，不可能不受魯學的影響。又因戰亂關係，人口流動性大，雖然不安定的生活是人生的大不幸，不過卻有助於文化的擴展與融合，根據漢書藝文志的著錄，屬於魯國的經學著作，有申培的詩魯故二十五卷，子思的中庸，虞公的雅歌四篇，左丘明的左傳三十卷，穀梁子的穀梁傳十一篇，左丘明之國語二十一篇，古文論語二十一篇，魯論二十篇傳十九篇，孝經古孔氏一篇。以上除詩魯故、虞公雅歌亡佚外，今皆可見。在諸子屬魯人著作有：子思二十三篇，曾子十八篇，漆雕子十三篇，宓子十六篇，景子三篇，孟子十一篇。以上儒家諸子都與經學互爲表裏，所以魯學在孔門弟子的弘揚下，成績至爲輝煌，再由於客觀環境所使然，以經學、儒學爲主的魯學，遂成爲天下性的學術。

(五)漢志稱諸子百家爲「六經之支與流裔」，誠屬不誣

魯國的經學，既然是孔子集中國古代文化之大成，後又經孔門弟子等的弘揚，而普及天下。它又是中國祖先智慧與經驗的結晶，是人的常理、常道，這種發自人性，又是面對社會種種問題所體驗歸納出來的學術，在平凡中自有其不平凡的眞理，而使經學二千多年來一直是中國學術的正宗、主流。一般研究中國學術思想的學者，由於太強調春秋、戰國諸子爭鳴的盛況，常忽略了這一時期的經學發展。根據事實，本期的經學與諸子相比絕不遜色。如十三經中的三傳、論語、孟子、孝經等，都是完成於戰國時代，其中除公羊傳是齊學外，其他都是魯學。另外，如就戰國時代的諸子學說加以檢討，諸子與六經幾乎都有或多或少的關係，如劉向荀子敍錄就說。荀卿善於易，其義約見非相、大略二篇。（註二七）陸德明毛詩釋文敍錄說：「孫卿子傳魯人大毛公。」則毛詩是荀子所傳；漢書楚元王交傳云：「少時嘗與魯穆生、白生、申公同受業於浮丘伯，伯者孫卿之門人。」所以魯詩也與荀子有關。韓詩今只存外傳，汪中又稱其「引荀子以說詩者，四十有四。」則韓詩亦與荀子合。（註二八）至於春秋三傳釋文敍錄也說：「左丘明作傳以授曾申，

……椒傳趙人虞卿，卿傳同郡荀卿。」今考荀子一書，述事之意本於左傳者，計有九條，可以援引以解釋傳文者，計十有七條（註二九），都可看出荀子深受左傳之影響。再如穀梁傳，史記儒林傳說：「瑕丘江公受穀梁春秋及詩於魯申公。」申公爲荀子弟子，則穀梁傳亦荀子所傳，在禮經方面皮錫瑞云：「大戴曾子立事篇載有荀子修身、大略二篇文；小戴樂記、三年問、鄉飲酒義篇載有荀子禮論、樂論篇文。因此皮氏以二戴之禮爲荀子所傳。（註三〇）又荀子學說主要精神是在隆禮樂；這也是經學的重心所在，難怪清王先謙在荀子集解序說：「其書亦所以羽翼六經，增光孔氏，非徒諸子之言也。」

不只荀子與六經關係密切，其他諸子也幾乎都是如此，如老莊思想亦合於「堯舜克讓，易之嗛嗛。」甚至有人認爲老子書較爲晚出，是針對儒家而發。（註三一）又如陰陽家講「敬順昊天」、「敬授民時」，與羣經敬天愛民的思想並無二致。法家主張「信賞必罰」，可以輔佐禮制、道德的不足；甚至易經也說：「先王以明罰飭法」，因遵守法令規章也是最起碼的道德。再如孔子曾說：「必也正名乎？名不正則言不順，言不順則事不成。」合乎名才叫義，這正也是名家論理的精神所在，所以漢志才說名家是出於禮官。又墨家主張「宗祀嚴父」，「以孝示天下」，均與六經精神無別，至於節葬、非樂、非命、非儒……等，則就社會上對儒家經典因適應不當所產生的一些缺失而發。再如論語爲政篇孔子說：「誦詩三百……使於四方，不能專對，雖多亦奚以爲？」縱橫家就是要實現孔子此一理想。雜家則兼有儒、墨、名、法……等各家之所長。農家主形「播百穀、勸耕桑，以足民食。」乃使民生富庶，與孔子的「所重民食」精神相一致。至於諸子之說有與六經不同者，亦僅針對經書內涵提出各家不同看法而已。從這些例證都可顯示出六經與諸子的關係；如從整個魯學形成和發展過程來看，諸子源於六經，理由至爲充分，所以漢志說諸子「皆六經之支與流裔」，也就沒什麼好懷疑的了。更由班固這句話，正可以證明中國經學在形成初期的普遍性和重要性。熊十力在其讀經示要第一講也說：「諸子之學，其根底皆在經也。」因此，如果談中國學術文化不從經學入門，恐怕會導致結論的偏差，這也是傳統中國社會爲何推崇經術的主要原因。

【註　釋】

註　一　依尙書孔傳巫咸爲殷人，巫賢爲咸之子。

註　二　見皮錫瑞經學歷史及周予同注，頁十二—十三，河洛圖書出版社。

註　三　見本田成之中國經學史，頁二，廣文書局。

註　四　陸德明經典釋文云：「魯讀易爲亦。」如從此說則論語原文爲：「五十以學，亦可以無大過矣！」「五十以學」語意難通，恐非是。

註　五　如震六五：「震，往來厲。億，无喪有事。」象曰：「其事在中，大无喪也。」又如訟卦卦辭：「訟，有孚，惕，中吉。」等，都可看出只要合乎中便是吉。

註　六　論語述而：「子所雅言，詩書執禮，皆雅言也。」朱注：「雅，常也。」

註　七　參見程元敏中國經學史筆記。孔子用尙書之語作爲三年之喪的立論根據。尙書康誥、酒誥皆談孝道，孔子孝道思想深受影響。酒誥明文提到中道，正是孔子思想所承之處。

註　八　見論語季氏篇、陽貨篇。
註　九　參見魯西尹氏族譜卷三，頁一五四。
註一〇　見古今圖書集成，第一册坤與典卷一〇九，頁一一三〇，鼎文書局。
註一一　見唐蘭著中國有六千多年文明史，大公報在港復刊三十週年紀念文集。
註一二　同前。
註一三　同前。
註一四　同前。
註一五　參見張其昀中華五千年史。
註一六　仲尼弟子列傳云：「受業身通者，七十有七人，皆異能之士也。」受業弟子人數與孔子世家七十二人，數目不同。
註一七　見禮記樂記篇。
註一八　見論語子張篇。
註一九　邵懿辰禮經通論論聖門子游傳禮云：「聖門子夏傳詩，子游傳禮，此學者之恆言也。」
註二〇　禮記檀弓上：「司士賁告於子游曰：『請襲於床。』子游曰：『諾。』縣子聞之曰：『汏哉，叔氏專以禮許人。』」
註二一　史記儒林傳說：「子夏居西河，……如田子方、段干木、吳起、禽滑釐之屬，皆受業於子夏之倫，爲王者師。」
註二二　參見本田成之中國經學史所引狩野直喜的說法，頁十二，廣文書局。

註二三　見徐著中國經學史的基礎，頁二，學生書局。

註二四　史記魯周公世家稱大誥、嘉禾、多士、無逸、周官、立政等篇，都是周公所作。

註二五　見春秋經傳集解序。新興書局。

註二六　史記田敬仲完世家云：「宣王喜文學游說之士，自如騶衍、淳于髡、田駢、接予、愼到、環淵之徒七十六人，皆賜列第，爲上大夫，不治而議論。是以齊稷下學士復盛，且數百千人。」

註二七　見汪中述學荀卿子通論引，皇清經解卷八〇。

註二八　同前。

註二九　參見皮錫瑞經學歷史，二經學流傳時代，頁四七，河洛圖書出版社。

註三〇　同前。

註三一　張心澂僞書通考云：「孔子之學，植本於仁，孔子之前無人及之，詩與眞書皆無言仁者，道德經多作非仁之論，必得聞孔氏之說，因而非之。……孔子未言義，孟子始仁義對擧，老子並非仁義，乃聞孟子之說而反對之。」，頁六七九，明倫出版社。

（國際孔學會議發表論文。部分內容與本書二、三章同）

附圖：中國古文化區域圖

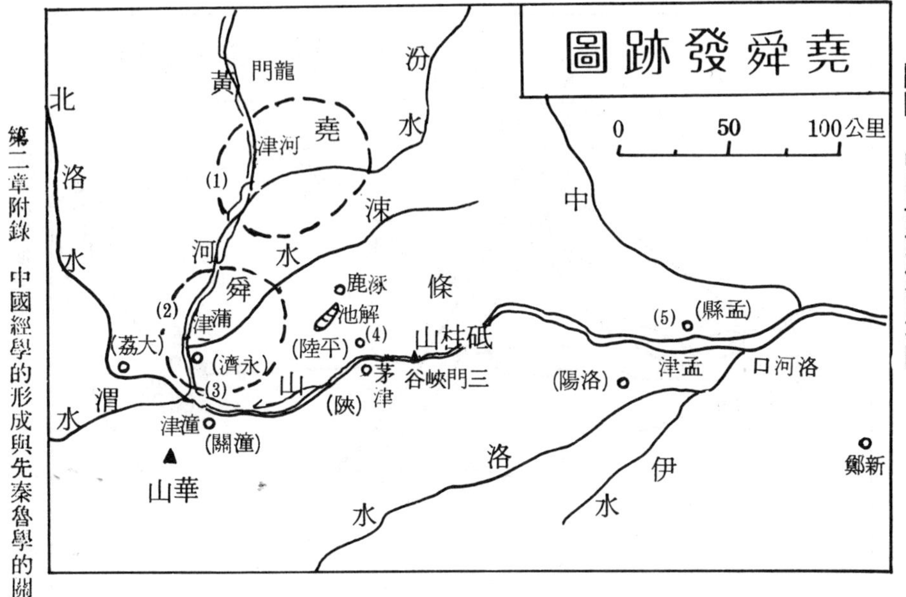
堯舜發跡圖
0 50 100公里
龍門
黃河
汾水
北洛水
堯
河津
(1)
涑水
舜
蒲津
(2)
(3)
(大荔)
(永濟)
鹿涿
解池
(平陸)
(4)
茅津
(陝)
中條山
砥柱山
三門峽谷
(5)
(孟縣)
(洛陽)
孟津
洛河口
渭水
潼津
(潼關)
華山
洛水
伊水
新鄭

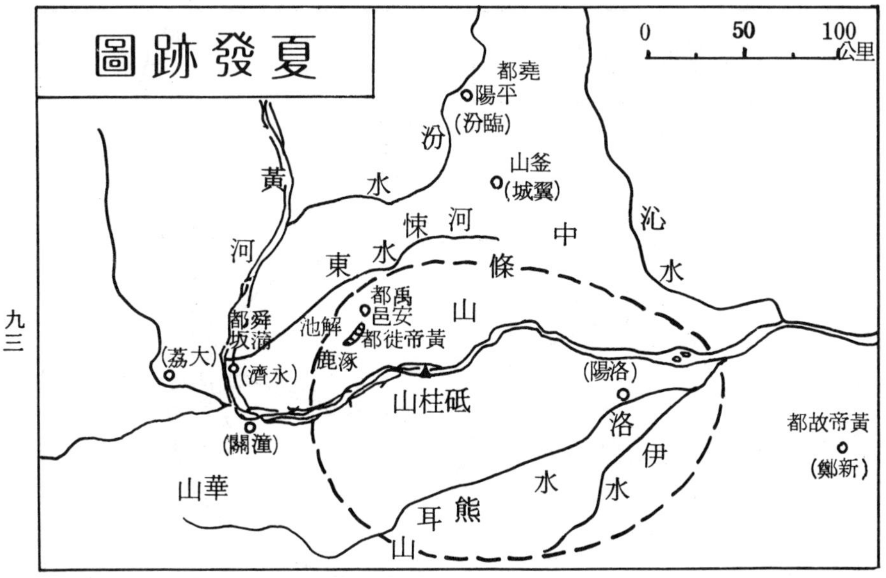
夏發跡圖
0 50 100
公里
堯都
平陽
(臨汾)
汾水
釜山
(翼城)
黃河
涑水
河東
中條山
沁水
禹都
安邑
解池
黃帝徙都
舜都
蒲坂
(大荔)
(永濟)
涿鹿
(潼關)
砥柱山
(洛陽)
洛水
伊水
黃帝故都
(新鄭)
華山
熊耳山

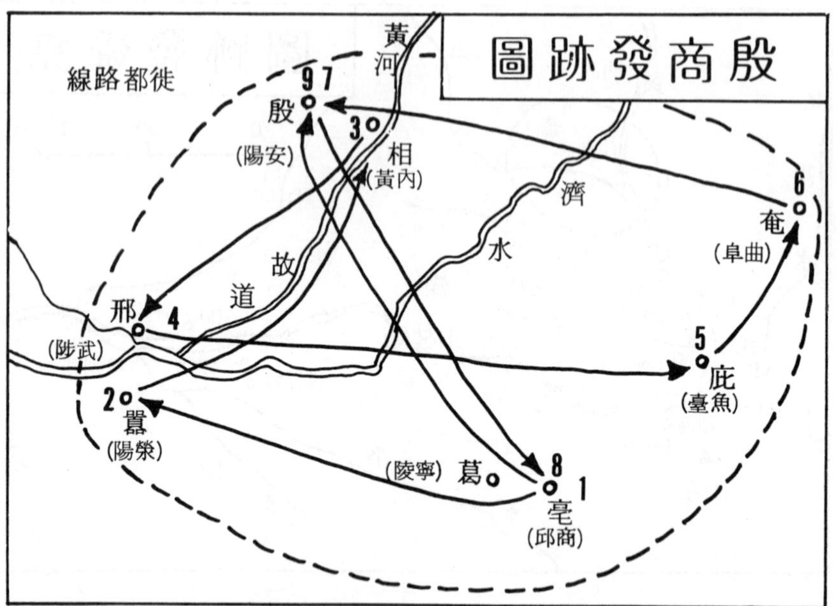
殷商發跡圖
徙都路線
黃河
故道
濟水
9 7
殷
(安陽)
3
相
(內黃)
6
奄
(曲阜)
邢
4
(武陟)
5
庇
(魚臺)
2
囂
(滎陽)
葛
(寧陵)
8
1
亳
(商邱)

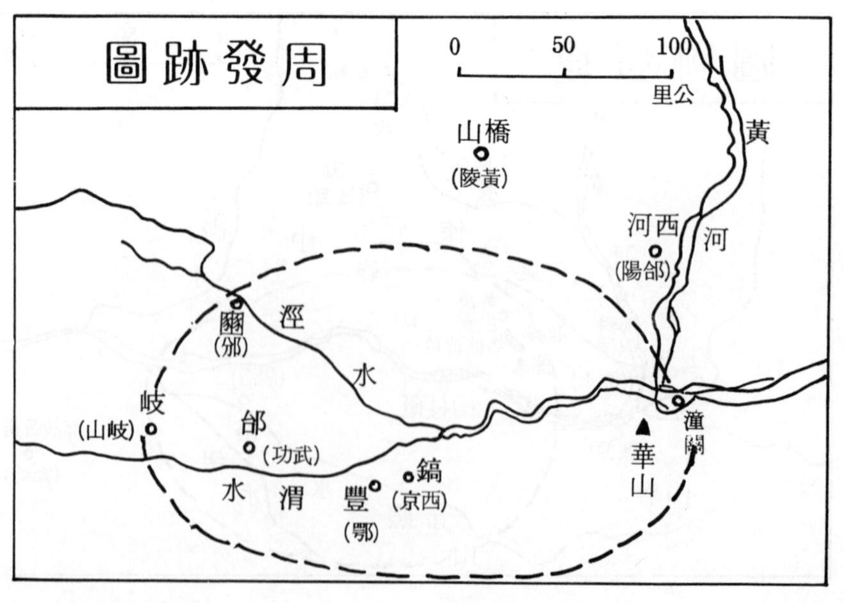
周發跡圖
0
50
100
公里
橋山
(黃陵)
黃河
西河
(郃陽)
豳
(邠)
涇水
岐
(岐山)
邰
(武功)
渭水
豐
(鄠)
鎬
(西京)
華山
潼關

第三章　戰國時代的經學蠡測

周室自平王東遷洛邑以後，史稱東周；東周又區分爲春秋和戰國二個時期。春秋時代是指孔子作春秋經所涵蓋的時間而言；戰國時代，則指自周貞定王十六年(西元前四五三年)，韓、趙、魏三家分晉起，至秦始皇廿六年(西元前二二一年)併六國止，前後二百多年的時間。在這段期間裏，秦、楚、燕、齊、韓、趙、魏七國，彼此互相爭伐，戰爭連年，乃中國歷史上最亂的時期，但卻是學術思潮最蓬勃的一段。由於周室陵夷，王官失守，以及孔子私人講學開風氣之先，而帶動了教育的普及；又因各國國君需才孔急，加上社會動盪的刺激，才造成諸子百家爭鳴競放，蔚成大觀的局面。但在此子學盛行的風氣下，經學與子學的關係如何？這是一個頗得值得探討的問題。因當時經學爲子學的盛況所掩蓋，所以有關這一階段的經學，一般經學史家，大多略而不談，縱有偶而談及者，往往也僅三言兩語帶過，很難了解這一時期的經學全豹。究其原因，除了著重子學外，便是資料的缺乏所致。中國歷史到了周初，已具有高度的文明，六經經孔子編定以後，業已大致完備，並對社會產生普遍且深遠的影響。如周末諸子何以發達，秦始皇統一天下後，爲何要焚滅詩、書六藝；又劉邦建立炎漢帝國，到了漢武帝時，爲什麼經學會一躍而成爲當時學術的重心，都與戰國時代經義的深入民心，有密切的關係。現在就根據諸子、史記、漢書、……等較早的資料，將戰國近二百年的經學作一蠡測，冀能理出一系統概念，以彌補經學史上這一段的空白。

一、孔子弟子與經學

史記孔子世家說：「孔子以詩、書、禮、樂教，弟子蓋三千焉，身通六藝者七十有二人」。（據仲尼弟子列傳則共有七十七人）。據此，可以推測孔子弟子在六經的承傳上，一定有不可磨滅的貢獻。在孔門第一代弟子中，就傳經而言，以子夏最重要。孔門四科，子游、子夏同屬文學科，他們在經學上的地位，於前面「孔門傳經」一節已論述過。孔子是死在周敬王四十一年（西元前四七九年），距離戰國只有二十餘年，而直接從孔子受教的弟子，有少孔子十多歲者，如閔子騫，亦有少孔子五十多歲者，如冉子魯、曹子循、伯子析、顏子驕、叔仲子期、公孫子石等，但以少於孔子二、三、四十歲者爲多（詳見史記仲尼弟子列傳），所以他們都是春秋末期、戰國初期的人物，在羣弟子中，深於六經，且有資料可稽的，有下列幾人：

1. 漆雕開，據孔子家語弟子解：「漆雕開，字子若，習尚書，不樂仕。」
2. 商瞿（子木）：史記孔子弟子列傳云：「商瞿，魯人，孔子傳易於瞿。」儒林傳也說：「自魯商瞿受易孔子；孔子卒，商瞿傳易六世。至齊人田何子莊。」

3.端木賜（子貢）：論語學而篇：「子貢曰，『貧而無諂，富而無驕，何如？』子曰：『可也，未若貧而樂，富而好禮者也。』子貢曰：『詩云：如切如磋，如琢如磨。其斯之謂與？』子曰：『賜也，始可與言詩已矣！告諸往而知來者。』可知子貢是深通詩者。

4.卜商（子夏）：傳孔子經學貢獻最多的就是子夏。相傳子夏傳詩經並作詩序。三國吳陸璣草木鳥獸蟲魚疏云：「孔子刪詩授卜商，商爲之序以授曾申。」又子夏也傳禮知樂；儀禮喪服篇賈公彥疏云：「『傳曰』（指喪服經傳）者，不知是誰人所作，人皆云孔子弟子卜商字子夏所爲。」在禮記樂記篇記載子夏論古樂、新樂，有相當深刻的評述；（註一）子夏也傳春秋穀梁傳，史記孔子世家云：「……至於爲春秋，筆則筆，削則削，子夏之徒不能贊一辭。」後漢應劭風俗通義更說：「穀梁名赤，子夏弟子。」雖然子夏傳經大多出自漢人以後的說法，有人也持反對態度。但以子夏那種「日知其所亡，月無忘其所能」，「博學而篤志，切問而近思」（註二）的好學態度，子夏與諸經的密切關係，應該不是子虛烏有。如後漢書徐防傳就記載徐防曾上疏說：「詩、書、禮、樂訂自孔子，發明章句，始於子夏。」

5.言偃（子游）：清邵懿辰著禮經通論，認爲子游是傳孔子之禮。（註三）在禮記檀弓篇有多次提到子游與禮有關的事（註四），或可作爲子游習禮的證明。

6.曾參（曾子）：史記仲尼弟子列傳：「孔子以爲（曾子）能通孝道，故授之業，作孝經。」朱子大學章句也特別提到：「經一章，蓋孔子之言，而曾子述之。其傳十章，則曾子之意，而以人記之也。」

7.孔伋（子思）：禮記正義中庸篇下引鄭玄目錄云：「孔子之孫子思伋作之，以昭明聖祖之德。」

8.孟子：史記孟子荀卿列傳云：「孟軻，騶人也。受業子思之門人，道既通，游事齊宣王，宣王不能用。適梁，梁惠王不果所言，則見以爲迂遠而闊於事情。……退而與萬章之徒序詩、書，述仲尼之意，作孟子七篇。」後漢趙岐孟子題辭也說：「孟子，……通五經，尤長於詩、書。」又從孟子書中引詩、書之語，都可看出孟子在經學上的素養。又孟子一書在宋以後也列爲十三經之一。

另外像爾雅的作者，雖然有很多的爭論，但在西漢的揚雄就說，爾雅是孔子門徒，游夏之儔所記，目的是在解釋六藝。在清朱彝尊作經義考時，也特別強調孔門弟子與六經的關係，朱氏認爲孔子弟子自子夏兼通六藝外，若子木之受易，子開之習禮，子與之述孝經，子夏之問樂，有若、仲弓、閔子騫、子游撰論語，而傳士喪禮者，實孺悲之功也；諸弟子於諸經各有專長。

雖然子夏作喪服記，續爾雅，孔伋作中庸，七十子作大學等，後人都有辨說。但並不能否定孔子門人與羣經的關係。其間値得特別注意的，是司馬遷曾說：「身通六藝者七十有二人。」（孔子世家）「身通」一詞，意味深長，證明孔子編述六經，不但要學，要弘揚，而且還要「習」，換句話說，要把六經的精神印證於日常生活中，才叫「身通」。如論語第十九陽貨篇宰予曾問孔子說：「三年之喪，期已久矣！君子三年不爲禮，禮必壞；三年不爲樂，樂必崩。舊穀既沒，新穀既升，鑽燧改火，期可已矣！」子曰：「……於汝安乎？」曰：「安。」「汝安則爲之。夫夫君子之居喪，食旨不甘，聞樂不樂，居處不安，故不爲也。」史記仲尼弟子列傳也有類似的記載，宰予認爲三年喪期太長，實行起來會有困難，才主張改爲一年。由此正可反映出研習六經的目的，是着重在躬行實踐，可惜這種可貴的精神，卻常被一般人所忽略。

十三經中論語的成書，也是在這一時期完成。今據論語的形式和內容來看，論語是孔子應答弟子及時人，或弟子相與言而接聞於夫子之語。當時弟子可能各有所記，但夫子在世時，書並未完成；以後到底由誰所編成，歷來有多家說法：如鄭玄認爲是仲弓、子夏等人所撰。（釋文敍錄）柳宗元論語辨一文則說書成於曾子之弟子（註五）；宋程子更據此說認定論語是出自曾參、有若之門人，（註六）因論語唯獨二人稱子。這都是臆測之辭，缺乏堅強之證據。我們檢查論語全書所記之事，最早是孔子適齊，那時孔子才三十五歲，最晚是記曾子之死；據史記仲尼弟子列傳，曾子是小孔子四十六歲，全書包括的時間計八十餘年；因此，可證明論語是在孔子死後數十年才成書無疑。又因書中稱孔子弟子有稱子、稱字或稱名者，書法不一，可見論語絕非出自一時或一、二人之手，有可能是由孔子門人及其再傳弟子陸續編纂而成，再經秦漢儒者，稍作損益，才成爲今日的論語讀本。它是代表孔子和儒家思想的重要典籍，後人也稱之爲傳。漢書卷八七揚雄傳贊：「傳莫大於論語，作法言」，論語也是十三經之一。

二、春秋演化爲三傳

孔子作春秋後，當時傳春秋的共有五家。漢書卷三十藝文志說：

周室既微，載籍殘缺。仲尼思存前聖之業……以魯周公之國，禮文備物，史官有法。故與左丘明觀其史記，據行事，仍人道，因興以立功，就敗以成罰，假日月以定曆數，藉朝聘以正禮樂，有所褒諱貶損，不可書見，口授弟子。弟子退而異言，丘明恐弟子各安其意，以失其眞，故論本事而作傳，明夫子不以空言說經也。

這就是所謂的左氏春秋，或稱春秋左氏傳。左丘明爲魯太史，大概與孔子同時，在論語公冶長篇孔子說：「巧言、令色、足恭，左丘明恥之，丘亦恥之；匿怨而友其人，左丘明恥之，丘亦恥之。」（公冶長）孔子稱的丘明，不知是否就是作左傳的丘明，如果是，從這段話可以看出左丘明應該是位方直之人，且與孔子有相當交情。他又爲魯太史，因此，孔子作經，而左丘明作傳，乃頗有可能的事，所以班固在漢書卷六十二司馬遷傳贊才說：「孔子因魯史記而作春秋，而左丘明論輯其本事，以爲之傳。又纂異同爲國語。」作史最重要的是史料的客觀眞實，班固說丘明作左傳，一定有其依據，絕非鄉壁杜撰，後人的懷疑常徒增是非而已，但在戰國時代有關左傳的授受，史記、漢書都付之闕如，唯陸德明經典釋文敍錄說：

左丘明作傳以授曾申，申傳衞人吳起（魏文侯相），起傳其子期，期傳楚人鐸椒（楚太傅），椒傳趙人虞卿，卿傳同郡荀卿。

這一傳授系統有人不以爲然，可是它卻是今天可看到有關戰國時代左傳學的較早資料。

傳春秋除左丘明以外，當時口說流行的，據漢志的記載，尚有公羊、穀梁、鄒氏、夾氏四家，鄒氏因無師，夾氏則沒有書，所以二家在漢代以後即告失傳。

公羊子，齊人，爲子夏弟子，高之子。孫平、地、敢、壽歷代相傳。（註七）今公羊傳引有子沈子，子北宮子、魯子、高子、子司馬子、子女子等六人之語，此六子很有可能是戰國時代傳公羊學之經師（註八），這是當今可以了解戰國時代公羊學的情形。至於傳穀梁傳之穀梁子，釋文敍錄云：

> 名赤，魯人。糜信云：與秦孝公同時。七錄云：名淑（顧實以爲乃俶之誤），字元始。風俗通云：子夏門人。

有關穀梁赤名字問題，尚有多家說法，如有作喜、作嘉、作寘者（註九），名稱雖雜亂不一，但卻可看出戰國時代穀梁學之一斑；太平御覽六百十引桓譚新論曰：「左氏傳世後百餘年，魯穀梁赤爲春秋。」可是有關其傳授系統，由於資料缺乏，不可得知。有人懷疑，赤、俶、喜、寘所指的並非同屬一人，但都是同傳穀梁春秋之學者，因此，也都稱爲穀梁子。不過其時間先後，已無可考。今穀梁傳亦引有沈子、尹子之語，此二子也有可能是那時精於穀梁傳的學者，惜因文獻不足，無法得到更進一步的證明。（註一〇）

左丘明以史釋經；公羊、穀梁以義釋經。凡有志於春秋經之研究者，必須三傳同讀，不失一偏，才能看出孔子作春秋的命義所在。三傳的形成，正可看出戰國時代春秋學的一般狀況，後人以傳爲經，而成爲九經，十三經中的春秋三傳的形成，戰國是一重要的時期。

三、曾子弟子成孝經

中國是一講求孝道的民族，班固漢書卷卅藝文志說：「夫孝，天之經，地之義，民之行也。」孝經序也曾引孔子的話說：「吾志在春秋，行在孝經。」是知孝爲諸德之本，所以孝經歷來很受國人的重視。但有關孝經的成書，與其他各經一樣，也有不同的說法。漢志說：「孝經者，孔子爲曾子陳孝道也。（卷三十）鄭玄六藝論、陸德明經典釋文、邢昺孝經正義序、皮錫瑞經學歷史等都遵漢志，謂孝經爲孔子所作。史記仲尼弟子列傳則認爲是曾參所撰，司馬遷說：「曾參南武城人，字子與，少孔子四十六歲。孔子以爲能通孝道，故授之業。作孝經。」以後僞孔安國古文孝經序、陶潛五孝傳、黃道周孝經集傳全注、朱彝尊經義考等也都遵從此說。據論語所記，及今大戴記一書中有曾子立事，曾子本孝，曾子立孝，曾子大孝，曾子事父母，曾子制言上、中、下，曾子疾疢，曾子天圓十篇，可作爲曾子深於孝道之佐證。此外，司馬光古文孝經指解序、鄭辰古文孝經序、四庫全書總目提要等均以爲是「七十子徒之遺書。」又宋晁公武郡齋讀書志則認爲是「曾子弟子所爲書。」（卷一下）王應麟困學紀聞引馮椅說：「是書當成於子思之手。」（卷七）也有以爲是齊、魯間儒者所作者，更有人認爲是出自孟子門人者。（註一一）衆說紛紜，莫衷一是。今審孝經之篇章文體已相當完整，所以其成書時代大概晚於論語，可能是孔子爲曾子言孝道，曾子或又有所弘揚，而由弟子輯集所聞而成。因此說孝經由孔子作，或七十子之餘書，曾子作，曾子門人作，子思作，並可相通；但到了曾子門人，書才較爲完備，是可以確定的。如果明瞭了孝經這一段成書的經過，那麼孝經開宗明義章說：「仲尼居，曾子侍。」也就沒有什麼好疑問的了。而由於其傳授無緒可尋，才啓人疑竇。但呂氏春秋審微覽已引有孝經諸侯章之語，可證孝經成於先秦當無問題，並且在戰國時代已相當流行。汪宗沂孝經輯傳序，稱子夏以孝經授魏文侯，文侯爲之作傳，荀子也傳孝經。

四、孟子通詩書五經

中國學術上弘揚孔學貢獻最大的，要算孟子和荀子；孟子弘揚了孔子之道，荀子則著重在經。但孔子之道就見諸羣經，若捨六藝，則道亦無所附。因此，孟子也精通五經，尤擅長於詩書，堪稱爲儒家的一大鉅子。史記孟荀列傳云：

> 孟軻乃述唐虞三代之德，是以所如者不合，退而與萬章之徒，序詩書，述仲尼之意，作孟子七篇。

趙岐孟子題辭也說：

> 治儒術之道，通五經，尤長於詩書。

可見孟子的思想是本詩書六藝；他距楊墨，力挽狂瀾，闡揚儒學，是當時儒學傳統的中流砥柱。今稽考孟子一書，未必全部是出孟子之手。梁啓超在諸子考釋一書說：

細玩此書，蓋孟子門人萬章、公孫丑等所追述，故所記二子問答之言最多，而二子在書中亦不以子稱也。其成書年代雖不可確指，然最早總在周赧王十九年（西元前二九六年），梁襄王卒之後，上距孔子卒一百八十餘年，下距秦始皇並六國七十餘年也。

梁氏此說大抵可信。其引書二十七則，論書一則；引詩三十則，論詩四則；其他論述春秋、禮經者也不少。他在說詩方面特別強調「不以文害辭，不以辭害志，以意逆志，是爲得之。」（萬章上）所以他認爲「小弁之怨」，因「親之過大者也。」是一種親親，合乎仁的表現。凱風，則因「親之過小者也。」所以不怨。若此「以意逆志」是今天從事文學批評很重要的原則，這是孟子研習詩經所體會出的心得。至於孟子引書，主要在作爲他立論的證言，以增進其行文的說服力。如孟子對梁惠王說：「臣聞七十里爲政於天下者，湯是也。未聞以千里畏人者也。」然後特別引商書仲虺之話說：「湯一征，自葛始，天下信之。東面而征，西夷怨；南面而征，北狄怨；曰：奚爲後我！」因此，只要是仁者之師，「民望之，若大旱之望雲霓也。歸市者不止，耕者不變。誅其君而弔其民，若時雨降，民大悅。」孟子又引書云：「徯我后，后其來蘇。」以答覆梁惠王，以期能施行仁政（梁惠王）。但孟子有時對書經的一些事實，也採取謹愼的態度，如孟子盡心篇下說：「盡信書，則不如無書。吾於武成，取二三策而已矣。仁人無敵於天下，以至仁伐至不仁，而何其血之流杵也！」這是孟子勉人要活讀書，不要死讀書，寓意深遠。

孟子對春秋經也有精闢的論述，首先肯定了春秋是孔子所作，這是論語不曾見到的。其次孟子也特別說明了孔子作春秋的用心所在。離婁下篇說：「王者之迹熄而詩亡，詩亡然後春秋作，晉之乘，楚之檮杌，魯之春秋，一也，……孔子曰：『其義則丘竊取之矣！』」這段話涉及詩何以亡、春秋何以作的問題，孟子的意思是說由於「王者之迹熄」，指平王東遷後，無采詩之官，詩的教化意義也因此喪失，孔子才據魯史作春秋。又後人言春秋有微言大義，也自孟子始。

禮、易二經，孟子也有深刻的了解，全書提及禮之處相當的多，有泛說禮，有解釋禮和論禮之用者，趙岐說孟子不長於禮，恐非如此。唯對易經，孟子無直接稱引的，但孟子喜說心性，下開宋學之先，而易、春秋是心性之學的基礎，孟子如不通易理，則不可能有如此之境界。總之，孟子的學說是從詩、書六經中，醞釀而出；而孟子一書，在宋以後也列爲十三經之一，尊孟子爲亞聖，配享孔廟，血食不絕，確當之無愧。

五、荀子承傳了羣經

荀卿博學於文，功在諸經，在六藝的承傳上，扮演極重要的角色，於上章孔門傳經一節業已提到。但有關荀卿的事跡，史記的記載十分簡略，其傳經情形，大多得自陸德明經典釋文敍錄，及零星散見於其他典籍中。如在易經方面，劉向校荀子敍錄稱荀卿善於易，其義約見非相、大略二篇。再就詩經而言，漢以後有所謂四家詩，除齊詩外，都與荀卿有關，毛詩釋文敍錄云：「孫卿子傳魯人大毛公。」則毛詩爲荀卿所傳。漢書卷三六楚元王交傳云：「少時嘗與魯穆生、白生、申公俱受業於浮丘伯。伯者，孫卿之門人也。」魯詩出自申公，則魯詩亦荀子所傳。韓詩今僅存外傳，皮錫瑞云：「引荀子以說詩者，四十有四，則韓詩亦與荀子合。」（註一二）在春秋三傳方面：釋文敍錄云：「左丘明作傳以授曾申……椒傳趙人虞卿，卿傳同郡荀卿。」則左傳乃荀子所傳，今查荀子一書，述事立意本於左傳者，計有九條，可援引以解釋傳文者，計十有七條。（註一三）可看出荀子深受左傳的影響。再就穀梁傳來說，與荀卿也有淵源，漢書卷八十八儒林傳云：「瑕丘江公受穀梁春秋及詩於魯申公。」申公爲荀卿再傳弟子，則穀梁傳亦荀子所傳。在禮經方面，皮錫瑞又云：「大戴曾子立事篇載荀子修身、大略二篇文；小戴樂記、三年問、鄉飲酒義篇載荀子禮論、樂論篇文」，因此皮氏以二戴之禮亦爲荀子所傳。（註一四）荀子禮論篇既然與禮經有關，同樣的其樂論篇必能代表已亡佚的樂經精神，因爲荀子的學說主要在隆禮、樂，其思想便是來自經典。所以王先謙荀子集解楊倞序云：「其書亦所以羽翼六經，增光孔氏，非徒諸子之言也。」確爲的論。

六、諸子與六經關係

孔子之前，雖無經名，但已有經之實。由於孔子刪述六經，在取捨間孔子思想就見於羣經中。以後的儒家者流，據漢書藝文志說：「游文於六經之中，留意於仁義之際，祖述堯舜，憲章文武，宗師仲尼，以重其言，於道最爲高。」（卷三十）因此，戰國時代的儒家諸子，如子思、曾子、漆雕子、宓子、景子、世子、魏文侯、李克、公孫尼子、孫卿子、芈子、甯越、王孫子、公孫同等，也必定都熟通經學，然後著書立說，以成一家之言。至於其他諸子百家，其學說主張，雖不與儒家盡同，但也都由六藝衍脈而來，漢書藝文志說：

> 易曰：「天下同歸而殊途，一致而百慮。」今異家各推所長，窮知究慮，以明其旨，雖有蔽短，合其要歸，亦六經之支與流裔。

六經爲中國思想的主流，九流十家，則爲分流旁支，班固的眼光，不得不令人敬佩。班氏又說：「若能修六藝之術，而觀此九家之言，舍短取長，則可以通萬方之略矣！」（卷三十）戰國是中國學術思想史上最輝煌的時代，諸子的產生除爲了時代的需要外，受六經的影響是無可避免的，章學誠文史通義內篇詩教上說：「道體無所不該，六藝足以盡之，諸子之爲書，其持之有故，而言之成理者，必有得於道體之一端，而後仍能恣肆其說以成一家之言。所謂一端者，無非六藝之所賅，故推之而皆得其所本……老子說本陰陽，莊列寓言假象，易教也；鄒衍侈言天地，關尹推衍五行，書教也；管商法制，義存政典，禮教也；申韓刑名，旨歸賞罰，春秋教也；其他楊墨尹文之言，蘇張孫吳之術，辨其源委，挹其旨趣，……而不自知爲六典之遺也。」民國馬一浮曾著「論六藝該統攝一切學術」一文，也特別強調諸子之學，皆統於六藝。所以治經不能捨諸子，同樣的如果捨六經而想談諸子，那就好像斷了頭一樣，將無法探知其本源。蔣伯潛說：（註一五）

> 孔子不僅為儒家之始祖，實開十家九流之先河；而其六經，則古代道術之總滙，非儒家所得而私之也。自來目錄學者，不列六經於諸子儒家，而特闢部門以著錄之，蓋以此耳。

蔣氏的說法，也是班志的主張。我們可以這麼說：如果沒有周公、孔子時代的經學底子，能否有子學時代的出現，那就很難說了。

談諸子不能拋離六經，另一主要原因，就是戰國時代的諸子百家，已多徵引六經，因六經所言者，皆人世間之常道，爲一切理的本體，而諸子之主張，常偏於道之用，或稱之爲術，此術不能離道而獨立。又六經既然是集孔子以前中國文化之大成，因此，諸子稱引羣經，乃極自然之事。如先秦諸子之老子、墨子、商子、莊子、管子、晏子、呂氏春秋、韓非子等，其行文立說，有不少可與左傳相互呼應者。（註一六）又如對傳經貢獻最大的荀子，他的二大弟子李斯、韓非，卻成爲大法家。縱使反對儒家學說相當激烈的墨子，其書引六經之文，亦不時可見，羅根澤曾由墨子引經，推測儒、墨二家與經書關係的密切性（註一七）。淮南子主術訓更明白指出：「孔丘墨翟，修先聖之術，通六藝之論。」所以在子學風行的戰國，經書並沒因此而衰微，仍然是當時學術的主體。

七、易傳完成於戰國

有關孔子是否作十翼，歷來爭論很多。錢穆先生曾列舉十項理由，證論十翼非孔子作（註一八），但錢先生並未說出易傳到底出自何人之手。李鏡池曾大膽的加以論斷，他說：

易傳一共七種，十篇文章，我把它們分為三組研究：

第一組：彖傳與象傳：有系統的較早釋經之傳。其年代當在秦漢之間，其著作者當是齊魯間底儒家者流。

第二組：繫辭與文言：彙集前人解經的殘篇斷簡，並加以新著的材料。年代當在史遷之後，昭宣之前。

第三組：說卦、序卦與雜卦：較晚作品，在昭宣後。（註一九）

這種驚人的立論，當然可突破陳說，但是否正確，倒很令人懷疑。史記孔子世家明明說：「孔子晚而喜易，序彖、繫、象、說卦、文言。讀易，韋編三絕。」如依李氏的說法，繫辭、文言、說卦、序卦、雜卦，都是史遷以後才有，那爲什麼司馬遷竟能知道身後事？這是不合道理的，難道是後人把它竄入的嗎？像這種不負責任的考證，當今的學術界實在太多了。不妨舉一個實例：史記孫子吳起列傳云：「孫子武者，齊人也。以兵法見於吳王闔廬。闔廬曰：『子之十三篇，吾盡觀之矣！可以小試勒兵乎？』……孫武既死，後百餘歲有孫臏……世傳其兵法。」（卷六五）根據史記的說法，孫武、孫臏各有兵法，本是二回事，但因日後孫臏兵法亡佚，存者只有孫子兵法十三篇。於是一些考據大師們，不相信司馬遷的話，又在那兒大作文章，有人說孫子兵法是孫武作，孫臏補充；有人說是孫武、孫臏合作；再有人說是孫臏作。各是其所是，非其所非。幸好老天有知，在民國六十一年（西元一九七二）於山東臨沂銀雀山發現了漢代早期的兵書殘簡，其中有孫子兵法（一〇五枚）、孫臏兵法（二三二枚），各單獨成書。（註二〇）證明司馬遷史記所言的一些史實有相當高度的可靠性。當然司馬遷不是什麼超人或神仙，其間小有錯誤或在所難免，但憑其家傳史學，以及其撰史之嚴謹，如他自己曾說其撰寫史記的目的，是爲了「藏諸名山，傳諸其人」，可見司馬遷態度的愼重，以及用心之良苦，當不至於憑空虛造才對。所以我們生在一、二千年後的今天，如果沒有確切的證據，不應該隨口是非。因此，有關十翼作者問題，我們先注意一下孔子如何以易經教導弟子，便可了解其究竟。論語說孔子述而不作，但孔子教易經，絕對不是只敎弟子們讀讀經文而已；一定對易理會有所解說、引申、發揮，或歸納、分析、演繹，但於當時未必有書，可是很有可能已有彖、象、繫……等名稱，弟子們乃就夫子所言，而有零星之記錄，甚至由於弟子們的根器、環境各有所不同，又依自己的體認，增益一二，並分門別類加以歸納、整理，才形成了易傳。所以十翼的成書，應該是出自弟子或再傳弟子之手；因爲他們是本孔子之意，故司馬遷說是孔子作，也不能說他錯，它跟論語、孝經的成書，完全是同一道理。至於史記沒提到孔子作雜卦、序卦的問題，或許司馬遷只在舉其大部以見其餘，如稍晚於史記的班固漢書藝文志所列十翼已完整，是很值得注意的。或是該二篇眞的成書較晚，但就其文體內容來看，應該不晚於戰國末期才對。

八、墨子非樂與樂經

墨子的生卒年代稍晚於孔子，墨子一書眞正的完成，大概是在戰國晚期，它與儒家都是當時的顯學。莊子天下篇說：「其在詩、書、禮、樂者，鄒魯之士，搢紳先生多能明之。」反映出了當時研經的風氣，以及儒學勢力之大。而墨子學出儒者，但其學說主張，卻針對儒家而發，淮南要略云：「墨子學儒者之業，受孔子之術，以爲其禮煩擾而不悅，厚葬靡財而貧民，(久)服傷生而害事，故背周道而用夏政。」又如六經中的禮經、樂經，可說是儒家學說的二大樞紐，但墨子卻有非樂之論；由此可以反證，當時社會對樂敎之重視。但從墨子的非樂篇看來，所指的樂都是與禮節儀文相配的實際演奏，並非理論的陳述。在前章討論到樂經問題，曾提及原始的樂經，可能只是一些樂律的符號、節奏，和演奏的技巧、動作等的記錄。所以六經又稱六藝，其中禮、樂二經藝的成分居多。樂經所書寫的符號雖容易失傳，不過樂的儀文卻靠實際的模仿而流傳下來，所以樂經在戰國時代實質上並未完全喪失。史記、漢書以及較早的典籍，都未提到樂經亡佚的事，便是最好的證明。

小結

基於上面數點析論，對於戰國時期的經學，已具有較完整的概念。雖然本期學術思想的重心是在諸子，但經學並不因此而衰微，它在經學的發展史上，仍然是極重要的一個時期。如孔子編定了六經，但六經眞正完備，應該是戰國時代的事。而當時的經學以孔門爲主流，那時習經則著重在「身通」的實踐功夫，意義至爲重大。又，在本期闡述經義的風氣相當盛行，如易傳、春秋三傳都在這一時代完成。這些傳除孝經魏文侯傳外，以後都稱之爲經。此種爲經作傳的風氣，直到漢初仍然存在，如尙書大傳、詩經毛傳……等，開日後傳注之學的先導。其他像論語、孝經、孟子、周官也都是戰國時代的產物。所以在戰國時期，雖無十三經之名，但已有十三經之實。他如經學博士官的設立，也始於戰國，（註二一）但當時所司何事不得而知。這在經學的發展過程中，是值得大書特書的，我們不應該忽視。本期不但是諸子爭鳴的盛世，而且在經學的成就上也同樣可觀，甚至可以這麼說：戰國時代由於經學在社會上生了根，才眞正是諸子發達的原因所在；經學、子學二者相互輝映，終於形成了中國學術思想史上未曾有的局面。因此，如捨經而想精通諸子，那是不可能的事。

【附　註】

註　一　見禮記樂記篇。

註　二　見論語子張篇。

註　三　邵懿辰禮經通論論聖門子游傳禮云：「聖門子夏傳詩，子游傳禮，此學者之恆言也。」

註　四　禮記檀弓上：「司士賁告於子游曰：『請襲於床。』子游曰：『諾。』縣子聞之曰：『汏哉，叔氏專以禮許人。』」

註　五　柳宗元論語辨云：「儒者稱論語，孔子弟子所記，信乎？云：未然也。孔子弟子，曾參最小，少孔子四十六歲。曾子老而死，是書記曾子之死，則去孔子也遠矣！曾子之死，孔子弟子略無存者矣！吾意曾子弟子之爲之也。」

註　六　竹添光鴻論語會箋引朱熹論語序說：「程子曰：論語之書成於有子、曾子之門人，故其書獨二子以子稱。」

註　七　徐彥春秋公羊傳疏何休序下：「戴宏序云：子夏傳與公羊高，高傳與其子平，平傳與其子地，地傳與其子敢，敢傳與其子壽。」

註　八　見皮錫瑞經學歷史，第二經學流傳時代，頁五〇，河洛圖書出版社。

註　九　見顧實漢書藝文志講疏，頁六十二，商務印書館。

註一〇　參見高師仲華主編羣經述要，頁一四三，穀梁傳述要，黎明文化事業公司。

註一一　孝經作者詳見商務印書館蔡汝堃作孝經通考第四頁今文孝經之作者。

註一二　同註八，頁四七。

註一三　見劉正浩著周秦諸子述左傳考書前附表，商務印書館。

註一四　同註八。小戴聘義與荀子法行略同，小戴三年問、大戴三本與荀子禮論，大戴哀公問五義與荀子哀公，小戴樂記，鄉飲酒義與荀子樂論，大戴勸學與荀子勸學宥坐，大戴曾子立事與荀子修身大略，均大同小異。

註一五　見中新書局蔣伯潛著十三經概論六頁。

註一六　同註九及註八。

註一七　見于大成諸子與經學，孔孟月刊十五卷第五期。

註一八　見古史辨第三册頁八九。

註一九　見古史辨第三册，原刊十九年十一月燕京大學史學年報。

註二〇　見文史集林，頁一〇一，許狄著略說臨沂銀雀山漢墓出土的古代兵書殘簡，木鐸出版社。

註二一　劉師培經學教科書云：「自魯置博士，始以六經爲官學，魏文侯受業子夏，復爲博士弟子，已開秦制之先。」

第四章　兩漢經術獨尊與經學諸問題的探討

一、秦始皇焚書的眞相

秦始皇二十六年（西元前二二一年），秦將王賁自燕南下攻齊，齊亡。終於結束了春秋、戰國五百多年的混亂時局，而完成大一統。秦始皇在功業上雖然有其了不起的成就，但對學術文化的承傳卻難以向子孫交代。他焚詩書、坑術士，蔑視學術對治國理民的重要，於是享國十多年而亡，國祚之短乃歷史上所罕見。他在詩書六經所構成的文化背景下，一向被國人視爲暴君，那不是很自然的事嗎？因爲傳統的儒家精神，所表彰的是以德服人的仁君，而非以力服人的霸王。這種強調仁心仁政的政治理想，也是中國文化的可貴處，與標榜個人表現的西洋文化絕對不同。可惜秦始皇生在中國，如果他生在西洋，一定像凱撒、拿破崙一樣，將成爲萬國所景仰的英雄了。

秦始皇的焚書對兩漢經學有直接影響，現在就焚書的原因，所焚爲何書、焚書與經學等三個主題，來加以探討，冀能了解秦始皇焚書的一些眞相。

㈠焚書的原因

秦焚書是有其歷史性，韓非子和氏篇說：「商鞅教孝公燔詩書而行法令。」商鞅是爲了「行法令」建議「燔詩書」。至於秦始皇焚書的記載，是見於秦始皇三十四年李斯所上的奏議。史記秦始皇本紀云：

> 異時諸侯並爭，厚招游學，今天下已定，法令出一，百姓當家則力農工，士則學習法令辟禁。今諸生不師今而學古，以非當世，惑亂黔首。丞相臣斯昧死言：古者天下散亂，莫之能一，是以諸侯並作，語皆道古以害今，飾虛言以亂實，人善其所私學，以非上之所建立。今皇帝幷有天下，別黑白而定一尊。私學而相與非法教，人聞令下，則各以其學議之，入則心非，出則巷議，夸主以為名，異取以為高，率羣下以造謗，如此弗禁，則主勢降乎上，黨與成乎下，禁之便。臣請史官非秦記皆燒之。……

從李斯的這一段奏議，可以看出秦統一天下以後，戰國時諸子遺風還在，學術思想界仍是一團混亂的局面，李斯曾受學於荀子，深信「法後王」應重於「法先王」，對於學術界的情況當然知道得很清楚，他認爲人如「善其所私學」，將「不師今而學古，以非當世」，「語皆道古以害今，飾虛言以亂實」，容易惑亂百姓，有損朝令的尊嚴。再者，李斯以爲：秦統一天下後，形式上已統一，如讓諸子依然爭鳴下去，難免造成思想上的紛歧，將有礙國家的一統，所以有加以統制的必要。因此倡導「以吏爲師」，禁止百姓私藏詩書。李斯的這種構想，在政策上本來沒錯，可惜在做法上卻錯了。治國不能沒有思想準則，如果當時他能順乎民心，從百家之中，選出儒家，著重六藝，加以弘揚，自然能達到統一思想於無形，則將有助於局面的穩定。可惜秦王不由此道，一把火不但燒亂了天下，結果連自己也葬身火窟。從這兒不得不佩服漢武帝與董仲舒表彰六經，推崇儒術的睿智，終要比秦始皇和李斯的焚書坑儒，謀高一籌。

(二)秦始皇焚些什麼書

李斯爲了避免思想的混亂，欲愚民以圖久治，到底建議焚那些書呢？史記秦始皇本紀李斯奏議又說：

> 非秦記皆燒之。非博士官所職，天下敢有藏詩、書、百家語者，悉詣守、尉雜燒之。有敢偶語詩書者棄市，以古非今者族。吏見知不舉者與同罪。……所不去者，醫藥、卜筮、種樹之書。

依李斯奏議，當時燒書的對象是：非秦記，以及非博士所職的詩、書、百家典籍。而與政治思想無關的醫藥、卜筮、種樹的書不燒。但論衡書解篇卻稱「秦雖無道，不燔諸子。諸子尺書文篇具在可觀。」王充認爲諸子之書不燒，與史記秦始皇本紀、李斯列傳等說法不同。今考漢書藝文志所著錄諸子百家書目，亡佚甚多，難道與焚書無關？又司馬遷距秦不遠，其說當有實據才對，所以王充說諸子書不燒，很令人懷疑。依照李斯的奏議，規定十分嚴格，謂「有敢偶語詩書者棄市」，令下三十日不燒的，要被「黥爲城旦」，在這種嚴刑峻法下，一定燒掉不少書，此乃中國學術思想史上的一大浩刼，幸好令下不到三年，秦始皇就崩逝了，這對秦來說雖屬不幸，但卻是中國學術上的大幸。

㈢秦始皇焚書與經學

李斯所上焚書奏，詩、書是被焚的主要對象，史記儒林傳說：

及至秦之季世，焚詩書，阬術士，六藝從此缺焉。

基於上述原因，所以後世談經學今古文問題，都認爲與秦焚書有關；但也有不少懷疑者，因當時所燒的只是民間的詩、書，至於秦宮室、博士所藏的書並不燒；又李斯在始皇三十四年上焚書奏，三十七年始皇卽病逝沙邱，在短短的三、四年間，是否能燒盡天下書，也是一大問題。再者，當時所燒的除詩、書以外，百家書也一起被燒，爲什麼獨羣經有今古文問題，而諸子百家卻沒有？因此，有人認爲秦始皇焚書的眞相，有待進一步澄淸的必要。但李斯的焚書奏，至今還在，秦始皇也親自批「可」，以秦法之嚴苛，焚書是絕對的事實。雖然官家、博士保有的書不焚，可是這些書也無幸存，因秦始皇死後，天下又大亂，項羽入咸陽，「燒秦宮室，火三月不滅。」那時書籍都是用竹簡木片寫成的易燒之物，份量又多，搶救保管極不容易，「火燒三月不滅」，如果不是司馬遷誇大，一定有很多東西被燒，那麼宮中存藏的書籍，必也難逃厄運。接著又是五年的楚漢相爭，由於兵荒馬亂，人民流離失所，也容易造成書籍大量的亡佚。因此，在民間的書，於秦始皇時已被燒了一大部份，再經過戰亂的大刼難，書所剩無幾，那是不難想像的。所以秦始皇焚書，只是先秦經典亡佚的原因之一。

既然書籍大量亡佚，並不僅限於經籍，但爲何只有羣經才有今古文之分，其他諸子百家卻無今古文問題？如嚴格的說，凡用先秦文字寫成的書，都屬於廣義的古文，到了漢代隸書盛行，改用隸書寫的典籍，才稱今文。所以按理說，西漢所遺留下來的先秦典籍，應該都有今古文本，但今天所稱今古文，卻僅指經籍而已，其原因一者是由於兩漢重視經學，朝廷設有今文經學博士之官，博士們為了維護所得的利益，當然對本子的要求也特別注意，於是各據所見，自以為是，今古文之界限，遂因而加深；到了劉歆之時，便形成了對立的局面。二者是因為相傳孔壁發現了一些古文經典，如古文尚書、逸禮、論語、孝經……等，（註一）而未提到經學以外的書籍。基於以上的二項原因，再加上劉歆對今文博士的挑戰，才有所謂今古文之爭，它並不完全因為秦焚書的關係，這是研究兩漢經學必先要澄清的第一個問題。

二、經書的復原

兩漢是中國經學最昌明的時代，與漢初對學術的重視，以及經書的復原工作，關係極為密切。

政治的隆汚，風俗之厚薄，常常決定於學術的明晦。秦不重學術，結果十五年而國亡。劉邦來自草野，也是位不學之人，不但不重視詩、書，同時也看不起儒生。（註二）幸有近臣陸賈，常在旁為他稱說詩、書的重要。後來他居然也懂得祭孔，並倡導孝道。（註三）又能接受叔孫通所訂的一些禮儀制度，（註四）這些措施對於久亂以後的漢初社會，具有一股很大的安定力，這是劉邦比起秦始皇要高明的地方。但高祖在漢十二年即崩逝，由於天下初定不久，在短短的幾年內，無暇從事學術的重建工作。又高祖身邊的許多大臣，也是同樣來自民間，都談不上有什麼高深的學問，其中只有陸賈例外，他雖是位縱橫之士，但具有高度的學術素養，著有新語一書，弘揚詩、書仁政思想，漢志列於儒家，堪稱爲開兩漢學術風氣的第一人。

由於秦始皇的焚詩書、坑術士，又不許百姓私藏書籍，依秦律云：「挾書則族。」再加上多年的戰亂，先秦典籍幸而能流傳下來者，相當有限。沒有書，如何去做學術研究？所以在惠帝卽位後，卽注意到這一問題，四年（西元前一九一年）便下令廢止挾書禁律，再更進一步鼓勵民間獻書。漢書藝文志說：

漢興，改秦之敗，大收篇籍，廣開獻書之路。

漢書景十三王傳也說：

河間獻王德以孝景前二年立，修學好古，實事求是，從民得善書，必為好寫與之，留其真，加金帛賜以招之。繇是四方道術之人，不遠千里，或有先祖舊書，多奉以奏獻王者，故得書多，與漢朝等。

朝廷除鼓勵民間獻書外，也主動派人到各地去訪求亡失的經籍。如文帝時，就曾令晁錯到齊地從伏生受尚書。史記儒林傳云：

孝文帝時，欲求能治尚書者，天下無有，乃聞伏生能治，欲召之。是時伏生年九十餘，老，不能行，於是乃詔太常使掌故朝錯往受之。秦時焚書，伏生壁藏之。其後兵大起，流亡，漢定，伏生求其書，亡數十篇，獨得二十九篇，卽以教于齊魯之間。學者由是頗能言尚書，諸山東大師無不涉尚書以教矣！

經過朝野的一番合作與努力，於是天下舊書，又日益復出，有了書當然便於學術的研究和普及。所以經籍的復原，是漢代學術重建工作的第一步，也是兩漢經學之所以發達的主要原因。

三、經學博士的設立

博士官專職的設立，對於學術的研究與弘揚，具有推進的力量。最初的博士官並非爲經學而設，也不是起於漢代。漢書百官公卿表說：「博士，秦官，掌通古今。」其實早在春秋、戰國時代，宋國、魯國已設有博士之官。史記龜策列傳云：「夜半龜來見夢於宋元王曰：……元王惕然而悟，乃召博士衞平而問之。」又循吏列傳云：「公儀休者，魯博士也。」但魯博士所司何職，史記並無明文記載。到了秦始皇，才成定制，那時有博士七十多人。可惜這些博士中，雜有不少方士之流，也有不少趨炎附勢之輩，因此那麼多的博士，並沒給當時的社會帶來濃厚的學術氣氛，最後反而落得書焚、人坑的慘劇。漢興，幸虧尚有一、二秦博士遺老還在，如叔孫通、伏生等，居然變成了當時學術界的種子。到了文帝、景帝時，相繼設立了許多經學博士，如在文帝時，有魯申公、燕韓嬰，被立爲詩學博士，歐陽生爲書博士，又據趙歧孟子題辭，當時論語、孝經、孟子、爾雅也都置有博士。景帝時，又以轅固生爲詩博士，胡毋生、董仲舒爲春秋博士。自此以後，博士一職才專指研究經學的經師而言。到了漢武帝建元五年（西元前一三六年），設置五經博士，那時博士弟子員額，共有五十人，到了成帝時，已增至三千人，東漢明帝以後，又不斷的大量增加，到東漢末年，太學生多達三萬人。如此蓬勃的研經風氣，即是設置經學博士帶來的結果。

西漢所設置的經學博士，多屬今文經，自武帝置五經博士後，宣帝復立大、小夏侯尚書、大、小戴禮、施、孟、梁丘易、穀梁春秋於學官。元帝時再置京氏易博士。從這些經學博士的設立，便可了解當時經學發展的概況。現在就西漢立爲經學博士者，略述如下：(註五)

㈠**易**：田王孫爲漢初傳易者，武帝時立爲易學博士，有弟子施讎、孟喜、梁丘賀，都是宣帝時人。施讎本人也是宣帝時的博士。

⑴易施氏博士：施讎、張禹、彭宣。

⑵易孟氏博士：白光、翟牧、朱雲、嚴望、嚴元。

⑶易梁丘氏博士：士孫張。

⑷易京氏博士：段嘉、姚平、乘弘。

㈡**書**：史記儒林傳云：「伏生敎濟南張生及歐陽生，張生爲博士。」文帝時晁錯、景帝時孔延年、武帝時孔安國，均爲書學博士。漢志云：「訖於孝宣也，有歐陽、大小夏侯氏，立於學官。」

⑴書歐陽氏博士：歐陽高、歐陽地餘、林尊、平當、殷崇、朱普。

⑵書大夏侯氏博士：夏侯勝、孔霸、牟卿、許商、孔光、吳章、炔欽。

⑶書小夏侯氏博士：夏侯建、張山拊、鄭寬中、馮賓。

㈢**詩**：文帝時申公（**魯詩**）、**韓**嬰（韓詩）立爲博士，景帝時轅固生（齊詩）也立於學官，所以詩有齊、魯、韓三家。

⑴魯詩博士：申公、周霸、夏寬、魯賜、繆生、徐偃、闕門慶忌、瑕邱江公、韋賢、江公、王式、張長安、唐長賓、褚少孫、薛廣德、江生、龔舍、許晏。

⑵齊詩博士：轅固生、后蒼、白奇、翼奉、匡衡、師丹。

⑶韓詩博士：韓嬰、韓商、蔡誼、食子公、王吉、長孫順。

㈣**禮**：漢志說：「漢興，魯高堂生傳士禮十七篇。訖孝宣世，后蒼最明。戴德、戴聖、慶普皆其弟子，三家立於學官。」今據漢書儒林傳，后蒼、戴聖、徐良三人立爲博士。

㈤**春秋**：傳春秋有左氏、公羊、穀梁、鄒、夾五家，公羊、穀梁二家立於學官，鄒氏與夾氏二家不傳。

⑴公羊博士：胡母生、董仲舒、公孫弘、褚大、疏廣、貢禹、嚴彭祖、左咸。

⑵穀梁博士：周慶、丁姓、申章昌、胡常、翟方進。

㈥**其他**：不知屬何經博士者

叔孫通、孔襄、賈誼、公孫臣、平、將行、中、狄山、雋舍、德、虞舍、射、駟勝、義倩、中咸、夏侯常、薛順、蘇竟、賢、張佚、殷亮。

這些博士，都可說是當時學術界的領導人物，他們的經說部分見於漢書藝文志：

易經十二篇施、孟、梁丘三家　孟氏京房易十一篇

災異孟氏京房六十六篇　京氏段嘉十二篇

歐陽章句三十一卷　大、小夏侯章句各二十九卷

大、小夏侯解故二十九篇　歐陽說義二篇

許商五行傳記一篇　詩經二十八卷，魯、齊、韓三家

齊后氏故二十卷　齊后氏傳三十九卷

曲臺后蒼九篇　公羊董仲舒治獄十六篇

從以上著作，大概可以看出這些經學博士研究的方向，他們大多專守一經，罕能兼通，而且偏於義理之弘揚，如有名「故」者，漢書顏師古注云：「故者，通其指義也。」又有稱說、稱傳記者，其涵義亦相同。另有從事章句之研究者，如書歐陽章句、大、小夏侯章句。也有把經義應用於實際政治者，如董仲舒的春秋治獄。這就是日後「以禹貢治河，以三百五篇當諫書」，所謂通經致用說的先導。

西漢今文學盛行之時，古文經學只流行民間，其勢力甚微，所以在漢初，根本無所謂今古文之爭。但到了西漢末年，在經學的發展上，有了很大的變化，因王莽、劉歆等崇尚古文學，在平帝時，欲立左氏春秋、毛詩、逸禮、古文尚書於學官，王莽主政時，又增周官經博士，當時曾引起今文學者的反對，劉歆還特地爲此事，寫了一篇移讓太常博士書。所以整個西漢在經學研究上，全是今文學的天下。到了末期，易、書、詩、禮、春秋、論語、孝經、孟子、爾雅諸經都立於學

官。東漢初期，光武帝立經學十四博士，易有施、孟、梁丘、京氏，尚書有歐陽、大、小夏侯，詩有齊、魯、韓，禮有大、小戴，春秋有嚴、顏二家，仍然是以今文學爲主。但那時已有不少古文大師，如對古文尚書、毛詩、左氏春秋等的研究風氣，也十分盛行，雖不立於學官，可是其聲勢已壓過了今文經學。現將兩漢經學博士官設立情形，列表如下：（註六）

經類	家別	文別	師法	立博士時間	東漢立否	備註（資料依據）
易	田氏易	今文	田王孫	武帝	否	漢書儒林傳
	梁丘氏易	今文	梁丘賀	宣帝	立	漢書宣帝紀
	施氏易	今文	施讎	宣帝	立	漢書儒林傳
	孟氏易	今文	孟喜	宣帝	立	漢書儒林傳云：「孟喜弟子白光、翟牧，宣帝時立爲博士。」
	京氏易	今文	京房	元帝	立	漢書儒林傳云：「京房弟子段嘉、姚平、乘弘皆爲郎博士。」
	高氏易	今文	高相	未立	否	漢志云：「民間有費、高二家之說。」
	費氏易	古文	費直	未立	否	漢志云：「民間有費、高二家之說。」
書	伏生尚書	今文	伏生	未立	否	伏生爲秦博士。有弟子張生、歐陽生爲漢初博士。
	歐陽尚書	今文	歐陽高	武帝	立	漢書儒林傳：「高爲歐陽生曾孫。」
	大夏侯尚書	今文	夏侯勝	宣帝	立	漢書宣帝紀

	小夏侯尚書	今文	夏侯建	宣帝	立	漢書宣帝紀
	孔氏古文尚書	古文	孔安國	平帝	否	安國本身爲武帝博士，漢書儒林傳。
詩	魯詩	今文	申培	文帝	立	漢書楚元王傳
	齊詩	今文	轅固生	景帝	立	史記儒林傳
	韓詩	今文	韓嬰	文帝	立	史記儒林傳
	毛詩	古文	毛萇	平帝	否	漢志云：「毛公之學，自謂子夏所傳，而河間獻王好之，未得立。」後因劉歆之議而立之。見漢書儒林傳。
禮	高堂生禮	今文	高堂生	武帝	否	漢書儒林傳
	慶氏禮	今文	慶普	宣帝	否	漢書藝文志
	大戴禮	今文	戴德	宣帝	立	漢書藝文志
	小戴禮	今文	戴聖	宣帝	立	漢書藝文志
	周官	古文		新莽	否	漢志班固云：「王莽時劉歆置博士。」
春秋	公羊春秋	今文		武帝	否	史記儒林傳
	公羊嚴氏	今文	嚴彭祖	宣帝	立	後漢書章帝紀
	公羊顏氏	今文	顏安樂	宣帝	立	後漢書章帝紀

穀梁春秋	今文		宣帝	否	漢書宣帝紀
左氏春秋	古文		平帝	否	漢書儒林傳贊
論語			文帝		趙岐孟子題辭云：「孝文皇帝欲廣游學之路，論語、孝經、孟子、爾雅，皆置博士，後罷傳記博士，獨立五經而已。」
孝經			文帝		
孟子			文帝		
爾雅			文帝		

從本表經學博士設立情況，亦可了解兩漢經學發展的大略。

四、經學的獨尊

漢自劉邦建國，至武帝卽位，將近七十年間，由於文、景的崇尚刑名黃老，給老百姓以休養生息的機會，加上漢初經書的蒐集，博士官的設立，朝廷的重視經術，以及一些有心人士的鼓吹，於是學術風氣又慢慢的蓬勃起來。尤其是秦因不行仁政，任法嚴刑，焚書坑儒，結果十數年而國亡的教訓，殷鑑在前，一般人始覺得儒家思想的可貴。如文帝時的陸賈、賈誼都已極力的倡導儒化運動。到了武帝即位之初，趙綰、王臧、丞相魏其、田蚡，皆明儒學，但當時由於愛好黃老的竇太后還在世，所以漢武帝不敢明目張膽的鼓吹儒術。(註七) 迨太后崩逝後，儒學才逐漸抬頭，董仲舒、公孫弘等，即本儒家教化，勸諫武帝興學校，勤學修禮，更化革新。董仲舒在天人策中，向武帝提出獨尊六藝的建議：

> 春秋大一統者，天地之常經，古今之通誼也。今師異道，人異論，百家殊方，指意不同，是以上亡以持一統，法制數變；下不知所守。臣愚以為諸不在六藝之科孔子之術者，皆絕其道，勿使並進。

董仲舒主張「不在六藝之科孔子之術者，皆絕其道，勿使並進。」如此的表彰六經，獨尊儒術，可說是大勢所趨，並非如漢書班固所說的「皆自仲舒發之」(董仲舒傳)。董仲舒的這些建議，漢武帝都欣然接受，從此以後，中國學術文化便走向以六經爲主的思想類型，使後學者有所遵循，其影響不能不說是既深且遠。

要統一國家，必先要有統一的思想，秦始皇的焚書坑儒，與武帝的表彰六經，推崇儒術，何嘗不是要達到統一思想的目的，但做法上，二者卻有如天淵之別，一成一敗，絕非偶然。但後人對董仲舒的「經學獨尊」運動，仍不免有微詞，甚至有人把它拿作與秦始皇的焚書坑儒相比，如梁啓超就曾這麼說：

> 惟一儒術，而學術思想進步之迹，亦自茲凝滯矣；夫進化之與競爭，相緣者也。競爭絕，則進化亦將與之俱絕。……故儒學統一者，非中國學界之幸，而實中國學界之大不幸也。

（註八）梁氏認爲學術定於一尊，則進化沈滯，所以梁氏又說：「中國學術思想之衰，實自儒學統一時代始。」此話未免言之過重了；顧頡剛也認爲：由於董仲舒勸武帝統一思想，反而使封建思想又由儒家傳了下來，造成了無數宗法組織極嚴密的家族，使得人民上面忘了國家，下面忘了自己。（註九）如此說法完全是誤解歪曲了儒家思想，也小看了經學的作用。（註一〇）統一思想，並非限制思想，儒家六藝經教，要人由「明明德」、「修身」做起，進而還要「齊家」、「治國」、「平天下」，最後止於至善之境，並沒有讓人忘了自己，忘了國家。所以武帝把思想統一在六經大格局的儒家思想範疇裏，是要使全國上下有一正確的思想指標，然後人人依此而行，以服務社會，造福人羣：可避免因思想紛歧，導致國家喪亂。今平心而論，中華民族能綿延數千年，董仲舒的尊崇六經，歸本儒術，功實不可沒。所以經學的獨尊，在歷史文化的發展史上，具有特殊的意義。

五、劉歆與古文經學

漢初的經學，雖然有先秦留下來用古文字寫成的本子，但並無所謂今古文問題，到了西漢末年，劉歆才提出「古文」一詞，與「今文」相抗衡。此後，今古文經學便壁壘分明。因此，劉歆在今古文的爭論上，是一關鍵人物。康有爲新學僞經考，甚至說古文經書是劉歆一手所僞造出來的，其言雖屬過火，但就整個古文經學的建立而言，劉歆的確是居於重要的地位，現在就依據有關資料來作一客觀分析：

㈠言孔壁古文經，首見於漢書，其說出自劉歆。

漢書景十三王傳云：

魯恭王餘，以孝景前二年立為淮陽王。吳楚反，破後，以孝景前三年徙王魯，好治宮室、苑囿、狗馬。季年好音，不喜辭。……恭王初好治宮室，壞孔子舊宅以廣其宮，聞鐘磬琴瑟之聲，遂不敢復壞；於其壁中得古文經傳。

漢書有關武帝以前的資料，大都鈔自史記，但此段自「恭王初，好治宮室」以下文字，今史記五宗世家魯恭王傳無此文。如此重要資料，司馬遷竟然遺漏，怎不令人懷疑。班固在楚元王傳又引劉歆移讓太常博士書說：

及魯恭王壞孔子宅，欲以為宮，而得古文於壞壁之中，逸禮有三十九、書十六篇。

可見古文得自孔壁，班固是根據劉歆的說法，而劉歆到底根據什麼資料，那就不得而知了。

㈡班固云河間獻王德，得古文經典，說亦本劉歆。

漢書景十三王傳又云：

河間獻王德以孝景前二年立，修學好古，實事求是。從民得善書，必為好寫與之，留其真，加金帛賜以招之。繇是四方道術之人，不遠千里，或有先祖舊書，多奉以奏獻王者，故得書多，與漢朝等。……獻王所得書皆古文先秦舊書，周官、尚書、禮、禮記、孟子、

> 老子之屬，皆經傳說記，七十子之徒所論。其學舉六藝，立毛氏詩、左氏春秋博士。修禮樂，被服儒術，造次必於儒者。

這一段記載，史記五宗世家劉德傳也無此文。漢書藝文志也說：「毛公之學，自謂子夏所傳，而河間獻王好之。」又說：「武帝時，河間獻王好儒，與毛生等共采周官及諸子言樂事者以作樂記。」班固漢書藝文志卽根據向、歆父子的七略而作。所以後人言河間獻王劉德有古文毛詩、周官、樂記等，也是根據劉歆的資料而立說。

(三)整理左傳，並宣揚於世者，當始於劉歆。

左傳到底是怎樣的一部書，是否爲解釋春秋經而作？史記十二諸侯年表有一段話：

> 是以孔子明王道，干七十餘君，莫能用，故西觀周室，論史記舊聞，興於魯而次春秋，上記隱，下至哀之獲麟，約其辭文，去其煩重，以制義法，王道備，人事浹，七十子之徒口受其傳指，為有所刺譏褒諱挹損之文辭不可以書見也。魯君子左丘明懼弟子人人異端，各安其意，失其真，故因孔子史記具論其語，成左氏春秋。

班固在漢書司馬遷傳中，也說史記有些事實是根據左傳一書寫成的。既然如此，左傳應該在漢初就已流行，但爲什麼當時研究六藝的學者不曾注意到這一部書呢？或眞的如劉歆所說：「春秋左氏，丘明所修，皆古文舊書，多者二十餘通，藏於祕府，伏而未發。」而司馬遷家世爲史官，所以可以看到藏於內府的左氏春秋，但一般人卻很難見及，因此，才對該書產生懷疑。如果劉歆的話確實沒錯，那麼左傳就是眞的了。但劉歆自己也說，看到祕府左傳時，「經或脫簡，傳或間編」，可見劉歆確實花了一番功夫加以整理，或者爲了配合當時王莽篡位的野心，使他在經典中能得到一些依據，因而竄進一些自己所僞造的資料，那是很有可能的，如左傳隱公元年春：「王周正月，不書卽位，攝也。」又爲配合當時的五德終始說——漢爲堯後，屬火德。王莽自認爲是黃帝之後，以土德自居，應代火德爲王。正好左傳昭公二十九年也有這麼一段話：「有陶旣衰，其後有劉累。」這些都是今文公羊傳所沒有者。班固高帝紀贊，言劉邦先世，也是根據此資料而立說，這都是後人懷疑劉歆僞造左傳的理由之一。又漢書楚元王傳云：「及歆治左氏，引傳文以解經，轉相發明，由是章句義理備焉。」因此也有人認爲左傳旣然是在解春秋經，爲什麼班固還要說劉歆「引傳文以解經」，更啓人對左傳一書來源的疑竇。但我們並不能因此妄下斷語，認爲左傳卽劉歆所僞。其實左傳的內容性質，依司馬遷的意思，當時可能只像正史中的「紀」一樣，不過是魯國十二公的本事記載，雖然可和春秋相發明，但在當時並未割裂附於經後，到了劉歆整理該書時，才引其文以解經義，使二書的關係更爲密切。左氏也因此眞正成爲釋春秋經之傳，方受到後人重視。

㈣今古文的爭端，由劉歆所引起。

劉歆是劉向的最小兒子，初治易，後受穀梁、左傳。成帝時，向、歆父子領校祕書；向死後，歆任中壘校尉，哀帝卽位，王莽擧歆爲侍中太中大夫，遷騎都尉奉車、光祿大夫。集六藝羣經，共別爲七略，是爲中國經籍目錄學之祖。他欲立左氏春秋及毛詩、逸禮、古文尚書等於學官，於是今文諸儒便羣起而反對，遂起爭端。嚴可均校輯全上古三代秦漢三國六朝文所錄劉歆移讓太常博士書云：

往者綴學之士不思廢絶之闕，苟因陋就寡，分文析字，煩言碎辭，學者罷老且不能究其一藝。信口說而背傳記，是末師而非往古，至於國家將有大事，若立（立嚴輯全漢文作云）辟雍封禪巡狩之儀，則幽冥而莫（嚴輯全漢文無「而莫」）知其原。猶欲保殘守缺，挾恐見破之（嚴輯全漢文之作其）私意，而無從善服義之公心，或懷妬嫉，不考情實，雷同相從，隨聲是非，抑此三學（逸禮、左氏春秋、古文尚書），以尚書為備，謂左氏為不傳春秋，豈不哀哉。

讀了劉歆這一段意氣激昂的話，可體會出劉歆當時心情之激動。研究學術應該有其學術良心，如果說古文經是出自劉歆一人之手，實在有些寃枉，劉歆極力爲維護古文經的完整性及其價值，而痛責今文學家「保殘守缺，挾恐見破之私意，而無從善服義之公心」，欲抑古文。因其用語過激，而觸忤了當時的執政大臣。如大司空儒者師丹，見歆書後大爲震怒，上書彈奏劉歆淆亂舊章，非薄先帝所立博士，劉歆也因此貶爲河內太守。不久又遷於五原、涿郡等地。這是今古文經第一次的爭執，而今文暫時得到勝利。但這完全是意氣用事，和爲了維護既得的「博士」利益，而反對古文，因此不能令人心服。到了王莽掌權以後，劉歆甚得寵幸，日漸顯貴，先後擔任中壘校尉、羲和、京兆尹等官，後封爲紅休侯，典儒林史卜之官。王莽簒位之後，劉歆又擔任國師，成爲學術界呼風喚雨的人物。劉歆也趁此機會培養了一些古文班底，聲勢浩大，給日後古文學奠定了不移的基礎。迨光武帝中興漢室，雖然反對王莽的措施，但其建國的根本思想，卻出自劉歆的古文學術，於是東漢古文學便一躍而成爲當時的學術重心，其間今古文學又發生三次比較具體的爭論：一次是韓歆、陳元（古文）與范升（今文）爭立費氏易與左氏學。另一次爲賈逵（古文）與李育（今文）爭春秋左氏和公羊之優劣。第三次是鄭玄（古文）與羊弼、何休（今文）爭論左氏與公羊之長短。日後，今文學便日漸式微。

劉歆爲劉向（西元前七七－西元前六）之少子，字子駿，沛人。（？－二三），通詩書，成帝時受詔詣與父向領校秘書，講六藝、傳記、諸子詩賦、數術、方技，無所不究。自他倡導古文學以後，後漢的經學便以古文爲主，當時重要的古文學家，依後漢書所述，重要的有下列幾家：

賈徽：左氏條例。

賈逵：尚書經文同異、毛詩雜議難、春秋左氏章句、周禮解詁、春秋左氏解詁。

杜林：漆書古文尚書。

衞宏：古文尚書訓旨、毛詩序、周禮解詁、古文孝經。

鄭興：周禮解詁、春秋左氏條例。

鄭衆：周禮解詁、春秋左氏傳條例。

馬融：尚書傳、周官傳、論語注、毛詩注。

鄭玄：毛詩箋、周官禮注、春秋左氏分野、古文論語注、毛詩譜、毛詩音。

杜子春：周官注。

張衡：周官訓詁。

延篤：春秋左氏注。

服虔：春秋左氏傳解誼、春秋左氏膏肓釋痾。
彭汪：春秋左氏傳注。
許淑：春秋左氏傳注。
謝該：左氏釋。
王玢：春秋左氏達義。
李譔：毛詩傳。
胡廣：周官解詁。
孔嘉：左氏說。

這些古文家，大多以訓詁爲主，而且有不少人精通數經，這是東漢研經的一大特色，也是不同於西漢的地方。

東漢雖然偏於古文學的研究，但今文經學並不因此而完全消失，當時立於學官的還是以今文學爲主，也有不少的今文學大師，如：研治齊詩的有伏黯、景鸞。研究韓詩的有侯包、趙長君、張匡、杜瓊。研治公羊學以何休最著名，著公羊解詁、公羊墨守、春秋漢議、春秋公羊文謚例、春秋公羊傳條例、公羊音訓等書。又東漢立爲博士者，今文經學也不少，孟氏易有洼丹，梁丘易有范升、張興。書歐陽博士有歐陽歙、牟長、桓榮、楊倫。魯詩博士有右師細君、高詡、魏應、蔡朗、魯恭。齊詩博士有伏恭，韓詩博士有薛漢。禮經博士有曹充、董鈞、曹褒。公羊嚴氏博士有丁恭、甄宇。公羊顏氏博士有張玄、李育、羊弼。穀梁博士有李封。因此，我們不能因重視東漢古文學，而小看今文學的勢力，不然將會產生偏差。唯有二者交相兼顧，才能眞正了解東漢經學的面貌，和鄭玄爲什麼要融合今古文的根本原因。

六、經書與緯書

漢儒重視經書，但因受鄒衍陰陽家的影響，社會上陰陽災異之說十分流行，而緯書便是針對經書而言的時代產物，與當時陰陽五行、天命等思想有密切的關係。它可以說是經學的旁支，由此可看出兩漢經學發展的另一個面。所謂緯書有廣狹二義；廣義緯書是混讖及其他術數之書，如「圖」、「候」等；狹義緯書則指詩、書、禮、樂、易、春秋、孝經七緯而說。使當時經師解經也蒙上了神秘、迷信的色彩，這是兩漢經學發展，很特殊的一種現象。現在把七緯的名稱條列如下：

詩緯：含神霧、汎歷樞、推度災。

尙書緯：璇璣鈐、考靈曜、刑德放、帝命驗、運期授、帝驗期、五行傳、尙書中候。

禮緯：含文嘉、稽命徵、斗威儀。

樂緯：動聲儀、稽曜嘉、叶圖徵。

易緯：乾坤鑿度、乾鑿度、稽覽圖、辨終備、通卦驗、乾元序制記是類謀、坤靈圖。

春秋緯：文耀鉤、運斗樞、感精符、合誠圖、考異郵、保乾圖、漢含孳、佐助期、握誠圖、潛潭巴、說題解、演孔圖、元命苞、命歷序、春秋內事。

孝經緯：援神契、鈎命決、中契、左契、右契、內事圖、威嬉拒、雌雄圖、左右握。

以上名稱都非常怪異，乃針對經書而發，當時又稱之爲內學。其成書時間，後人說法頗不一致，有人說書成西漢末期，有人則主張成於東漢。今據後漢書張衡傳，稱「自中興之後，儒者爭學圖緯，兼復附以訞言。衡以圖緯虛妄，非聖人之法。」因此，他上疏說：

春秋元命包中，有公輸班與墨翟，事見戰國，非春秋時也。又言『別有益州』，益州之置，在於漢世，其名三輔諸陵，世數可知。至於圖中訖于成帝。一卷之書，互異數事，聖人之言，執無若是，殆必虛偽之徒，以要世取資。往者侍中賈逵摘讖互異三十餘事，諸言讖者皆不能說。至於王莽簒位，漢世大禍，八十篇何為不戒？則知圖讖成於哀平之際也。

根據後漢書張衡上疏的這一段話，一般人都認爲緯書成於哀平之際。但持異論者，則以漢志無涉緯書之書目相詰難。我們大概可做這樣的推測：因爲災異、符命等讖緯之說，在戰國、漢初早已有之，但經過一段長時期的醞釀，到了西漢末年才盛行開來，王莽便是利用讖緯之說而簒奪天下。不過在向、歆編七略時，可能還只是一些零散的資料紀錄而已，而眞正有系統的經整理成書，應該在光武帝中興漢室以後，所以班固漢書藝文志無錄。可惜這些書都早已亡佚，無法知其究竟。

東漢光武帝以赤伏符受命而有天下，其於讖緯更是深信不疑。五經之義皆以讖決，所以當時經師說經，多多少少都會受點緯書的影響，像賈逵、馬融、曹褒等大儒都不能免，賈逵曾以此與左氏，曹褒以此定漢禮。其中研究緯書最有成績的，要算是經學大師鄭玄。根據清侯康所補的後漢書藝文志，鄭康成所注的緯書有：易緯九卷、尚書緯六卷、尚書中候八卷、詩緯三卷、禮緯三卷、禮記默房三卷，其他不云卷數的，有樂緯注、春秋運斗樞注、孝經鉤命決注、洛書注等多種。除鄭玄外，宋衷也有樂緯、春秋緯、孝經緯等注。又楊統、景鸞、朱倉、翟酺、荀爽等人，在緯書方面也有專門的著作。所以研究兩漢經學，絕不能忽視緯書對經學所產生的影響。

七、石渠閣與白虎觀的經議

漢代由於研經風氣的盛行，對於經義以及經學上的種種問題，難免會因仁智見解的不同，而有所爭執。當時爲了解決這些問題，曾經舉行過二次公開的經學討論會，第一次是在西漢宣帝甘露三年（西元前五一年），第二次是在東漢章帝建初四年（西元九七年）。這種集思廣益的學術討論，一來可以反映當時的經學概況，二來可藉着彼此的切磋，以開拓學術研究的視野。再者，這種客觀的討論方式，也是解決問題的好方法。所以這二次的經議，對後世的學術研究有很大的啓示。

西漢傳經，由於所師不同，家法有別，因此，雖同屬一經，諸說也常有差異，再由差異而衍生許多派別。甚至，有的雖出自同一師門，因各人體會不同，也難得一致。如易有施、孟、梁丘、京房，尚書有歐陽、大小夏侯，詩有齊、魯、韓三家，……等，雖都立於學官，但利祿所在，家法分明，爭議也在所難免。爲折衷各家之說，在宣帝甘露年間，於石渠閣召開一次經學討論會。漢書宣帝紀說：

詔諸儒講五經同異，太子太傅蕭望之等平奏其議，上親稱制臨決焉，乃立梁丘易、大小夏侯尚書、穀梁春秋博士。

石渠閣位在長安未央殿北，是西漢藏書處所。這次參加討論的有施讎、戴聖等經學大師，仲裁官是蕭望之。而且宣帝還「親制臨決」，足見朝廷對這次討論的重視。本次討論會的結果，增立了梁丘易，大、小夏侯尚書，穀梁春秋等四經學博士，並留下有詳細的紀錄。今見於漢書藝文志者，在尚書有議奏四十二篇，班固云：「宣帝時石渠論」。在禮經方面有議奏三十八篇，在春秋有議奏三十九篇，在論語有議奏十八篇，又有五經雜議十八篇，以上班固都注明石渠論。根據上述的奏議，這次的討論會，十分愼重，規模也相當的大，而且所討論的範圍徧及各經，惜這些紀錄，現在已全部亡佚，致有關其詳細內容，無法得知，這對研究西漢經學來說，不能不說是一大憾事。

石渠閣的經議，所討論的都是各經本身的問題，全部屬西漢的今文學。到了哀、平王莽掌政時，劉歆倡議古文，於是在學術界又掀起一次軒然大波。劉歆建議立古文經學於學官，今文學派便羣起而攻之，逼得劉歆不得不寫「移讓太常博士書」，所以西漢末期經學爭執的焦點，都轉到今古文的問題上，如此風氣，一直沿續到東漢初年而未決。所以在東漢章帝建初中，又下詔諸儒聚集白虎觀，講論經義。後漢書章帝紀云：

（四年）十一月壬戌，詔曰：『蓋三代導人，教學為本。漢承暴秦，褒顯儒術，建立五經，為置博士。其後學者精進，雖曰承師，亦別名家，孝宣皇帝以為去聖久遠，學不厭博，故遂立大、小夏侯尚書，後又立京氏易。至建武中，復置顏氏、嚴氏春秋，大、小戴禮博士，此皆所以扶進微學，尊廣道藝也。中元（光武帝）元年（西元五六年）詔書，五經章句煩多，議欲減省。至永平（明帝）元年（西元五八年），長水校尉（樊）儵奏言，先帝大業，當以時施行。欲使諸儒共正經義，頗令學者得以自助。孔子曰：「學之不講，是吾憂也。」又曰：「博學而篤志，切問而近思，仁在其中矣！」於戲，其勉之哉！』於是下太常、將、大夫、博士、議郎、郎官及諸生、諸儒會白虎觀，講議五經同異，使五官中郎將魏應承制問，侍中淳于恭奏，帝親稱制臨決，如孝宣甘露石渠故事，作白虎議奏。

白虎觀是在當時洛陽京城的北宮，參加本次討論人員有魏應、淳于恭、丁鴻、李齊、賈逵等博士、議郎、郎官及諸儒生，羣賢會聚於此，講論五經異同，又是一次學術界的大盛會。這次討論的結果，由楊終、班固撰集其事，名爲白虎通議，又叫白虎通德論，簡稱爲白虎通。今書還在，其書除徵引六經傳記外，兼涉讖緯，而多傳古義。本次討論會主要的目的，是希望對當時經學之文字、典章制度、師說、思想等各方面的紛歧，能得到一標準的定論，以維持儒學定於一尊的局面。據此可以了解當時經學研究的一般狀況。第五年（建初八年），章帝便下詔曰：

五經剖判，去聖彌遠，章句遺辭，乖疑難正，恐先師微言將遂廢絕，非所以重稽古，求道眞也。其令羣儒選高才生，受學左氏、穀梁春秋、古文尚書、毛詩，以扶微學，廣異義焉。（見章帝紀）

從此以後，古文經學便逐漸取代今文經學，而成爲當時學術界的重心，最後今古文經學日趨合流，彼此隔閡終消失於無形。

八、五經無雙的許慎

許愼字叔重，汝南召陵萬歲里人（今河南郾城縣），一般人大多只知道他是一位文字學家，著有說文解字。其實識字乃通經之本，如果許愼無深厚之經學素養，絕無法寫出足以流傳千古的說文。今說文一書，引用不少經文以證字義；又漢人稱五經無雙許叔重，便是最好的證明。范曄後漢書儒林傳：

> 許愼……性淳篤，少博學經籍，馬融常推敬之。時人為之語曰：『五經無雙許叔重』。……初，愼以五經傳說臧否不同，於是撰為五經異義。

范史稱許愼「五經無雙」，是許氏精於經學，爲當時學術界的泰斗，這是不可否認的事實。他除了著有五經異義外，尙有古文孝經說一篇：（見說文序）在經學發展史上，許愼有二項特殊的貢獻，我們是不能忽略的。

㈠經學的綜合研究

許愼曾參與章帝建初四年的白虎觀學術盛會，得以聞知諸儒講議五經異同，因有所感，才撰寫五經異義。凡每論證一事，必具家法，以明其統緒源流，在他以前的經學大師，常是僅針對一經，加以探研，而能就諸經作綜合比較研究者，尙不多見，所以許愼的五經異義撰寫方式，開拓了經學研究的視野，如稍晚於許愼的馬融，著三傳異同說，鄭玄著有駁許愼五經異義。在魏晉以後，也有不少這方面的著作，如隋書經籍志著錄：晉譙周五經然否論、楊方五經鈎沉……等。如此不局限於一家一藝，而能綜合各經作比較研究，東漢諸儒已先開此風氣。

(二)說文促進了經訓的發達

許著說文以前，訓釋諸經，爾雅是最主要的參考典籍。而許愼說文解字之作，目的除爲正訂經字外，也是爲了解經的需要。他認爲當時「諸生競逐說字解經義」，而「務碎義逃難，便辭巧說，破壞形體。」（註一二）難免有乖離經義的現象。說文序云：「蓋文字者，經藝之本。」自有文字而後有五經，所以解經必先要正文字。說文序又說：「六藝羣經之詁，皆訓其義。」說文全書多舉經文以證字義，許愼自己說：「其稱易孟氏、書孔氏、詩毛氏、禮周官、春秋左氏、論語、孝經，皆古文也。」因此，說文一書，不但是東漢詁經風氣的反響，而且根據說文也可辨明當時今古文的家法，與爾雅一樣，都是解經不可或缺的寶典。歷來目錄學家，均把它列於經部之後，以作爲識字讀經之本，原因卽在於此。有了說文，訓釋諸經實在方便不少，馬融、鄭玄之所以徧注羣經，釋經字之義特別詳備，與說文的成書不無關係。

九、馬融在經學上的成就

馬融字季長，東漢扶風茂陵人，（西元七九年——一六六）才高學博，風流倜儻，爲世通儒，共注十一經，生徒多達四百餘人。像涿郡盧植、高密鄭玄、南陽延篤、陳留范冉，都是出自其門下。他在經學上的卓越成就，對當時學術界有深遠的影響。可惜他所注各經，今皆不傳，諸書偶而有徵引，但所存並不多。現在僅就這些資料，加以歸納分析，尚可了解馬融研經的一些特色。

(一)集東漢古文經學的大成

西漢治經，以今文爲主，甚至東漢初所立十四經博士，也都屬今文。而孔壁所藏，河間獻王所得，北平侯張蒼所獻的，則屬古文。但在西漢初，知者甚少，相傳藏於祕府，到孝成皇帝時，命光祿大夫劉向校理舊文，才發現這些古文經典，也慢慢的受到重視。到了東漢，杜子春、鄭興、鄭衆、賈徽、賈逵、杜林、衞宏、許愼等，都是古文大家，馬融繼鄭氏、賈氏父子之後，又推重許愼，所注各經全爲古文，堪稱其爲集東漢古學之大成者，皮氏經學歷史說：

> 至劉歆始增置古文尚書、毛詩、周官、左氏春秋。既立學官，必創說解。後漢衞宏、賈逵、馬融又遞為增補，以行於世，遂與今文分道揚鑣。

廖平也說，自馬融以後，古文才眞正成家，並與今文經學相抗衡。(註一三)

(二)精於訓詁，成爲說經之鵠的

六經皆古代典籍，因其文質而義奧，微言大義，常隱而不顯。爲明羣經之大義，必先通訓詁，訓詁明，而後才能闡發經義之幽光。東漢諸儒，學多博通，著述豐富，到馬融作三傳異同說，注易、書、詩、三禮、孝經、論語，算是達於頂峯。他準爾雅，依毛傳，稽考許愼說文，會通羣經，旁及史記、漢書，也參考莊子、淮南子，引證各家說法，很得訓詁的要領。而且他重視禮制，歸本於人事，也懂得利用聲訓。如：

易說卦：「叄天兩地而倚數」，釋文引馬曰：「倚、依也。」雙聲為訓。

易咸：「咸其脢。」釋文引馬曰：「脢、背也。」疊韻為訓。

比九五：「有孚攣如。」釋文引馬曰：「攣、連也。」同音為訓。

雙聲、疊韻、同音等聲訓，交互爲用。至於晦澀難讀之字，也釋其音。有用直音，或用反切，開後人訓詁並釋音的先例。清代以後，學術有所謂漢宋之分，宋學長於義理，漢學長於訓詁、考據，而所謂漢學，實在是指東漢的馬、鄭而言，皆以精於訓詁、名物，名聞於世。

(三)雜糅今古文說，爲鄭玄注經融會今古文的先導

鄭康成箋詩，常採三家今文說，因此後人談論淆亂今古文家法，常常集矢於鄭玄。其實馬融治經，雖以古文爲主，但也不能自畫於今文之外，因爲今文經學，經過西漢二百多年的宏揚，有些已形成普遍觀念，因此要想把今古文家法，絕對劃分清楚，那根本不可能，所以馬融注經偶而用今文家說，也是風氣使然。如：

豫六二：「介於石」，釋文云：「介音界，纖介，古文作砎，鄭古八反，云謂磨砎也。馬作扴，云觸小石聲。」

論語雍也：「子曰：觚不觚，觚哉觚哉。」何晏集解引馬曰：「觚，禮器，一升曰爵，二升（景印元覆宋世綵堂本論語集解作三升）曰觚。」邢疏引許慎五經異義曰：「韓詩為一升曰爵，爵、盡也，足也；二升曰觚，觚、寡也，飲當寡也。」

「介」，馬氏作「抃」，不從古文。又以一升爲爵，二升爲觚，卽從今文韓詩說。所以說馬融雜糅今古文，是鄭玄注經融會今古文的先導。

(四)深受讖緯的影響

馬融平素喜歡研究圖緯，後漢書鄭玄傳說：

> 融素驕貴，玄在門下，三年不得見，乃使高業弟子傳授於玄，玄日夜尋誦，未嘗怠倦，會融集諸生考論圖緯，聞玄善筭，乃召見於樓上，玄因從質諸疑義，問畢辭歸。

緯書在當時來說，是屬顯學，上自朝廷，下至民間，普遍流行，因此馬融注經，也時時稱引緯說。如：

洪範：「星有好風，星有好雨。」史記集解引馬曰：「箕星好風，畢星好雨。」詩正義引春秋緯曰：「月離于箕風揚沙，則好風者箕也。」

馬云：「箕星好風」，卽從春秋緯的說法。迷信讖緯，是這時代風尚。但緯書諸說也並非全都一無可取，如論語爲政篇：「殷因於夏禮。」何晏論語集解引馬曰：「所因謂三綱五常也。」「三綱」之說卽出自禮緯含文嘉，此乃名教所尊，於是融合於儒家學說中而不自知。

(五)並採陰陽五行學說

陰陽是指天地間化生萬物之氣，五行卽指土木金火水。而將陰陽、五行合而爲一的，可能是燕齊方士之流，或陰陽學家用此來範圍天地間的萬物萬事，經對自然時空的觀察，加以歸納，而自成一套學說，本盛行於戰國，劉邦建國之後，此說更爲風靡，如在景帝、武帝朝，董仲舒治公羊春秋，卽參以陰陽，爲儒者所推崇。漢書五行志也說，孝武帝時，夏侯始昌通經，善推五行傳，以傳族子夏侯勝，下及許商，皆以教所賢弟子。越往後迷信的色彩越濃，兩漢讖緯也可說是陰陽五行學說的另一種表現方式。王莽藉此篡了漢家天下，光武帝亦由此而中興漢室。東漢此風尤熾，馬融注易，也往往言及五行。如：

易家人象辭：「風自火出，家人。君子以言有物，而行有恆。」李氏集解引馬融曰：「木生火，火以木爲家，故曰家人。火生於木，得風而盛，猶夫婦之道，相須相成。」

木生火，卽本五行相生之說，馬融用此解釋夫婦相須相成之道。

㈥馬氏注經，博採羣書之說

經是發自人性，本乎人倫，所以羣經大義，常可相通。馬氏每注一經，必薈萃他經，如注易論及禮制，則採用周禮；探討易理，則佐以尙書、左傳、論語。注尙書則旁採易、詩、周禮、禮記、左傳各經，注他經也是如此。另外也參考史記、漢書，以及莊子、淮南子……等諸子百家之書。此爲後人解經開闢出一條寬廣的大道。

㈦歸本人事，以發經義之微旨

馬融說解各經，雖然長於訓詁，但並非一食古不化的經師。經本來就在濟世，目的在改善社會，美化人生，所以詁經不應該脫離人事，必須以躬行爲重，不特以口耳爲功，馬氏注經之可貴，就在於能把握此項原則。如：

易蠱：「先甲三日，後甲三日。」李氏集解引馬融曰：「蠱爲造事之端，故舉初而明事始也。言所以三日者，不令而誅，謂之暴；故令先後各三日，欲使百姓徧習行而不敢犯也。」「不令而誅，謂之暴。」所以「令先後各三日」，使百姓「徧習行而不敢犯」，法律不外乎人情理，此卽本乎儒家仁政、仁恩的思想。

(八)舉史實以證經義的不誣

歷來學者，常主張學要以經爲本，然後再從史實中得到證驗。因爲歷史就是一面鏡子，可使是非、得失，分明不誣，所以研經不可拋棄史實，才能取信於人，馬氏解經，也深得此項要領。如：

論語憲問：「齊桓公正而不譎。」何氏集解引馬曰：「伐楚以公義，責包茅之貢不入，問昭王南征不還，是正而不譎也。」

馬融卽根據左傳僖公四年的史實，以證齊桓公「正而不譎」。

(九)師法、家法已混而難分

漢人說經，最重視師法、家法。後因淵源流別，旁生支脈，師法中有家法，家法中又有師法，到最後家法、師法已不可分。馬融起初從京兆摯恂遊學，恂精於禮、易，馬融遂因此治五經，博通百家諸說，後又從班昭受讀漢書，稍晚又在東觀校書，與當時大儒賈逵、許愼、鄭眾等習古學。因此他治經兼具各家所長。如注易本源於費氏，但又雜有子夏、孟氏、京氏、梁丘氏等家的易說。注尚書有用鄭興父子、賈逵說法的。注詩則用毛傳、孔安國、劉歆等家說法。注三禮有從劉歆、賈逵、鄭眾等人。注春秋則對賈逵、鄭眾的解說有所取捨。注論語也兼採了韓詩說。因此師法、家法，在馬融來說，已混淆不可分。如此打破師法、家法的限制，可放手研經，這一突破，使經學的研究更為自由，以後鄭玄在經學上所以有如此卓越的成就，跟師法、家法拘泥的解除，應大有關係。

馬融著述甚豐，据後漢書本傳稱，他曾想訓左氏春秋，看到賈逵鄭衆的注說：「賈君精而不博，鄭君博而不精」，未為心服，著三傳異同說，又注有孝經、論語、詩、易、尚書、三禮、列女傳、老子、淮南子、離騷等，稱得上是一代大儒。

十、集今古文經大成的鄭玄

鄭玄，字康成，北海高密（山東膠縣）人（西元一二七～二〇〇），是東漢最偉大的經學家。後漢書本傳說：

> 師事京兆第五元先，始通京氏易、公羊春秋、三統歷、九章筭術。又從東郡張恭祖受周官、禮記、左氏春秋、韓詩、古文尚書。以山東無足問者，乃西入關，因涿郡盧植，事扶風馬融。

他學無常師，用功甚勤，對所習經藝，日夜尋誦，未嘗怠倦。又精於讖緯，馬融對他備為稱讚，本傳又說：

> 馬融集諸生考論圖緯，聞玄善筭，乃召見於樓上，玄因從質諸疑義，問畢辭歸，融喟然謂門人曰：『鄭生今去，吾道東矣！』

他徧注羣經，精於三禮，是集今古文、訓詁之大成者。

㈠徧注羣經

東漢經師，學多博通，著述又趨繁富，而鄭玄便是最具典型。本傳說：

> 門人相與撰玄答諸弟子問五經，依論語作鄭志八篇。凡玄所注周易、尚書、毛詩、儀禮、禮記、論語、孝經、尚書大傳、中候、乾象歷。又著天文七政論、魯禮禘祫義、六藝論、毛詩譜、駁許慎五經異義、答臨孝存周禮難，凡百餘萬言。

戰國時代，爲羣經作傳、作記、作說的風氣十分流行，西漢治經，餘習還在，只不過爲了整理經籍，而多了所謂的章句之學而已。但到了東漢，治經方向有了很大的改變，除了古文學的抬頭外，由於距離經書的形成時日較久，時空的不同，文辭使用習慣難免有所變易，又由於各人所師不同，根器不一，因此對經義的體驗，也有了分歧，所以爲羣經作注，便成了當時經學研究上的一大特色。如鄭玄不但偏注了各經，又注有緯書，撰述之多，少有人可跟他相比。稱他爲集漢學之大成，當之無愧，又由於鄭玄名望極高，弟子眾多，不但左右了當時經學研究的大勢，而且對後世也有深遠的影響。兩漢經學，到了鄭玄，已達於頂峯。過了此高原時期，經學的發展有逐漸衰微的趨勢。所以鄭玄在中國經學史上，也是一位關鍵性的人物。可惜鄭玄的著作也亡佚了不少，今已無法一睹其所注諸經的眞面目。

(二)精於三禮之學

禮、樂是儒家治國的二大支柱，向來很受國人的重視。在西漢盛行儀禮，東漢則特別推崇周禮，到了鄭玄偏注三禮，集禮學之大成，此後「三禮」之名才顯著於世。所以孔潁達作禮記正義說：「禮是鄭學。」陳澧東塾讀書記卷十五，特別引申其義說：

孔仲達云：禮是鄭學。考兩漢書儒林傳，以易、書、詩、春秋名家者多，而禮家獨少。釋文序錄：漢儒自鄭君外，注周禮及儀禮喪服者惟馬融，注禮記（禮記中華書局本東塾讀書記誤作儀禮）者惟盧植。鄭君盡注三禮，發揮旁通，遂使三禮之書，合為一家之學，故直斷之曰：禮是鄭學也。

鄭玄擅長於禮，除三禮注外尚有多種禮的著述。如答臨孝存周禮難、魯禮禘祫義、喪服經傳注、喪服變除注、喪服變除、喪服記、喪服譜注、三禮目錄、三禮圖、五宗圖、禮緯斗威儀注、禮緯含文嘉注、禮緯稽命徵注、禮記默房注等。（註一四）所以治禮如果捨鄭氏學，便無所歸宗。

鄭玄治禮最難能可貴的，不僅在禮義的探討，且能實際應用，他曾為朝廷制定禮儀，本身又能克己復禮，是位言行一致的謙謙君子，陳澧東塾讀書記卷十五又說：

盧子幹云：修禮者，應徵有道之人，若鄭玄之徒。然則鄭君禮學，非但注解，且可為朝廷定制也。袁彥伯云：鄭玄造次顛沛，非禮不動。然則鄭君禮學，非但注解，實能履而行之也。孔子告顏子，非禮勿動，顏子請事斯語。鄭君亦非禮不動，故范武子以為仲尼之門；不能過也。

這種躬行實踐的精神，乃孔子「學而時習」、「身通」之遺意。後漢書曾提到在獻帝建安年間，黃巾賊作亂，玄從徐州還高密，道遇黃巾賊數萬人，見玄皆拜，相約不入玄之縣境。由此可見鄭玄人格風範之一斑。

㈢集今古文學之大成

自劉歆以後，古文學遂成為漢經學的主流，但今文學經過西漢二百多年的發展，不可能一下子就完全消失。東漢一代，仍有不少從事今文學研究者，已如前節所述。就是鄭玄本身，也曾從第五元先受京氏易、公羊春秋，從張恭祖受韓詩，這些都是今文學。可是就其研經的重點而論，仍是偏重於古文學。如他為駁何休的公羊說，特別著有發墨守、鍼膏肓、起廢疾等三書。本傳也說：

> 中興之後，范升、陳元、李育、賈逵（范升、李育主公羊說，陳元、賈逵主左氏說）之徒爭論古今學，後馬融答北地太守劉瓌，及玄答何休，義據通深，由是古學遂明。

古文學是東漢經學的主流，鄭玄當然無法自立於潮流之外，但前漢二百多年來今文學家之遺說，也不能一筆勾銷。所以一般說來，鄭玄注經，頗能兼採今古文家說之所長，今古文之家法，自玄也混而難明。皮錫瑞經學歷史說：

> 蓋以漢時經有數家，家有數說，學者莫知所從，鄭君兼通今古文，溝合為一，於是經生皆從鄭氏，不必更求各家。

所以說鄭氏有統一兩漢經學之功。但物極必反，經學的由盛而衰，也是從鄭玄開始。

十二、兩漢經學的異同

從上述各節，已可看出兩漢經學的發展，各具有其特色，自經今文學的建立，到古文學的興起，以致今、古文學的合流，然後逐漸趨於衰微，這種現象，一來由於社會的變遷，二來因為學術本身發展常有高原、低潮，低潮、高原等起伏性的變化。所以前、後漢在經學的研究上，有了很大的不同，為求更進一步的了解兩漢治經的特色，玆就兩漢說經顯然相異處，分別說明如下：

㈠前漢說經崇尚今文，後漢古文代興

今古文經之分，起初乃起於文字不同。當時今文卽指通行的隸書，古文則指先秦的古文字而言。博士所傳爲今文經，山崖複壁所出的爲古文經。孔子那時候所寫的經書，當然都屬古文，漢初，才改爲當時通行的文字。漢所立十四博士，都爲今文學家，無所謂今古文問題。到劉歆倡議古文，古文學才起而與今文學相抗。今古文本由於文字的不同而分，但演變到後來，連解經也有了很大的差別。所以許愼五經異同有古尚書說、今尙書夏侯歐陽說，古毛詩說、今詩韓魯說，古周禮說、今禮戴說，古春秋左氏說、今春秋公羊說，古孝經說、今孝經說，都分別言之。又因今古文師法、家法不同，因此主張也相迥異，廖平古學考說：

> 今學祖孔子，主王制；古學祖周公、主周禮。今學為孔子晚年之說，古學為孔子壯年之說。今學為經學派，古學為史學派。今學出齊魯，古學出燕趙。今學守專門，古學多異說。

玆參考周紹賢兩漢哲學一書，列一比較表如下：

今文經學	古文經學
1. 崇奉孔子。	1. 崇奉周公孔子。
2. 尊孔子爲受命之素王。	2. 尊孔子爲先師。
3. 以孔子爲託古改制。	3. 以孔子爲信而好古，述而不作。
4. 以六經爲孔子所作。	4. 以六經爲古代史料。
5. 其學以公羊爲主。	5. 講學以左氏爲主。

6. 爲經學派。
7. 西漢多爲官學。
8. 盛於西漢。
9. 斥古文經傳爲僞造。
10. 信緯書，以孔子微言大義存其間。
11. 言制度則宗禮記、王制。如：
(1) 言封建，分五服，各五百里，分三等：公侯方百里，伯方七十里，子男方五十里。王畿內有封國，天子五年一巡狩。
(2) 官制：天子立三公：司徒、司馬、司空，九卿二十七大夫，八十一元士，凡百二十。無世卿，有選舉。
(3) 祭祀：社稷所奉享皆天神，天子有太廟，無明堂，七廟皆時祭。禘爲時祭，有祫祭。
(4) 稅制：遠近皆取什一，山澤無禁。十井出一車。
(5) 其他制度：天子娶后不下聘，有親迎。刑餘不爲閹人。主薄葬。

---

6. 爲史學派。
7. 西漢多行民間。
8. 盛於東漢。
9. 斥今文經傳爲秦時殘缺之餘。
10. 斥緯書爲誣妄。
11. 言制度則宗周禮。如：
(1) 地分九服，亦各五百里，並王畿千里，合方萬里，分五等：公方五百里，侯方四百里，伯方三百里，子方二百里，男方一百里。王畿內不封國，天子十二年一巡狩。
(2) 天子立三公，曰：大師、太傅、太保，無官屬。又立三少以爲之副。曰少師、少傅、少保，謂之三孤。又立六卿，曰冢宰、司徒、宗伯、司馬、司寇、司空。六卿之屬大夫士庶人在官者，凡萬二千。有世卿，無選舉。
(3) 社稷所奉皆享人鬼。天子無太廟，有明堂。七廟祭有日月時之分。禘天於郊，無祫祭。
(4) 以遠近分等差，山澤皆入官，一甸出一車。
(5) 天子娶后有下聘，不親迎。刑餘爲閹人。主厚葬。

這種種的爭執，卽從兩漢開始。以後甚至演變成意氣用事，古文家詆今文家爲「口說無憑」，今文家則斥古文家爲「嚮壁虛造」。彼此互相攻訐，久久未息。

㈡前漢今文專明微言大義，後漢古文多詳章句訓詁。

前漢說經，偏於微言大義，講求經世致用，如以禹貢治河，以洪範察變，以春秋決獄，以三百五篇當諫書，治一經需得一經之益，可惜當時經說，今所存者不多，惟伏生尚書大傳，多存古禮，與古制相入；董仲舒春秋繁露，發明公羊三科九旨，且深於天人性命之學；韓詩今只傳外傳，它旨在推演詩人旨意，足以證明古義。（註一五）

後漢經師，則多詳於章句訓詁，如後漢書崔駰傳說：「年十三，能通詩、易、春秋，博學有偉才，盡通古今訓詁百家之言。」又鄭興傳：「歆美興才，使撰條例、章句、傳詁。」爾雅正義序也說：「馬融、鄭康成之易注、書注，以及諸經舊說，薈萃羣書，尙存梗概，取證雅訓，詞意瞭然。」像馬、鄭等經學大師在經義的訓詁上，可說是已到達顚峯。後人稱名物、訓詁之學爲漢學，原因就在此。

㈢前漢經師多專一經，後漢則才多博通。

西漢初年因經學初興，經書的流行不廣，一般經師多專守一經，很少能兼通者，像申培兼通詩、春秋，韓嬰兼通詩、易，孟卿兼通禮、春秋者，只不過寥寥數人。能通五經的，僅夏后始昌一人。

東漢經師則不然，大多兼治數經，翻開後漢書儒林傳，所見比比皆是，如尹敏習歐陽尚書，兼善毛詩、穀梁、左氏春秋，景鸞能理齊詩、施氏易，兼習河洛圖緯之學，又撰禮內外說。何休精研六經，許慎五經無雙，蔡玄學通五經，賈逵、馬融、鄭玄等，可說偏通羣經。尤其是馬融通十一經，後儒很少能與其相比。陳邦福馬季長年譜說：

> 漢儒通經，至融而稱盛極，通一經者，樊光、李巡；通二經者，申培、孟卿；通三經者，后倉、江公；通四經者，孔安國、夏侯勝；通五經者，董仲舒、劉向；通六經者，劉歆、何休；通七經者，荀爽、張寬；通八經者，孫炎；通九經者，王肅；通十經者，鄭玄；通十一經者，僅馬融一人而已。

這種偏注羣經的風氣，便是東漢經學的典型。

㈣前漢經師撰述不多，後漢說經則趨繁富。

前漢諸儒，大多篤信遺經，很少撰述，章句略備，文采不彰。考漢志所載，各家之說大多止一、二篇，惟災異孟氏京房六十六篇爲最多。後漢則不然，說經至爲繁富，如周防撰尚書雜記三十二篇，四十萬言。景鸞作易說及詩解，又撰禮略，及作月令章句，著述五十餘萬言。趙曄著吳越春秋、詩細、歷神淵。程曾著書百餘篇，皆五經通難，又作孟子章句。何休作公羊解詁，又訓注孝經、論語，以春秋駁難漢事六百餘條，作公羊墨守、左氏膏肓、穀梁廢疾。賈逵集古文尚書同異三卷，撰齊、魯、韓詩與毛詩異同，並作周官解詁。鄭玄注經百餘萬言。馬宗霍中國經學史云：

> 東漢則袁京習京氏易，作難記三十萬言，……朱普歐陽尚書章句四十萬言，……牟氏尚書

章句有四十五萬餘言，張奐亦以其浮辭繁多，減為九萬言，然奐自著尚書記難亦三十餘萬言。伏恭治齊詩，以父黯章句繁多，乃省簡浮詞，定為二十萬言。張霸就樊儵受嚴氏公羊春秋，以儵刪嚴氏春秋猶多繁辭，乃減定為二十萬言。

後漢說經雖又多又博，但多而無當，何嘗不是經學由盛而衰之兆。漢書藝文志曾說：

古之學者，耕且養，三年而通一藝，存其大體，玩經文而已，是故用日少而蓄德多，三十而五經立也。後世經傳既已乖離，博學者又不思多聞闕疑之義，而務碎義逃難，便辭巧說，破壞形體，說五字之文至於二三萬言；後進彌以馳逐。故幼童而守一藝，白首而後能言，安其所習，毀所不見，終以自蔽，此學者之大患也。

這雖是漢書的話，但是東漢說經繁瑣之病更有甚於此。徐幹中論治學篇也有同樣的批評。他說：

鄙儒之博學也，務於物名，詳於器械，矜於詁訓，摘其章句，而不能統其大義之所極，以獲先王之心，此無異乎女史誦詩，內豎傳令也，故使學者勞思慮而不知道，費日月而無成功。

徐幹也是針對東漢經師，舍大義而務名物訓詁之病而發，但像桓譚徧習五經，皆訓其大義，並不在章句；班固學無常師，也不學章句，只舉其大義；王充好博覽，也不守章句；鄭玄注經雖博，但也不只是以章句、訓詁爲功；如此皆能自立於潮流之外，既在明名物、訓詁，也不忘弘揚大義，至爲難得。

㈤前漢說經偏於齊，後漢偏於魯。

兩漢經學就地域來說，有齊魯之分。治齊學多今文家說，因起於齊地，所以稱爲齊學，他們說經主讖緯，尙陰陽五行說，馬宗霍稱其以恢奇爲特色。皮錫瑞經學歷史在經學極盛時代一節也說：

> 漢有一種天人之學，而齊學尤盛。伏傳五行，齊詩五際，公羊春秋多言災異，皆齊學也。易有象數占驗，禮有明堂陰陽，不盡齊學，而其旨略同。

所以齊學本是指西漢初年齊人傳經之學，其學大多混合了陰陽術數，以災異說經，如易孟喜得易家候陰陽災變書，京房也是以災異得幸，其易說是受自焦延壽，而延壽是獨守隱士說，梁丘賀從京房學易，也是善於卜筮而聞名。另外像高相治易，也是專說明陰陽災異，其學也是出自齊國的杜田生。尙書則有伏生大傳，也大談洪範五行。歐陽大小夏侯的尙書學，卽從伏生而來。春秋則有董仲舒言公羊災異之變。這都是齊學的大略。

治魯學的大多爲古文學家，漢書儒林傳說：「穀梁子本魯學。」魯學之名，卽以此爲最早。馬宗霍稱魯學多迂謹，不敢隨便妄加論斷，如魯申公爲詩訓詁，疑者則闕而不說，王式以魯詩授弟子，都以師說爲是，所以他的弟子頌禮甚嚴，誦說有法。難怪漢志才稱齊、魯二詩，或取春秋，兼採雜說，都非詩人本意，所以不得已，以魯詩爲近，這都是今文魯學。以後劉歆立古文諸經，古文尙書、左傳、逸禮，也稱魯學，其之所以稱之爲魯學，是因爲來自孔壁。

有人說齊學多今文家說，魯學多古文說；齊學存微言，魯學明訓詁；這只是一概略的說法。我們如果一定要以齊、魯作兩漢經學的分別，未免過於拘泥，因前漢主齊也有魯，後漢雖偏於魯也有齊。到了後來，何謂魯？何謂齊？更是混淆難辨。

㈥前漢說經重師法，後漢說經重家法。

前漢說經重師法，後漢演變爲家法，師法是溯其源，家法是衍其流；必先有師法，再有家法。師所傳授之法稱爲師法，師弟相與授受，自成一脈，便叫家法。如易施、孟、梁丘都出自田何，即爲師法，以後施、孟、梁丘分別形成易學上的派別，後人只能說學某家易，這就是所謂的家法。

兩漢治經，必守師法、家法。漢書魏相傳：「相明易經，有師法，好觀漢故事，及便宜章奏。」又李尋傳：「治尚書，與張孺、鄭寬中同師，寬中等守師法敎授。」又儒林胡母生傳：「唯嬴公守學，不失師法。」又張禹傳：「奏禹經學精習，有師法可試事。」但師法之說，並非始於前漢。荀子書早已提到。儒效篇說：

> 有師法者人之大寶也，無師法者，人之大殃也，人無師法，則隆性矣！有師法則隆積矣！

又修身篇：

> 不是師法，而好自用，譬之是猶以盲辨色，以聾辨聲也，舍亂妄無爲也。

從荀子的話看來，漢初重視師法，亦淵源有自，但如只知篤守師法，不知變通，也容易引起流弊，王充論衡效力篇特別提到師法、家法的問題，他認爲諸家守師法，不能覽古今，用辭雖多，也不能算是博學。

後漢說經，師法下又分家法，如後漢書章帝紀云：「今郡國擧明經，年五十以上，七十以下，詣太學，自大將軍至六百擔，皆遣子弟受業，四姓小侯，先能通經者，各令隨家法，其高第者，上名牒，當以次賞進。」蔡倫傳：「帝以經傳之文，多不正定，乃選通儒謁者劉珍，及博士良史詣東觀，各讎校家法。」可見明經、博士必守家法。又左雄傳說：「雄又上言：郡國孝廉，……請……皆先詣公府，諸生試家法。」注曰：「儒有一家之學，故稱家法。」可見孝廉也必守家法。但流衍結果，脈絡一多，師法、家法終混而難分。皮錫瑞在經學歷史中評之曰：

> 師法別出家法，而家法又各分顓家；如幹既分枝，枝又分枝，枝葉繁滋，浸失其本；又如子既生孫，孫又生孫，雲礽曠遠，漸忘其祖。是末師而非往古，用後說而舍先傳，微言大義之乖，卽自源遠末分始矣！

(七)西漢今文多以祿利爲榮，東漢古文則多竄識緯。

經學博士設立以後，對經學的弘揚的確有很大的幫助，但是後來經生對經學的研究，不是爲了經的本身，而是爲了博士的名分。這也是人情之常，漢書儒林傳說：「自武帝立五經博士，開弟子員，設科射策，勸以官祿，……大師衆至千餘人，蓋祿利之路然也。」顏師古也說：「言爲經學者，則受爵祿而獲其利，所以益勸。」前漢經學因受利祿的引誘而大盛，通經者可得爵祿，位尊者，還可高居卿相，擅美當世，利之所在，很少不爲之心動，孔子說：「古之學者爲己，今之學者爲人。」爲人者，拿爲學作敲門磚，爲己者，用心以會道，西漢今文學家卻有不少「爲人」之輩，難怪班固要感嘆的說：「蓋祿利之路然也。」

東漢古文學之研究，雖不是爲了博士之名，但漢自光武中興以後，一般儒者，爭相研習圖緯，張衡曾上書請禁。（註一六）卻無法扭轉時風。就是馬鄭等大儒，也不能免。劉申叔國學發微說：……

> 自漢武表章六經，罷黜百家，託通經致用之名，在上者視為挾持之具，在下者視為利祿之途，……降及東漢，讖緯勃興，……然……董、劉大儒，競言災異，實為讖緯之濫觴。……及光武以符籙受命，……由是以讖緯為祕經，頒為功令，稍加貶斥，卽伏非聖無法之誅。故一二陋儒，援飾經文，雜糅讖緯，獻媚工諛，雖何、鄭之倫，且沉溺其中而莫反，是則東漢之學術乃緯學盛昌之時代也。

儒者研究經術，常隨時俗之好尚而有所轉移，如西漢侈言災異，說經者也多喜談災異，董仲舒春秋繁露，劉向洪範五行傳，易孟氏、京房之類都是。而東漢則時尚讖緯，說經者也常雜讖緯，鄭玄、宋均等注緯書，更是典型，又何休說「西狩獲麟」，爲漢室受命之符等，這些都是後人對東漢治經最感不滿的地方，也正因爲緯說的怪誕無稽，才被人所鄙棄。

總括兩漢經學發展，由於春秋、戰國多年戰亂的刺激，加上秦皇不重儒術而急速亡國的教訓，引發了人心自我的反省，方覺得儒術的可貴，於是在朝廷有意的倡導下，終於走上了表彰六經的道路。其間由於社會的變遷，如受陰陽五行、讖緯、政潮……等因素的影響，使在前、後漢的四百多年間，發生了今、古文，內、外學，齊、魯學，以及經義本身的爭執等問題，而形成許多派別，但就整個經學研究的方向來說，大體上仍是一致的，卽兩漢經學，仍以章句訓詁爲主；並主張經義的研究，應該有益社會，所以特別注重敎化的功能，像詩毛傳、鄭箋、大小序，便是最好的代表。因此今天我們從事兩漢經學的研究，一定要先了解當時的社會背景，以還原漢代經學的本色，不能以今律古，否則將會產生偏差。所以司馬光論東漢風俗，以爲光武帝在「征伐四方，日不暇給」之際，還能「敦尚經術」，因此「武功既成，文德亦洽」，稍後，孝明、孝章兩帝，又能「遹追先志，臨雍拜老，橫經問道，自公卿大夫，至於郡縣之吏，咸選用經明行修之人。虎賁衞士，皆習孝經。」結果民風淳樸，司馬光說：「自三代既亡，風化之美，未有若東漢之盛者也。」以後天下雖亂，但不致於亡國，這也是由於經學的敎化，使民間一般人士能重視氣節的緣故。甚至何進、董卓、曹操等人，以當時之力，足以取漢自立，然而始終不敢簒漢，原因莫非囿於名節。（註一七）又那時的黨錮之禍，何嘗不是那些研經的讀書人，本著羣經大義，所產生的名敎觀念，而對當時朝廷種種措施的不滿，所發的一股淸議，雖遭反制，而被禁錮，但它對當局具有一股制衡的力量，使一些不學無術的人，不敢明目張膽，胡作非爲，延緩了東漢的滅亡。所以兩漢治經風氣的盛行，對於社會、政治的影響，不能等閒視之。

【附　註】

註　一　見漢書卷五十三，景十三王傳。

註　二　見漢書卷四十三。酈陸朱劉叔孫傳云：「賈時時前說稱詩書。高帝罵之曰：『乃公居馬上得之，安事詩書！』」又云：「通儒服，漢王憎之。」

註　三　見漢書高帝紀漢十二年十一月：「行自淮南還，過魯，以大牢祀孔子。」又云：「人之至親，莫親於父子，故父有天下傳歸於子，子有天下尊歸於父，此人道之極也。」

註　四　同註二。叔孫通說上曰：「夫儒者難與進取，可與守成。臣願徵魯諸生，與臣弟子共起朝儀。……上曰：『可試爲之。』」

註　五　見王國維著漢魏博士題名考，商務印書館。

註　六　本表參考傅樂成編秦漢史「經學史學與諸子之學」，頁二〇六，長橋出版社。

註　七　見史記儒林傳及魏其、武安侯列傳。

註　八　見飲冰室文集學術類㈠：中國學術思想變遷之大勢，第三節：儒學統一時代，新興書局。

註　九　見漢代學術史略，第九章：尊儒學而黜百家，頁六十二，啓業書局。

註一〇　見拙作董仲舒與西漢學術，第四章第八節：抑黜百家獨尊儒術問題，頁一五八，文史哲出版社。

註一一　見後漢書注引三輔故事。

註一二　許愼說文序云：「諸生競逐說字解經義。」又漢志云：「後世經傳既已乖離，博學者又不思多聞闕疑之義，而務碎義逃難，便辭巧說，破壞形體。」

註一三　廖平古學考云：「劉歆取佚禮官職篇刪補羼改以成周禮，劉氏弟子乃推其書以說詩、書、孝經、論語，此皆東漢事。馬融以後古乃成家，始與今學相敵。」頁三十一，開明書局。

註一四　見李雲光著三禮鄭氏學發凡，第一節：論「禮是鄭學」，頁四，嘉新水泥公司文化基金會印行。

註一五　見皮錫瑞經學歷史，第三經學昌明時代，頁八十，河洛圖書出版社。

註一六　見後漢書卷五十九張衡傳。

註一七　見司馬光資治通鑑卷六十八。漢紀六十孝獻紀二十四年末。世界書局。

附錄：兩漢經學傳授及經學著作表

一、兩漢易學傳授系統表：

㈠西漢易學傳授系統表（據徐芹庭漢易闡微）：

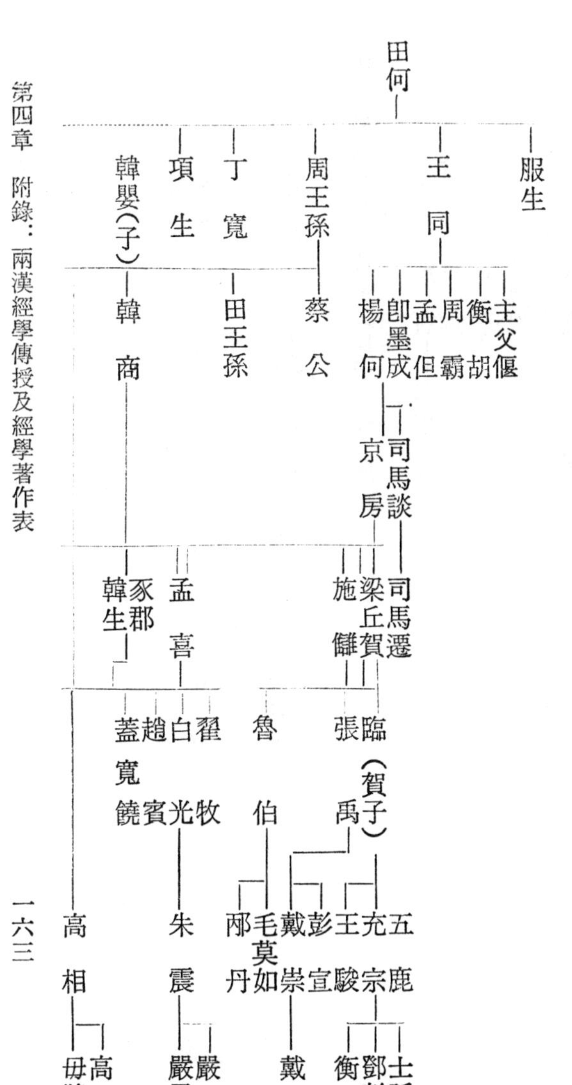

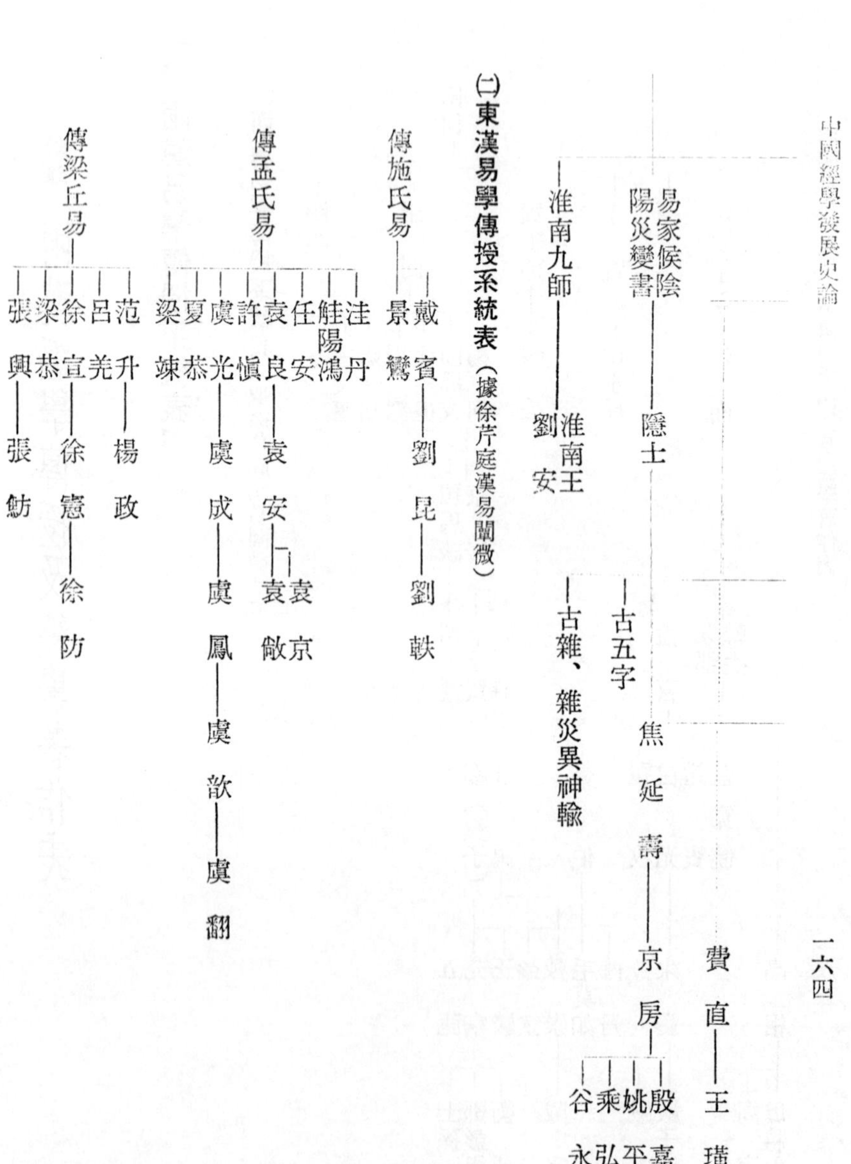

(二)東漢易學傳授系統表（據徐芹庭漢易闡微）

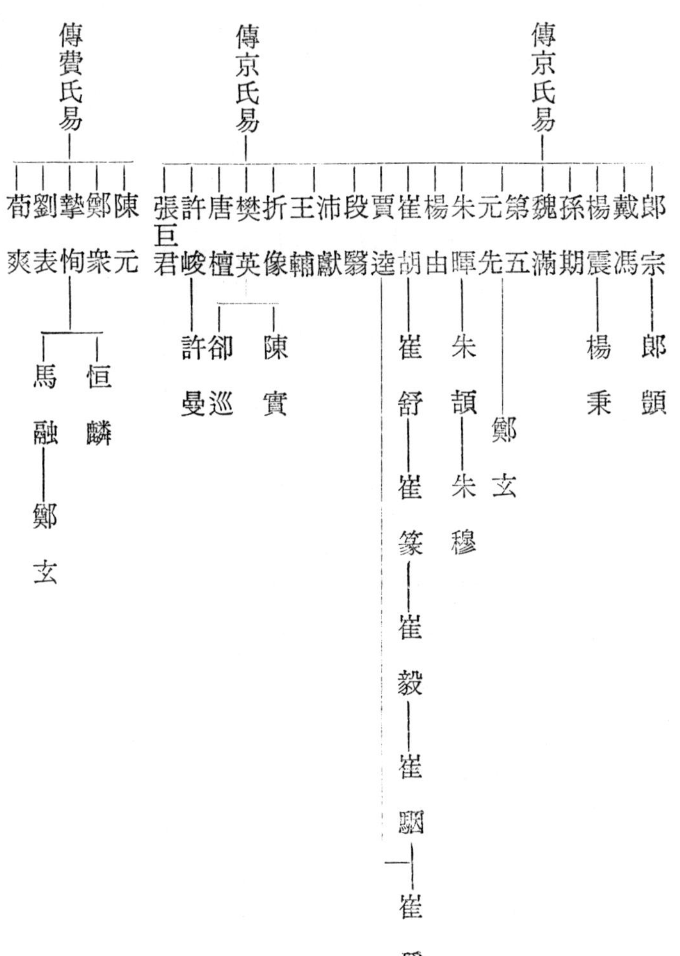
傳京氏易
郎宗 郎顗
戴馮
楊震 楊秉
孫期
魏滿
第五
元先 鄭玄
朱暉 朱頡 朱穆
楊由
崔胡 崔舒 崔篆 崔毅 崔駰 崔瑗
賈逵
段翳
沛獻
王輔
折像
傳京氏易
樊英 郤巡 陳實
唐檀
許峻 許曼
張巨君
傳費氏易
陳元
鄭衆
摯恂 馬融 鄭玄 恒麟
劉表
荀爽

二、兩漢易學著作表：

㈠西　漢

書　名	作者	存佚	備　註
易經十二篇，施、孟、梁丘三家		佚	顏師古注云：「上下經及十翼，故十二篇」。
易傳周氏二篇	周王孫	佚	
服氏二篇	服光	佚	
楊氏二篇	楊何	佚	司馬遷曾受易於楊何。
蔡公二篇	蔡公	佚	班固認爲蔡公曾事周王孫。隋志已不見此書，可見書亡佚已久。
韓氏二篇	韓嬰	佚	漢書儒林傳：「韓嬰亦以易授人。」
王氏二篇	王同	佚	王氏曾從田何受易。
丁氏八篇	丁寬	佚	漢書儒林傳云：丁將軍作易說三萬言。

古五子十八篇		佚	班固注云：「自甲子至壬子說易陰陽。」
淮南道訓二篇	劉　安	佚	班固注云：「淮南王安聘明易者九人，號九師說。」
古雜八十篇，雜災異三十五篇，神輸五篇，圖一。		佚	所謂神輸，顏師古注云：「劉向別錄云：『神輸者，王道失則災害生，得則四海輸之祥瑞。』」
孟氏京房十一篇，災異孟氏京房六十六篇，五鹿充宗略說三篇，京氏段嘉十二篇。	京房、孟喜、五鹿充宗、段嘉	佚（殘）	楊樹達漢書窺管云：「皆京房述孟喜之學者也。」
章句施、孟、梁丘氏各二篇		佚	馬國翰有輯本二卷

(二)東　漢（據清侯康、顧懷三補後漢書藝文志）

易通論七篇	洼　丹	佚	傳孟氏易
易林	崔　篆	佚	主要以占驗決吉凶。
易章句	鄭　衆	佚	傳費氏易。
易說	景　鸞	佚	
孟氏易傳雜記	袁　京	佚	傳孟氏易

易章句	袁太伯	佚	
易林	張滿	佚	
易章句五卷	許峻	佚	善占卜之術。
易章句	樊英	佚	習京氏易兼明五經七緯。
周易摘	程秉	佚	附有王朗、王弼、王肅、何晏、虞翻、姚信、袁準等人之易作。
易章句	馮顥	佚	
易注十卷	馬融	佚	從鄭衆學費氏易。今有輯本。
大極說	張遐	佚	
易注九卷	鄭玄	佚	玄合彖、象於經。
易贊	鄭玄	佚	周易正義稱玄著有易贊及易論。
易注	蔡景君	佚	
易傳十卷	荀爽	佚	主要在據爻、象以承應陰陽變化之義。
周易章句五卷	劉表	佚	屬荊州學派。

易注十卷	宋忠	佚	屬荊州學派。
易注	陸績	佚	
古文易注	李譔	佚	
周易例	孫炎	佚	曾從鄭玄受學。

三、兩漢兩漢尚書傳授系統表：（參考朱睦㮮授經圖）

㈠古文傳授系統

杜林→衞宏　案：林即傳漆書古文者……馬融
杜林→徐巡

孔安國→倪寬→簡卿
孔安國→都尉朝→庸譚→胡常→徐敖→塗惲→賈徽→逵……馬融
徐敖→王璜
塗惲→桑欽
孔安國→司馬遷
孔安國→孔延年→孔霸→孔光→孔僖→孔秀彥

蓋預→周防→舉

馬融→鄭玄

(二)今文傳授系統

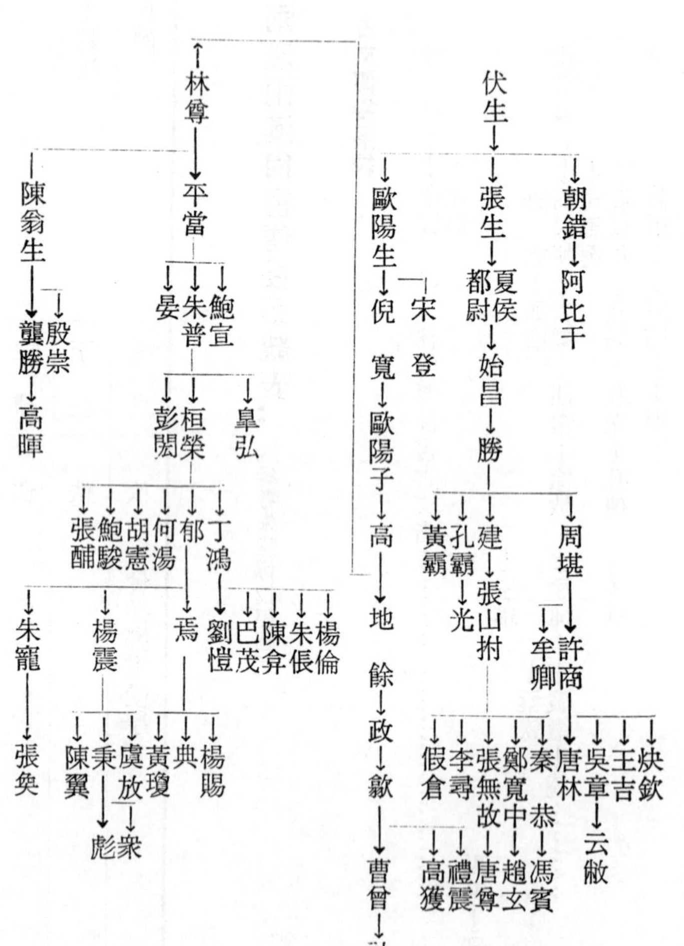
伏生
朝錯
阿比干
張生
夏侯都尉
始昌
勝
周堪
許商
牟卿
唐林
吳章
云敞
王吉
炔欽
秦恭
馮賓
鄭寬中
趙玄
張無故
唐尊
李尋
禮震
假倉
高獲
建
張山拊
孔霸
光
黃霸
歐陽生
宋登
倪寬
歐陽子
高
地
餘
政
歙
曹曾
祉
林尊
平當
鮑宣
朱普
晏
皋弘
桓榮
彭閎
丁鴻
劉愷
楊倫
朱倀
陳弇
巴茂
郁
焉
楊賜
典
黃瓊
何湯
胡憲
虞放
衆
鮑駿
秉
彪
陳翼
張酺
楊震
朱寵
張奐
陳翁生
殷崇
龔勝
高暉

四、兩漢尚書著作表：

(一)西漢

書名	作者	存佚	備註
尚書古文經四十六卷		佚	班固稱有五十七篇
經二十九卷		佚	班固稱二十九篇，爲伏生所傳授。
傳四十一篇	伏生	殘存	本書即伏生尚書大傳。
歐陽章句三十一卷	歐陽生	佚	馬國翰有尚書歐陽章句輯佚一卷。
大、小夏侯章句各二十九卷	大小夏侯	佚	馬氏輯有尚書大、小夏侯章句各一卷。
大、小夏侯解故二十九篇	大小夏侯	佚	據隋志本書大概亡於永嘉之禍。
歐陽說義二篇	歐陽生	佚	陳喬樅有輯本。
劉向五行傳記十一卷	劉向	佚	王應麟漢志考證引沈約云：「伏生創紀大傳，五行之體始詳，劉向廣演洪範，休咎之文益備。」

許商五行傳記一篇	許商	佚	許氏從周堪受尚書。
周書七十一篇		佚(殘)	顏師古稱今存四十五篇
議奏四十二篇		佚	屬宣帝時之石渠論。

(二)東漢

歐陽尚書大小太常章句	桓榮 桓郁	佚	
尚書章句	牟長	佚	
尚書注 尚書今古文同異三卷	賈逵	佚	與杜林同郡，從杜林受古文尚書。
尚書雜記三十二篇	周防	佚	周氏習古文尚書，因明經被舉孝廉。
古文尚書訓旨	衞宏	佚	曾從杜林受古文尚書。
尚書傳十一卷	馬融	佚	
尚書注	張楷	佚	張氏通嚴氏春秋和古文尚書，曾隱居於弘農山。
尚書雜記刪定牟氏章句	張奐	佚	曾師事太尉朱寵學歐陽尚書。

中文尚書	劉陶	佚	屬今古文的折中本。
尚書大傳注三卷 尚書注九卷、尚書音一卷	鄭玄	佚	尚書注今存有佚文。
尚書章句	盧植	佚	曾師事馬融。
尚書正經	荀爽	佚	
五家要說章句		佚	後漢顯宗皇帝自制，桓郁校。
漆書古文尚書一卷	杜林	佚	本書很可能是孔壁的別本。

五、兩漢四家詩傳授源流表：（本表根據史記、兩漢書儒林傳、朱睦㮮授經圖製成）

(一)魯詩：

1. 西漢：

—楚王交 —王臧
　　　　 —楚王戊
—穆生　 —闕門慶忌
　　　　 —徐偃
　　　　　　　　　　—玄成

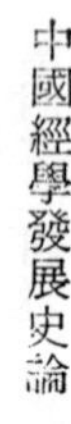

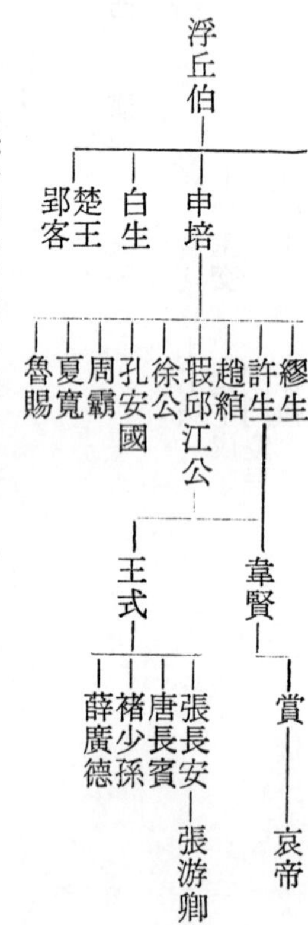

案：許生、褚少孫、唐長賓、張長安四人皆為博士。

2.東漢：

高嘉→高容→高詡

許晃→李業

右師細君→包咸

魏應→千乘王伉

雷義、陳重、魯丕、魯恭

㈡齊詩：

1.西漢：

- 轅固生→夏侯始昌→后蒼
  - 白奇
  - 匡衡
    - 師丹→班伯
    - 伏理
    - 滿昌
      - 張邯
      - 皮容
  - 翼奉
  - 孫氏
  - 蕭望之

2. 東　漢：

- 伏理→伏湛→伏黯→伏恭
  - →任末→景鸞
  - →伏晨→無忌

(三)韓　詩：

1. 西　漢：

- 韓嬰
  - 賁生
  - 趙子→蔡誼
    - 食公子→栗豐→張就
    - 王吉
      - 長孫順→髮福
      - 王駿
  - 韓商→韓生

2. 東　漢：

楊仁

召馴
薛方正→薛漢—
　├杜撫→馮良
　├澹臺敬伯
　└韓伯高
趙曄

賈徽→賈逵—
　├許慎
　└張恭祖→鄭玄

㈣毛詩：

毛萇→貫長卿→解延年→徐敖—
　├→王璜
　└→陳俠→謝曼卿→衞宏→徐州→鄭衆→賈徽→賈逵→許慎—→馬融→鄭玄

六、兩漢詩經著作表：

㈠西　漢

書　　名	作　者	存　佚	備　　註
詩經二十八卷，魯、齊、韓三家	申公、后蒼、韓嬰	佚	

魯故二十五卷(二)	申培	佚	亡於西晉，馬國翰輯有魯詩故三卷。
魯說二十八卷	申公弟子	佚	漢書儒林傳：「魯詩有韋、張、唐、褚之學，此魯說弟子所傳」。
齊后氏故二十卷	后蒼	佚	后氏爲轅固生再傳弟子，馬氏輯佚文二卷。
齊孫氏故二十七卷	孫氏	佚	孫氏未知其名。
齊后氏傳三十九卷	后氏弟子	佚	王先謙云：「蓋后氏弟子從受其學而爲之傳。」
齊孫氏傳二十八卷	孫氏	佚	
齊雜記十八卷		佚	
韓故三十六卷	韓嬰	佚	韓氏自爲本經訓故，以別於內外傳，馬氏有輯本二卷。
韓內傳四卷	韓嬰	佚	馬氏輯有佚文一卷。
韓外傳六卷	韓嬰	存	凌秩隆漢書評林云：「卷多於舊，蓋多雜說，不專解詩。」
韓說四十一卷	韓嬰弟子	佚	王先謙云：「韓詩有王食、長孫之學，此其徒衆所傳。」
毛詩二十九卷	毛亨	存	顧實漢志講疏云：「此毛詩古文經也。」
毛詩故訓傳三十卷	毛萇	存	馬瑞辰毛詩傳箋通釋云：「毛公傳詩多古文，其釋實兼詁、訓、傳三體，故名其書爲故訓傳。」

(二)東　漢

毛詩訓	謝曼卿	佚	衛宏初曾從曼卿受學。
齊詩章句解九篇	伏　黯	佚	顧懷三補志此書名作「齊詩解說」，子伏恭有刪定齊詩章句。
韓詩章句二十二卷	薛夫子	佚	顧懷三認爲薛夫子卽薛漢，另薛方丘亦有韓詩章句。
齊詩解	景　鸞	佚	顧懷三作「詩解章句」。
毛詩序	衞　宏	存	宏是否作毛詩序，後人頗多懷疑，但經他整理而成，應屬可信。
詩題約義通	杜　撫	佚	杜氏曾受業於薛漢。
韓詩翼要十卷	侯　包	佚	
韓詩譜二卷、詩神淵一卷、詩細	趙　煜	佚	煜字長君，曾詣杜撫受韓詩。
韓詩章句	張　匡	佚	
毛詩傳	鄭　衆	佚	
毛詩雜議難十卷	賈　逵	佚	東漢明帝永平中，曾令賈逵撰齊、魯、韓詩與毛詩異同。
毛詩傳十卷	馬　融	佚	雖治毛詩，但不株守毛詩義。今有輯佚本。

毛箋二十卷、詩譜三卷	鄭　玄	存	詩譜已亡佚，但有輯本。
詩傳	荀　爽	佚	
魯詩、許氏章句	許　晏	佚	
韓詩章句	杜　瓊	佚	

七、兩漢禮經傳授系統表：（參考授經圖）

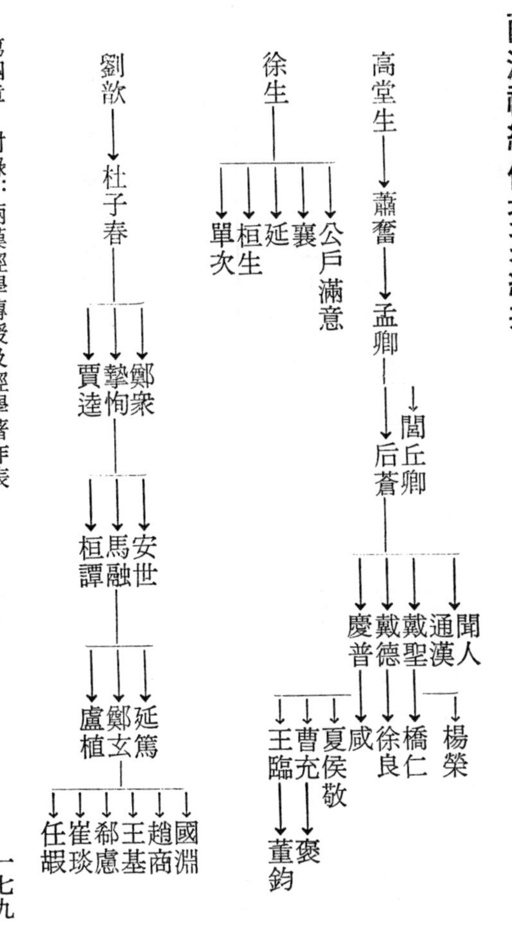

八、兩漢三禮著作表：

㈠西　漢

書名	作者	存佚	備注
禮古經五十六卷，經（十七）篇	后氏、戴氏	殘存	卽出自孔壁者。
記百三十一篇	戴德、戴聖	殘存	班固認爲是七十子後學者所記。
明堂陰陽三十三篇		佚	班固認爲是記古明堂之遺事。
王史氏二十一篇	王氏	佚	王氏班固認爲是七十子後學者。師古引劉向別錄指其爲六國時人。
曲臺后倉九篇	后倉	佚	本書可能是屬射禮。
中庸說二篇		佚	師古云：「今禮記有中庸一篇，亦非本禮經，蓋此之流。」
明堂陰陽說五篇		佚	
周官經六篇		存	師古注：「卽今之周官禮也，亡佚冬官，以考工記充之。」
周官傳四篇		佚	本書爲西漢傳周官經者所爲。馬氏有輯本一卷。

軍禮司馬法百五十五篇		殘存	顧實云：「七略本列在兵權謀家。」
古封禪羣祀二十二篇		佚	顧實認爲史記封禪書有取資本書者。
封禪議對十九篇		佚	班固指出是劉帝時所作。
漢封禪羣祀三十六篇		佚	
議奏		佚	本書應屬石渠議禮，馬國翰有石渠禮論輯佚一卷。

(二)東漢

周官注	杜子春	佚	杜氏爲劉歆弟子。
周禮解詁	鄭興、鄭衆	佚	鄭玄周禮注稱興爲鄭大夫，衆爲鄭司農。
周禮解詁	衞宏	佚	
周官訓詁	張衡	佚	衡字平子，南陽西鄂人。
周官傳十二卷	馬融	佚	孔穎達稱馬融爲周官作注，已具載周官本文。
周禮難	臨碩	佚	臨碩有作林碩者。

周官禮注十二卷、周官音一卷、答臨碩周禮難	鄭玄	存	鄭玄周官音見陸德明經典釋文。
儀禮注十七卷、儀禮音一卷	鄭玄	存	隋志云：「古經十七篇惟鄭注立於國學，其餘並多散亡。」
喪服經傳注一卷	馬融	佚	
喪服譜注一卷 喪服變除一卷	鄭玄	佚	顧懷三補志又錄有鄭玄喪服經傳一卷。
後定喪服一卷	劉表	佚	隋志作喪禮一卷。
慶氏禮章句辯難	曹充	佚	充爲曹褒之父。家傳禮慶普之學。
通義十二篇、演經雜論百二十篇	曹褒	佚	曹褒魯人。
禮略二卷月令章句	景鸞	佚	後漢本傳稱其撰禮內外記。
禮記注	馬融	佚	
禮記解詁二十卷	盧植	佚	
禮記注二十卷、禮記音一卷 禮議二十卷	鄭玄	存	
月令章句十二卷	蔡邕	佚	
禮傳	荀爽	佚	

三禮目錄一卷	鄭　玄	存	
三禮圖九卷	鄭玄、阮諶等	佚	
謚法注三卷	劉　熙	佚	
周官解詁	胡　廣	佚	顧懷三補注未錄。
喪服要記一卷	蔣　琬	佚	
喪服集圖一卷	譙　周	佚	
禮記注	高　誘	佚	藝文類聚曾引高誘禮記注。
禮記雜記一卷	鄭小同	佚	小同爲鄭玄之孫。
三禮傳	李　撰	佚	
禮記注三十卷	孫　炎	佚	又作二十九卷。

九、兩漢樂著作表：

(一)西　漢

書名	作者	存佚	備註
樂記二十三篇		殘存	旨在記樂之義。姚明煇漢志注解云：「今入小戴記。」
王禹記二十四篇	王禹	佚	
雅歌詩四篇		佚	
雅琴趙氏七篇	趙定	佚	班固稱趙定爲勃海人。
雅琴師氏八篇	師中	佚	班固稱中爲東海人，師曠之後。
雅琴龍氏九十九篇	龍德	佚	班固稱德爲梁人。

(二)東　漢

書名	作者	存佚	備註
樂元起二卷	桓譚	佚	

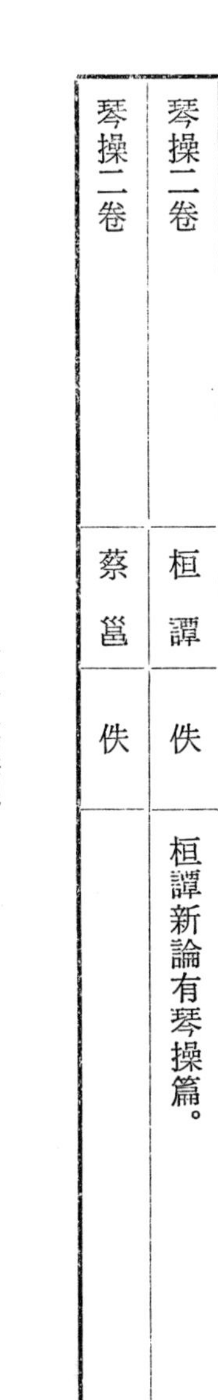

琴操二卷	桓譚	佚	桓譚新論有琴操篇。
琴操二卷	蔡邕	佚	

十、兩漢春秋經傳授系統表：（參考授經圖）

(一)左傳傳授系統：

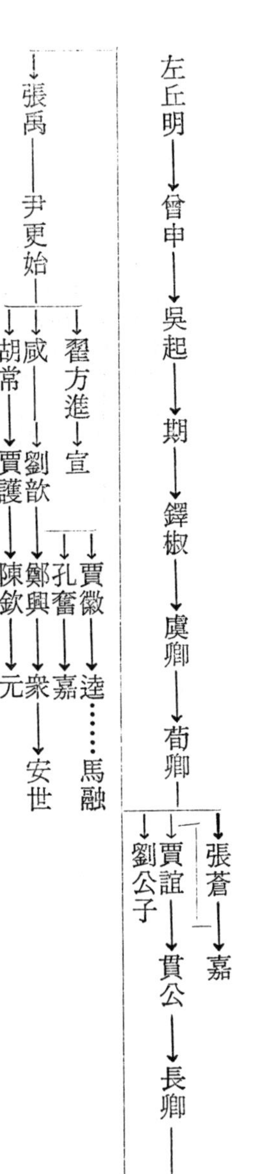

(二)公羊傳傳授系統：

公羊高→平→地→敢→壽

→胡母生

→公孫弘

→嬴公→孟卿

→貢禹→堂谿冥→冥都

→眭孟

→疏廣→筦路→孫寶

→董仲舒

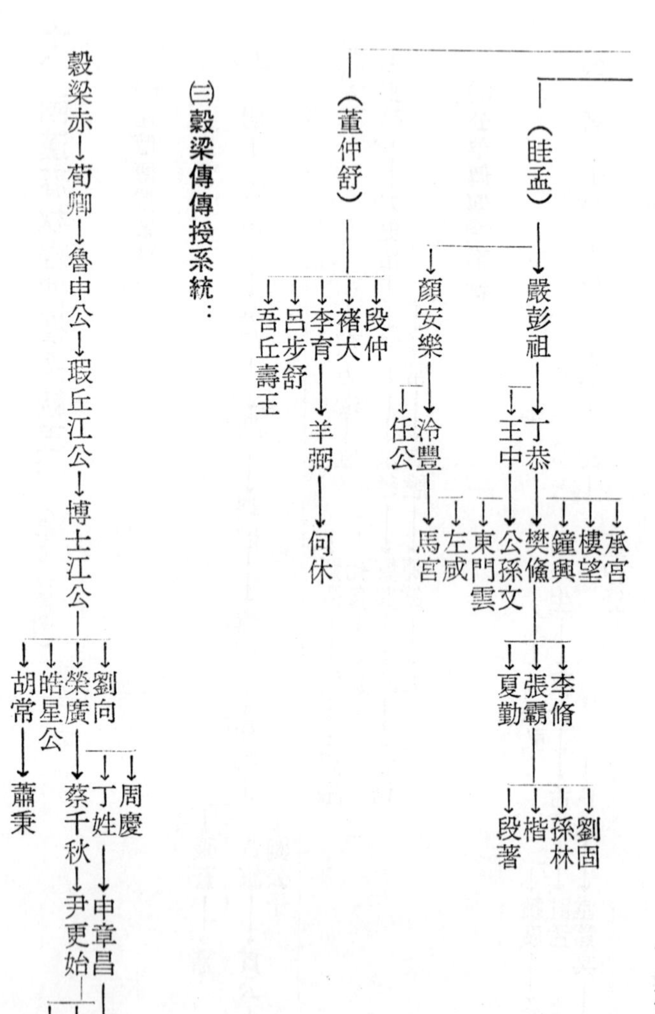
（眭孟）→嚴彭祖→丁恭→樊儵→李脩、張霸、夏勤
張霸→劉固、孫林、楷、段著
丁恭→承宮、樓望、鍾興
嚴彭祖→王中→公孫文、東門雲
（眭孟）→顏安樂→泠豐→馬宮、左咸
顏安樂→任公
（董仲舒）→段仲、褚大、李育、呂步舒、吾丘壽王
李育→羊弼→何休
㈢穀梁傳傳授系統：
穀梁赤→荀卿→魯申公→瑕丘江公→博士江公
博士江公→劉向、榮廣、皓星公、胡常
榮廣→周慶、丁姓
丁姓→申章昌→翟方進
榮廣→蔡千秋→尹更始→咸、房鳳→侯霸
胡常→蕭秉

十一、兩漢春秋經著作表：

(一)西漢

書名	作者	存佚	備注
春秋古經十二篇、經十一卷	孔子	存	卽古本春秋經自爲一帙。
左氏傳三十卷	左丘明	存	魯人。
公羊傳十一卷	公羊子	存	齊人。
穀梁傳十一卷	穀梁子	存	魯人。
鄒氏傳十一卷	鄒氏	佚	沒有師傳。
夾氏傳十一卷	夾氏	佚	班固云：有錄無書。
左氏微二篇	左氏	佚	顏氏稱在釋左氏之微指，但沈欽韓漢書疏證卻認爲它是春秋之支別。
鐸氏微三篇	鐸椒	佚	鐸椒爲楚太傅。
張氏微十篇	張氏	佚	沈欽韓疑張氏卽張蒼。

虞氏微傳二篇	虞　卿	佚	虞卿爲趙相。亦專爲左氏學。
公羊外傳五十篇		佚	錢大昭漢書辨疑云：「其書不傳，大約似韓詩外傳。」
穀梁外傳二十篇		佚	
公羊章句三十八篇		佚	
穀梁章句三十三篇		佚	釋文序錄有尹更始穀梁章句十五卷。
公羊雜記八十三篇		佚	
公羊顏氏記十一篇	顏安樂	佚	熹平石經公羊碑有顏氏說。
公羊董仲舒治獄十六篇	董仲舒	佚	王謨、馬國翰、洪頤煊有輯本。
議奏三十九篇		佚	屬石渠論。

(二)東　漢

春秋旨義終始論	王　睦	佚	
春秋左氏條例二十一卷	賈　徽	佚	

春秋左氏訓詁	陳　元	佚	有作春秋左氏同異者。
春秋左氏刪三十一卷	孔　奇	佚	
春秋左氏條例章句訓詁	鄭　興	佚	
春秋左氏傳條例九卷	鄭　衆	佚	
春秋左氏長經章句二十卷	賈　逵	佚	
春秋左氏解詁三十卷	賈　逵	佚	
春秋三家經本訓詁十二卷	賈　逵	佚	
春秋釋訓一卷	賈　逵	佚	
春秋左氏說	孔　嘉	佚	
春秋三傳異同說	馬　融	佚	從書名看來似三家之折衷，但侯康認爲其所釋者以左氏爲多。
春秋訓詁	劉　陶	佚	
春秋左氏注	延　篤	佚	釋文序錄稱延篤受學於賈逵之孫伯升。
春秋左氏分野一卷、春秋十二公名一卷、駁何氏漢議二卷	鄭　玄	佚	

春秋左氏傳解誼三十一卷	服虔	佚	
春秋左氏膏肓釋痾十卷	服虔	佚	
春秋漢議駁二卷、春秋塞難三卷、春秋音隱一卷	服虔	佚	
春秋雜議難五卷	孔融	佚	
春秋左氏傳注五卷	彭汪	佚	
春秋左氏傳注	許淑	佚	
春秋釋例十卷	潁容	佚	王謨有輯本。
左氏釋	謝該	佚	
春秋左氏達義一卷	王玢	佚	
嚴氏春秋章句	鍾興定	佚	
刪定嚴氏春秋章句	樊儵	佚	
減定嚴氏春秋章句	張霸	佚	
難左氏義	李育	佚	李育以今文公羊說攻擊古文左氏說。

春秋外傳十二篇、改定春秋章句	楊終	佚	
解疑論	戴宏	佚	
春秋公羊解詁十一卷	何休	存	
公羊墨守十四卷 左氏膏肓十卷 穀梁廢疾三卷	何休	佚	
春秋漢議十三卷	何休	佚	
春秋公羊文謚例一卷	何休	佚	
春秋公羊傳條例一卷 春秋議十卷	何休	佚	
公羊問春秋條例	荀爽	佚	
春秋穀梁傳注十四卷	段肅	佚	

十二、漢代論語傳授表：

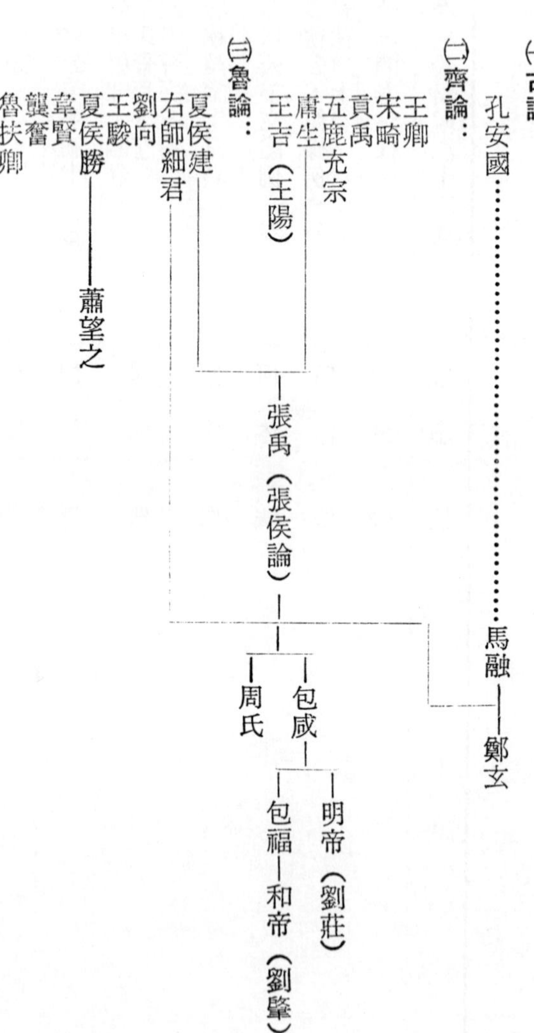
(一)古論：
孔安國
馬融
鄭玄
(二)齊論：
王卿
宋畸
貢禹
五鹿充宗
庸生
王吉（王陽）
(三)魯論：
夏侯建
右師細君
劉向
王駿
夏侯勝
蕭望之
韋賢
龔奮
魯扶卿
張禹（張侯論）
包咸
周氏
明帝（劉莊）
包福
和帝（劉肇）

十三、漢代論語著述表：

(一)西漢

書名	作者	存佚	備注
論語古二十一篇		佚	班固稱其出自孔壁，有二子張篇。
齊二十二篇		佚	班固指出多問王，知道二篇。
魯二十篇、傳十九篇		魯存 傳佚	班固稱是解釋論語意者。王應麟認爲即今所行之篇次。
齊說二十九篇	王陽	佚	王先謙漢書補注「吉傳云：王陽說論語，即此者誤也。」
魯夏侯說二十一篇	夏侯氏	佚	夏侯氏即夏侯勝，曾受詔撰尚書、論語。
魯安昌侯說二十一篇	張禹	佚	可能即鄭注、何氏集解所據之本，但多一篇。
魯王駿說二十篇	王駿	佚	駿顏師古注稱王吉子。
燕傳說三卷		佚	
議奏十八篇		佚	班固注稱是石渠論。

孔子家語二十七卷		佚	顏師古注云：非今所有家語。
孔子三朝七篇		佚	顏云：今大戴禮有其一篇。蓋孔子對魯哀公語也。
孔子徒人圖法二卷		佚	

(二)東　漢

論語類章句	包　咸	佚	部分蒐入何晏集解中
論語類章句	周　氏	佚	部分蒐入何晏集解中
論語訓	馬　融	佚	部分蒐入何晏集解中
論語注	何　休	佚	部分蒐入何晏集解中
論語注十卷、論語釋義一卷、論語孔子弟子日錄一卷	鄭　玄	佚	部分蒐入何晏集解中

十四、兩漢季經傳授表：

孝經（秦燔書）
- 今文顏芝—顏貞
  - 長孫氏
  - 江聲
  - 后蒼……鄭玄
  - 翼奉
  - 張禹
- 古文孔壁（孔安國）魯三老獻
  - 劉向（←顏芝）
    - 馬融→鄭玄
    - 衞宏—許愼　許沖
    - 鄭衆

十五、兩漢季經爾雅著作表：

(一)西漢

書名	作者	存佚	備注
孝經古孔氏一篇		佚	共二十二章。

孝經一篇		存	班固稱十八章，爲長孫氏、江氏、后氏、翼氏四家所傳。
長孫氏說二篇	長孫氏	佚	馬國翰輯有孝經長孫說一卷。
江氏說一篇	江氏	佚	王先謙漢書補注：博士江公著孝經說。
翼氏說一篇	翼氏	佚	翼氏卽翼奉，爲后倉弟子。
后氏說一篇	后氏	佚	馬國翰輯有孝經后氏說一卷。
雜傳四篇		佚	王應麟漢書考證云：「蔡邕明堂論引魏文侯孝經傳，蓋雜傳之一也。
安昌侯說一篇	張禹	佚	馬國翰輯有安昌侯說一卷。
五經雜議十八篇		佚	本書屬石渠論，附有爾雅、小爾雅諸經通訓等。
爾雅三卷二十篇		存	今傳只有十九篇。
小爾雅一篇、古今字一卷		存	錢大昕漢書考異云：「此書依附爾雅而作，本名小雅，後人僞造孔叢，以此篇竄入。」
犍爲文學爾雅注三卷	犍爲文學	佚	馬國翰輯一九三條，黃奭輯二三三條，王謨輯一六八條，張澍蜀典輯二四二條。
爾雅注三卷	劉歆	佚	陸氏釋文云：「與李巡注正同疑非歆著。」

(二)東漢

書名	作者	存佚	備註
孝經注一卷	鄭衆	佚	
孝經注一卷	風融	佚	
孝經注	何休	佚	
孝經注一卷	鄭氏	佚	
孝經解	高誘	佚	
孝經注一卷	劉熙	佚	
爾雅注三卷	樊光	佚	首見隋志釋文，釋文作六卷。馬、黃有輯本。
爾雅注三卷	李巡	佚	馬國翰、黃奭有輯本。

第五章　經學中衰與南北對立

東漢末年，由於諸帝年幼，政治不修，外戚、宦官爭權，社會混亂，相繼有黃巾賊、董卓之亂。後來曹操遷獻帝於許昌，並自立爲丞相。到了建安二十五年（西元二二〇），操死，子丕遂廢獻帝自立，是爲魏王，改元黃初。第二年劉備亦卽帝位於四川，建國號蜀，魏並册封孫權爲吳王，於是天下鼎立爲三。陳留王景元四年(西元二六三)，魏鄧艾、鍾會率兵南下，蜀漢降。不久司馬炎篡魏，建國號晉，改元泰始(西元二六五)。武帝太康元年（西元二八〇）南下滅東吳，天下復歸統一。但傳國不到五十年，在愍帝建興四年（西元三一六），胡人劉曜陷長安，西晉亡。瑯琊王睿旋卽位江左，改元建武（西元三一七），史稱東晉，暫時偏安江南。而入侵北方的有匈奴、鮮卑、氐、羌、羯五族，他們也彼此互相傾軋，形勢更是一片混亂。

南方的東晉，政局一直未穩定，終於在宋武帝永初元年（西元四二〇），劉裕廢晉帝自立，卽爲南朝的開始。齊高帝建元元年（西元四七九），蕭道成篡宋，梁武帝天監元年（西元五〇二），蕭衍又篡齊，陳武帝永定元年（西元五五七），陳霸先又廢梁王自立，這是南方政權遞變的情形。至於北方，則在宋文帝元嘉十六年（西元四三九），拓跋燾統一江北，是爲北魏太武帝，這也就是所謂的北朝，於是南北朝遂形成對立的局面。到了梁武帝中大通六年（西元五三四），北魏高歡造反，孝武帝奔走長安，歡別立孝靜帝，改元天平，史稱東魏；梁簡文帝大寶元年（西元五五〇），歡子高洋篡東魏，改國號齊，史稱北齊。另一方面，當孝武帝奔長安不久，就被宇文泰所殺，在梁武帝大同元年（西元五三五），另立文帝，是爲西魏。陳武帝永定元年（西元五五七），西魏宇文覺廢其主自立，是爲北周，陳宣帝太建九年（西元五七七），北周滅北齊，北方又歸一統。到了太建十三年（西元五八一），北周相國楊堅，廢其主自立，國號隋，改元開皇，九年（西元五八九）率兵南下滅陳，於是南北又形成大一統的局面。總計由曹丕篡漢（西元二二〇），至隋文帝滅陳，前後三百七十餘年，這一階段可說是中國歷史上最混亂的時代之一，但在學術、文化上卻是一大融合的時期，然就經學的發展而言，算是較爲暗淡的一個階段，三國志魏志卷十三裴松之注引魚豢魏略云：

> 正始中，有詔議圜丘，普延學士。是時郎官及司徒領吏二萬餘人，雖復分佈，見在京師者尚且萬人，而應詔與議者，略無幾人。又是時朝堂公卿以下，四百餘人，其能操筆者未有十人，多皆相從飽食而退。

由此可見當時學術風氣之一斑。不過在這三百多年間的經學，上承東漢經注之學，下啓隋唐經籍義疏之先河。它與春秋時代相比，春秋時代是屬學術的開創期，而魏晉南北朝則爲學術融合的轉變期。在經學研究成果上，雖比不上兩漢，但仍有不少著作，是不容忽視的。

一、經學中衰的原因

兩漢經學的發展，到了東漢鄭玄已達極致。東漢靈帝熹平四年（西元一七五），在洛陽大學門外立了石經，爲經學樹立標準本，過此以後，由於社會、政治及其他的種種因素，使研經風氣逐漸消沉，其主要原因，不外下面幾點：

㈠經學過度發展的反響

一般文學或學術的發展，常有高低潮的起伏現象，任何事情由發生一直到過了高原期以後，勢必會走下坡。而經學盛行於兩漢，前漢重視今文學，到了向、歆時，經學又分化出古文學，東漢時古文經學大興，鄭玄出，今古文又趨合流。兩漢四百多年間，出了不少的經學大師，在他們的努力下，給經學建立了崇高的地位。但事窮則變，經學過了此期，在傳注的工夫上可說是成了強弩之末，開始慢慢走向衰境。再加上時局的動盪不安，一般學者無法專心從事學術研究，於是治經的風氣終失去了原有的燦爛。

㈡漢末黨錮之禍的刺激

自東漢光武帝提倡經學，獎勵士節，以敦厚社會風俗後，一般士人重視名節，操守淸廉。往好的方面說，不少讀書人都具有殉道的壯烈精神，敢與惡勢力互相抗衡；但往另一方面看，他們喜以名節自高，而養成一種狷介的酸氣。這種風氣到了東漢中葉以後，逐漸形成三種不同類型的讀書人：一種是激進派，他們都是朝廷的公卿正士，誓死與惡勢力相鬪。二為退隱派，面對當時腐敗的政局，自認無法挽回狂瀾於既倒，於是隱遁江湖，絕意仕途，或閉門講學，以此終老。三為清議派，他們不積極謀求參與政局，但以澄清天下為己任。這三種人都自命為清流，與當時宦官，或一些逢迎權勢無恥的讀書人等濁流相對抗。（註一）和帝以後，清流與濁流之間的裂縫加深，衝突增劇，而這些清議的領導人便是太學生郭泰、賈彪，他們極力的歌頌推戴公卿名士太尉陳蕃，以及司隸校尉李膺，當時有所謂三君、八俊、八顧、八廚，（註二）其中有不少是經學家，對於囂張的宦官，施以嚴厲的言論制裁。靈帝建寧元年（西元一六八），陳蕃勸竇武，準備誅滅宦官，結果事發，竇武自殺，陳蕃也被閹黨所害，陳、竇的門生故吏連累被禁錮的為數相當可觀，這是第一次黨錮之禍。建寧二年（西元一六九），中常侍侯覽怨恨張儉，宦官又藉機誅除異己，被害者有李膺、杜密、范滂等百餘人，流徙禁錮者六、七百人，是為第二次黨錮之禍。熹平元年（西元一七二），又拘捕太學生一千餘人。熹平五年（西元一七六）再申黨禁。經過這幾次黨錮的迫害，讀書人殺的殺，關的關，流徙的流徙，如此的戕害讀書人，這是對學術界的一大打擊，因此很多人不敢再談學問，也直接影響到經學的研究。

㈢由於當時政局不穩定

穩定的社會，有助於學術的研究與弘揚。但自東漢以來，因皇帝年幼，宦官、外戚相互傾軋，黨錮連年，羣雄割據，終導至東漢的滅亡。接着三國鼎立，後來晉武帝雖統一了天下，可是不過五十年，胡人入侵，造成東晉偏安的局面，不久又演變成南北朝相對峙，整個情況與戰國時代相似，各代君王都忙於應付內憂外患，除了少數幾個君王在學術上稍有建樹外，其他都忙於政治鬥爭，那有心情和空暇去鼓勵人民從事學術研究？這也是這個時期經學研究之所以衰退的客觀原因。

㈣玄談風尚的直接影響

東漢時的桓譚、王充、王符、張衡等思想家，多少都帶點自然主義的色彩，又由於朝廷政治的腐敗，不斷的戰爭，社會的混亂，民生疾苦，骨肉流離。現實的環境，帶給人莫大的刺激與壓力，於是一些有心之士，抱着「苟全性命於亂世，不求聞達於諸侯」的心情，只好退避山林，不問世事；或裝瘋賣傻，以求自全。這時老莊思想又再度蓬勃起來，加上佛學的輸入，對社會已產生普遍的影響，因此，有一部份的人，由清議而轉變成消極的玄談，而經學必須講求入世致用，兩者在基本上有所衝突，所以魏晉六朝玄風對經學的發展，和說經的內容都有直接的影響。

㈤唯美文風的負面作用

先秦時代，有關文學觀念還相當模糊。那時所謂的文學是指文字所記載的著述，與今天所謂文學的定義並不相等。它的含義較廣，凡羣經諸子何嘗不是文學。到了兩漢，文學的觀念已漸具體，如揚雄稱「好作辭賦，壯夫不爲」，他所說的辭賦，指的就是後人所謂的純文學作品。司馬遷、班固對文學、文章也作了區別，以羣經六藝爲「學」或「文學」；以文辭優美，情思動人的，稱之爲「文」或「文章」。如漢書張湯傳：「是時上方鄉文學，湯決大獄，欲傅古義，乃請以博士弟子治尙書、春秋，補廷尉史。」此「文學」卽指羣經而言。而於公孫弘傳贊則云：「文

章則司馬遷、相如」又云：「劉向、王褒以文章顯」，此「文章」當指辭賦而言。（註三）

那時的一些經學家，也常常都是文士，如董仲舒、劉向、劉歆、馬融、鄭玄……等，無不是辭賦的能手。到了魏晉六朝，文學才眞正的獨立，許多的文學理論也逐漸成熟，文學與經、子才分道揚鑣，如蕭統所編的文選，凡經、子一概不選，如此作法，在純文學的立場，是有相當改變的。又那時的文風特盛且走上唯美路途，於是一些讀書人便轉向詞章方面下功夫，因治學重點的轉移，在經學成就上自然無法與前代相比。另外在解經的文詞上，也多少會受到時風的影響。如有些著作在詞藻上，比起兩漢就要華麗得多。

二、東漢末三國初的荊州經學

荊州乃古九州之一，東漢末年，劉表曾任荊州刺史，治襄陽，卽今湖北的襄陽縣治。在東漢末、三國初，有許多學者薈萃於此，在經學的研究上也有相當的成就。後漢書卷七十四下劉表傳云：

劉表字景升，山陽高平人，魯恭王之後也。……與同郡張儉等俱被訕議，號為八顧。詔書捕案黨人，表亡走得免。……初平元年（西元一九〇）……詔書以表為荊州刺史。……及李傕等入長安，冬，表遣使奉貢。傕以表為鎮南將軍，荊州牧，封成武侯。……（建安）三年（西元一九八）……於是開土遂廣，南接五領，北據漢川，地方數千里，帶甲十餘萬。初，荊州人情好擾，加四方駭震，寇賊相扇……表招誘有方，威懷兼洽，其姦猾宿賊更為效用，萬里肅清，大小咸悅而服之。關西、兗、豫學士歸者蓋有千數，表安慰賑贍，皆得資全。遂起立學校，博求儒術，綦毋闓、宋忠等撰立五經章句，謂之後定。愛民養士，從容自保。

由於劉表的「招誘有方」，「威懷兼洽」，使各地學士「歸者蓋有千數」，然後他又「起學校」，「博求儒術」，荊州終成爲當時天下的學術重鎭。

劉表本身對經學最大的貢獻，乃在令諸儒改定五經章句，現在此書已亡佚，但從各家所引，尙能揣摩該書的大概。如清張惠言易義別錄卷十敍云：「(劉)景升章句，尤闕略難考，案其義，于鄭（玄）爲近。……大要……費氏易也。」大體上是依據漢儒的說法，但芟除了漢儒說經的繁重，使經學趨於簡化。追隨劉表在荊州的學者，主要的還有下列幾家：

㈠宋　衷

宋衷字仲子，又作宋忠，南陽章陵人。東漢末曾任荊州劉表五等從事。他在經學的主要成就是在易經，陸德明經典釋文敍錄著錄有宋衷周易注九卷。三國志虞翻傳注引虞翻別傳說：「經之大者，莫過於易。……若乃北海鄭玄、南陽宋忠（衷），雖各立注，忠小差玄而皆未得其門，難以示世。」宋氏除作周易注外，據侯康補後漢書藝文志尙有太玄經注九卷、法言注十三卷等。

㈡王　粲

粲爲王暢之孫，在董卓亂西京的時候，乃往荊州依靠劉表。顏之推曾提及王粲有難鄭玄尙書事，家訓卷三說：「吾初入鄴，與博陵崔文彥交游，嘗說王粲集中難鄭玄尙書事。」但王氏在經學上並無傳世之作。

㈢尹　默

三國志蜀書尹默傳：「尹默字思潛，梓潼涪人也。益部（益州）多貴今文而不崇章句，默知其不博，乃遠游荊州，從司馬德操、宋仲子等受古學。皆通諸經史，又專精於左氏春秋，自劉歆條例，鄭衆、賈逵父子、陳元、服虔注說，咸略誦述，不復按本。先主定益州，領牧，以爲勸學從事。及立太子，以默爲僕射，以左氏傳授後主。後主踐阼，拜諫議大夫。丞相亮住漢中，請爲軍祭酒。亮卒，還成都，拜太中丈夫，卒。子宗傳其業，爲博士。」從三國志本傳知尹默原籍益州，曾游學荊州，擅長左氏春秋。

㈣李仁、李譔

李仁、李譔爲父子。華陽國志卷十下云：「李仁字德賢，涪人也。益都多貴今文，而不崇章句。仁知其不博，乃游學荊州，從司馬德操、宋仲子受古學，以脩文自終也。」三國志蜀書李譔傳又說：「李譔字欽仲，梓潼涪人也。父仁……與同縣尹默俱游荊州，從司馬徽、宋忠等學。譔具傳其業，又從默講論義理，五經、諸子，無不該覽，……延熙元年（西元二三八），後主立太子，以譔爲庶子，……著古文易、尚書、毛詩、三禮、左氏傳、太玄指歸，皆依準賈、馬，異於鄭玄。與王氏（肅）殊隔，初不見其所述，而意歸多同。」姚振宗所補三國志藝文志著錄有李譔古文易注解、尚書注、毛詩注、三禮注、春秋左氏傳指歸等，惜書今皆亡佚。

㈤王　基

王基，山東東萊人（西一九〇——二六一），曾任征東征南將軍，都督揚州、荊州諸軍事。著有毛詩駁五卷。主要是持鄭玄詩箋之義，與王肅相抗衡。

除上述諸人外，根據文獻尚有一些學者，都曾在荊州游動過，但因無具體的經學著作可陳，故不再分別記述。不過荊州經學對三國、兩晉的學術，具有相當深遠的影響。如宋衷的周易注，王粲的尚書問，對日後的王肅、王弼、虞翻、陸績等，都有直接或間接的關係。大抵說來，兩漢經學到了鄭玄已形成了大一統的局面，而荊州經學便是此大一統局面動搖的開始。

三、三國兩晉經學的重要著述

三國、兩晉有關經學著作，見於侯康及姚振宗所補三國志藝文志，以及吳士鑑、丁國鈞、秦榮光、黃逢元、文廷式所補晉書藝文志，朱彝尊經義考，也著錄了不少本期的著作。可惜這些書大都已亡佚，今存或有佚文可考見者，重要的有下列諸書：

(一)易　經

魏晉易學，有因循漢孟喜、京房象數易的，有以言玄理爲主的，也有與王弼、何晏之說相近的，另外別立旗幟的有王肅易學等四派：

1. 因循漢孟、京象數易者

(1)虞翻　周易注九卷（隋書、舊唐書經籍志、新唐書藝文志均作九卷，經義考作十卷）

虞翻字仲翔，東吳會稽餘姚人，（西元一七〇—二三九）。傳孟喜之學，宏揚卦變、互體、納甲之說。

(2)董遇　周易章句十二卷

董遇字季直，弘農華陰人。曾任魏侍中、大司農。（西元一八七？—二三九？）其說易受鄭玄、荀爽、虞翻的影響很大，並特別突出象數易，間陳新義，創大衍論及體用說。

(3)陸績　周易注十五卷（經典釋文敍錄作十二卷）

陸績字公紀，東吳吳郡人，（西元一八八—二一九）深受兩漢象數易的影響，注易頗有新見。

(4)姚信　周注易十二卷

姚信字德祐，東吳吳興人，（西二〇七？—二六七）其注易守孟喜之說，並糾正虞翻易說的錯誤。

(5)蜀才　周注易

蜀才，不知何許人，有人說是王弼的後人，也有人說是蜀之譙周，或是范長生。本書的特色是在整合荀爽、虞翻二家的卦變，並以陰陽的消息，闡揚孟氏易學。

(6)干寶　周易注十卷

干寶字令升，東晉新蔡人，著作甚豐。其注易常取殷周的史實，以證諸卦爻之義。又因易理體變無常，應化無方，所以其易學，旨在把它實際應用於占術上。

2.以玄理說易者

(1)何晏　周易解（馬國翰輯本一卷作周易何氏解，中央圖書館中國歷代藝文總志作周易說，不著卷數）

何晏字平叔，魏南陽宛人。（西元？—二四九）他好玄理，喜談老莊。惜其所著周易解，今僅見佚文四條，大體仍依一般說解，並無玄趣。

(2)王弼　周易注六卷

王弼字輔嗣，魏山陽高平人。（西元二二六—二四九）弼有關易學著作甚多，除本書外，尚有易略例一卷、大衍論三卷、周易窮微一卷、易辯一卷。王氏說易參以老莊，以「無」爲天地之心，述爻象之理，一掃漢儒象數之說，尚名理，這與時風有關。易學的轉變，王注扮演極重要的角色。

3.王弼、何晏支派

(1)韓康伯　周易繫辭注二卷

康伯本名伯，晉穎川人。（西元三三二—三七九）說易承王弼說，以「無」爲體，以「用」爲顯，闡明易理。

(2)王廙　周易注十二卷

王廙字世將，東晉琅琊臨沂人。（西元二七六—三二二）注易雖主王弼之玄理，但亦兼採漢象數易之說，無創意新見。

(3)黃穎　周易注十卷

說。

黃穎，晉南海人。本書的特色是：立說平實，訓詁有據，不取象數，完全傾向於王、何之說。

(4)桓玄 周易繫辭注二卷

桓玄字敬道，譙國龍亢人。（西元三六九—四〇四）今僅存佚文三條，大概亦屬王、何一派。

(5)張璠 周易集解十卷（經典釋文敍錄作十二卷）

張璠，東晉安定人。其依向秀本，集鍾會以來二十二家之易注。大抵亦屬王弼一派。

4.王肅易學

王肅，魏人。（西元一九五—二五六）著有周易注十卷。其說平實有據，不採象數，今書亡佚，馬國翰輯有佚文，其序錄云：「肅注在魏立學，卓著盛名，文字解說，雖與康成殊異，要皆有據。朱子本義，每稱王肅本，蓋深有所取也。」

(二)詩　經

本期詩學，大概可分為毛氏派、王肅派、鄭學派三支：

1.毛氏派

(1)韋昭、朱育等撰 毛詩答雜問四卷

韋、朱皆為吳人。韋昭字弘嗣，籍吳郡雲陽（西元二〇四—二七三）；朱育，籍山陰。從本書佚文看來，大概在申述毛傳之義，但不廢鄭箋。

(2)陸機　草木鳥獸蟲魚疏二卷

陸機（原作璣）字元恪，吳人。與晉初詩人陸機（字士衡）並非同一人。本書旨在釋詩經之名物，以疏毛傳爲主，是爲毛詩博物學派的開端，後世詩家有辨證名物一派，也是從陸機開始，如宋蔡卞有毛詩名物解、清俞樾有詩名物證古等，都是受陸機的影響。

(3)郭璞　毛詩拾遺一卷

郭璞字景純（西元二七六—三二四），東晉時人。籍河東聞喜，璞好經術，又精爾雅，本書依據名實，分辨諸家說詩之異同。

2.王肅學派

(1)王肅　毛詩注二十卷

王肅除毛詩注外，尚有毛詩義駁八卷、毛詩問難二卷、毛詩奏事一卷、毛詩音等書。其注詩經兼採今古文，述毛非鄭，但間亦有與毛傳相異者。義駁一書則旨在攻鄭，其說亦平實有據，非全屬臆說也。奏事一書則在駁鄭箋之從緯說者，情理兼具，並非像一般人所說的，屬意氣用事。至於問難，明顯的是在難鄭而申毛。

(2)孫毓　毛詩異同評十卷

孫毓字仲，魏泰山人。本書主要在辨析三家異同，以及評毛、鄭、王三家詩說之得失，後人雖把它歸於申王一派，其實從佚文來看，很多仍然採用鄭箋的說法。例如詩小雅六月序云：「宣王北伐也。」鄭箋以爲獨遣吉甫，而王不親行。王肅則云宣王親伐。毛詩正義引孫毓評云：「此篇王不自行，鄭說爲長。」像這樣的例子並不在少數。

3. 鄭氏學派

(1)王基　毛詩駁五卷（隋志云一卷）

王基，字伯輿，魏人。屬荆州派經學家，本書亡佚甚久，今可考見者不多。主要在駁王肅，申鄭義，其說雖有根據，但難免流於一偏之見。

(2)陳統　難孫氏毛詩評四卷

陳統字元六，晉人。孫毓毛詩異同評，其評詩不廢鄭義之所長，而陳氏之難孫氏詩評，有時卻也難免有違背鄭義的地方，這種黨同伐異之見，並非出自學問之大公。

(三)書經

1. 鄭氏尚書學的反動

(1)王肅　尚書注十一卷

王肅書學除本書外，尚有尚書駁議五卷、尚書義問三卷。王氏所注尚書雖爲今文，但解說卻與古文相類。其難鄭之處，十分明顯。例如尚書堯典：「曰若稽古帝堯，曰放勳。」孔穎達尚書正義引鄭玄注云：「稽，同也；古，天也。言能順天而行之，與之同功。」三國志魏志引王肅注云：「堯順考古道而行之。」王肅以「稽古」爲「順考古道」與鄭玄之「同天」顯然不同。

(2)范寧　古文尚書舜典注一卷

范寧字武子，東晉南陽順陽人。（西元三三九—四〇一）范書本有十卷，尚書孔傳缺舜典，俗間則取范注以補之，今從佚文考察，仍有採用馬鄭之說者。經典釋文序錄稱本書爲集解。

2. 梅賾　僞古文尚書

梅賾字仲眞，晉西平人，有作梅頤者，本書卽今十三經注疏尚書本，當時並不知其爲僞。直到宋朱熹、吳棫有了懷疑，明梅鷟尚書考異、清閻若璩古文尚書疏證、惠棟古文尚書考，才指其爲東漢梅賾所僞作。

(四)禮　經

儀禮喪服經傳，在禮經各篇中最爲重要，也最爲複雜，所以在東漢時已有專門說喪服經者，魏晉亦沿襲了前代遺風，有研治喪服專門之學。另外治周官禮、禮記者，也有少數幾家。

1. 喪服學

(1)王肅　喪服經傳注一卷

中庸說：「仁者人也，親親爲大。」禮記大傳也說：「服術有六：一曰親親，二曰尊尊…………。」王肅卽從親親之義，推及訓釋，有些訓釋皆針對鄭玄而發，如喪服齊衰杖期章曰：「父卒，繼母嫁，從，爲之服報。」傳曰：「何以期也？貴終也。」鄭注：「嘗爲母子，貴終其恩。」通典八十九引王肅注云：「從乎繼母而寄育則爲服，不從則不服也。服則報，不服則不報。」與鄭說相異，雖然王解喪服與前人之說不同，但也有不少可採之處。

(2)袁準　喪服經傳注一卷

袁準字孝尼，晉人。準書十餘萬言，今亡佚，從佚文可看出主要在申親親之大義，但卻常有駁傳疑經之處，雖然不一定黨從王肅，其實是屬於王氏之一派。

(3)孔倫　集注喪服經傳一卷

孔倫字放序，會稽人，東晉時曾任廬陵太守。集諸家有關喪服之說，明經定傳，大概比較近於鄭玄。

(4)陳銓　喪服經傳注一卷

陳銓，東晉人。其釋喪服雖然在駁鄭義，但也未必全尊王肅「親親」之路。例如喪服齊衰三月章「爲舊君」傳曰：「爲舊君者，孰謂也？仕焉而已者也。」通典卷八十九引陳銓注曰：「仕焉者，凡仕者而已者；致仕也。」卽與鄭注同。

2. 禮記學

(1)王肅　禮記注三十卷

王肅注禮記亦在弘揚「親親」之大道，因此與鄭玄「尊尊」之原則不同，於是不管在喪禮、祭祀、廟制上難鄭之處也不少。王應麟曰：「史記樂書引樂記，而注兼存王肅說，通典引大傳，亦取肅注。」(註四)

(2)孫炎　禮記注三十卷

孫炎字叔然，魏人。其注禮記常挾鄭說以駁王，但也難免有與鄭玄不同而卻取王肅之說者。

3. 周官學

魏王朗本作有周官傳，其子王肅亦有周官禮注十二卷，但今全部亡佚，無法了解其梗概。唯晉干寶有周官禮注，尚可考見少許佚文，其遺說與鄭玄有同有異，但仍脫不了魏晉儒者說經之習尚。

(五)春秋學

1. 左氏傳

(1)杜預　春秋左氏經傳集解三十卷

杜預字元凱，晉京兆杜陵人。（西元二二二－二八四）古時春秋經文與傳本分行，到杜預時才合經傳並釋之，故曰集解。但它雖名曰集解，並非集合諸家之說義。陳振孫直齋書錄解題卷三說：「專修邱明之傳以釋經，後世以爲左氏忠臣者也，其弊或棄經而信傳，於傳則忠矣！如經何？」另有釋例一書，原本亡佚，四庫館臣自永樂大典鈔出，仍釐爲十五卷而著於錄。大概在考諸家異同。杜氏解左傳與前人有很大的不同，劉師培春秋左氏傳例略說：「杜說經例，立異先儒。不以日月爲例一也，不以一字爲褒貶二也，再命書經三也，諸侯不貶爵稱人四也，書爵與否從所稱五也，書爵不同悉因時王黜陟六也，未列於會不稱君七也，盟以國地地主與盟八也，凡書敗悉以皆陣爲說九也，母弟經書公子非貶詞十也。」這些都是杜預的創發，也是杜氏對左傳的大貢獻。清顧棟高春秋大事表說：「杜氏之大有功於春秋者，以有長曆一書，列春秋年月；土地名一書，詳春秋與地爾」。算是十分客觀的論評。

(2)京相璠　春秋土地名三卷（中國歷代藝文總志作京相璠等撰）

京氏，晉人。其說土地名有與杜預相同，也有補杜氏之闕者。例如：隱四年經曰「衞人殺州吁于濮。」濮，杜預未加解釋。而水經注卷八引璠云：「濮水故道在濮陽南。」如此之例甚夥。

2. 穀梁傳

(1)糜信　春秋穀梁傳注十二卷

糜信字南山，魏東海人。其注穀梁傳，能會通三傳，發明條例，唐楊士勛疏范寧注，注有未備時，常取糜信之說以補之。

(2)徐乾　春秋穀梁傳注十三卷

徐乾字文祚，東晉人。也能會通公穀二傳，除解說經義外，尙有釋例。

(3)徐邈　春秋穀梁傳義十卷。

徐邈字仙民（西元三四四—三九七），晉東莞姑幕人，立說有據，能兼採公羊之說，辭理頗有可觀，見重於當時。

(4)鄭嗣　春秋穀梁傳說（歷代藝文總志作春秋穀梁傳鄭氏說一卷）

鄭嗣，晉人。其立義精審，辭旨明顯，有時也參考諸家異說，不太純一。又魏晉穀梁傳學者，大多經傳並釋，只有鄭嗣獨釋傳文。

(5)范寧　春秋穀梁傳集解十二卷

范寧，（西元三三九－四〇一）他蒐集了諸家之說，而間有所取舍，以成一家之學，並也能旁採杜預左氏、何休公羊之義，旁通二傳，以理之所當者爲主，而不囿於一家之說，這與杜預解左氏，何休說公羊，有很大之不同。晁公武郡齋讀書志卷一下說：「三傳之學，穀梁所得最多，諸家之解，范寧之論最善。」王熙元穀梁范注發微云：「其書（穀梁傳集解）援引漢魏諸儒及並時諸家之說甚詳，而尤尊鄭玄，蓋以鄭君家法解穀梁也。」

3.公、穀二傳之學

(1)劉兆　春秋公羊傳解詁十二卷（歷代藝文總志作春秋公羊穀梁傳十二卷晉劉兆解詁）

劉兆字延世，晉濟南東平人。其旨在會通公、穀二傳以解左氏，今考其佚文，大致平實可靠。

(2)江熙　春秋公羊、穀梁二傳評三卷

江熙字太和，東晉濟陽人。本書寫作的大旨，在批駁公、穀二傳之誤，並羽翼經義。

(六)孝　經

1.王肅　孝經解一卷

其說平實。唐玄宗御注孝經，稱肅及韋昭之孝經注，爲先儒釋孝經之領袖。

2.孫熙　孝經注一卷

有人說孫熙是三國時人，有人說是晉人，其說已不可考。

3. 韋昭　孝經解讚一卷

韋昭，東吳人。與朱育等同撰有毛詩答雜問外，又著有孝經解讚一書，其說與東漢諸儒相類似。

(七)論語學

1. 譙周　論語注十卷

譙周，魏人。佚文現存不多，難知其詳。

2. 何晏　論語集解十卷

何晏集各家論語之善者，並記其姓名，有不安者，則下己意，所引的有孔安國、包咸、周氏、馬融、鄭玄、陳羣、王肅、周生烈等人的說法，本書對後世影響很大。

3. 王肅　論語注十卷

王肅論語學，除本書外，尙有論語釋駁三卷。關於論語注，隋志已言亡佚，今根據何晏集解所引者，雖有強詞求勝之處，不過是針對鄭注而發，近人龍璋有輯本一卷。至於釋駁，主要在據馬駁鄭，其說偶有可取。

4. 周生烈　論語義說

周氏，魏人。何晏論語集解稱引其所作論語注。

5. 王弼　論語釋疑三卷

皇侃論語義疏引王弼論語說者有四十節，其說近於玄理。今有馬國翰輯本、王仁俊輯本，皆一卷。

(八)爾　雅

1. 孫炎　爾雅注七卷（兩唐志作六卷，姚振宗云爾雅音一卷並在此七卷內。）

孫氏除本書外，尚有爾雅音一卷，馬國翰稱其訓義優洽，郭璞注爾雅常依孫氏說。爾雅音已採用反切注音。

2. 劉劭　爾雅注

三國志本傳不云劉劭作有爾雅注，只在唐徐堅初學記引有一條，可能有誤。

3. 郭璞　爾雅注五卷

晉郭璞注爾雅，主要承襲孫炎、李巡、樊光、舍人等家說法。陸德明經典釋文稱其洽聞強識，詳悉古今。所以本書甚受後人重視。黃季剛在爾雅略說中，曾說郭注有五長二短。（註五）

四、王肅之經學

代表漢魏之際的經學大師，便是王肅。肅東海郯人（山東郯城縣），父朗，也是經學名家，他生於漢獻帝興平二年（西元一九五），死於魏高貴鄉公甘露元年（西元二五六），享年六十二。著述甚豐，三國志魏志傳云：「肅善賈、馬之學，而不好鄭氏，采會同異，爲尙書、詩、論語、三禮、左氏解，及撰定父朗所作易傳，皆列於學官。」今見於隋書經籍志者，共有下列諸書：

周易十卷　周易音一卷　（本書不見於隋志，見于侯康補三國藝文志）

尙書書傳十一卷　尙書駁議五卷

毛詩注二十卷　毛詩義駁八卷　毛詩奏事一卷　毛詩問難二卷

周官禮十二卷　禮記注三十卷　儀禮注十七卷　喪服經傳一卷　喪服要記一卷　禮記音一卷

明堂議三卷

春秋左氏傳三十卷　春秋外傳章句一卷

孝經一卷

論語釋駁三卷　孔子家語二十一卷　論語注十卷

聖證論十二卷

可稱得上是著作等身，其重要著作的大旨，前節已略有論述，由於他對時人所尊敬的鄭玄，做了強烈的抨擊，因此不免激起後世學者對他的反感，所以王肅在學術界可說是毀譽參半。至於有關他說經的特色，可用下列數點來加以說明：

㈠非難鄭玄

王肅注經，大都以鄭玄爲主要目標，有人說他爲了駁鄭玄，還僞作孔子家語、古文尙書孔傳、聖證論等書，來做爲立論的根據，這也是最受後人指責的地方。但王肅之所以非難鄭玄，並非無原因，一來羣經乃是人生的指導原則，說經難免隨時代、政局、學術思潮等改變，而有不同的解說。二來由於各人觀點不一，見仁見智之處，難以避免；以詩經來說，鄭玄箋詩，有以三家申毛，或用三家改傳，所以傳、箋之說常有不同，如王肅改用毛傳，則常與鄭玄相忤，就像詩小雅采綠：「五日爲期，六日不詹。」毛傳：「詹，至也，婦人五日一御。」鄭箋：「婦人過於時乃怨曠；五日、六日者，五月之日，六月之日也。期至五月而歸，今六月猶不至，是以憂思。」詩正義引王肅作「五日一御，大夫以下之制。」王肅此說，很明顯的是在申毛。不但經文解說與鄭玄不同，就是在詩旨、比興上也有別於鄭玄。

(二)注經兼採今古文

今古文家法，自馬、鄭以後已混而難分，王肅注經，亦不限於某一家，古文是則取古文，今文是則取今文，如詩小雅雨無正：「淪胥以鋪」。鄭箋：「胥相鋪徧也。」王肅曰：「鋪，病也。」卽從今文韓詩說，(註六)與鄭箋顯然不同。又大雅生民：「厥初生民，……時維后稷。」鄭玄取三家詩今文說，以爲后稷無父感天而生，王肅則從毛詩古文說，認爲后稷乃帝嚳之子，反對今文家偉人可以感天而生之說。可見王肅注詩，乃今古文兼採，並不限於一家之說。

(三)說經求其平易

王肅注經，與東漢馬、鄭等大儒，並無太大的區別，雖然有些是針對鄭箋而發，但仍有不少可取之處，如清朝萬斯大屢拿王肅義與鄭玄之說相比，他認爲王肅勝者爲多。(註七)大體說來王肅所注各經還算平易近人，侯康所補三國藝文志王肅聖證論條下說：

王肅解經，平易近人，故晉宋以下多從之。近世崇尚鄭學，攻肅者幾於身無完膚，平心而論，肅經解豈無一得，其立異於鄭，猶鄭之立異於賈馬，何許此得彼失，本可並存。

今從王肅所注各經所留下的佚文看來，其詞氣平和，對經義網羅甚廣，出言必有據，不拘於一師之法，立說頗多可取，稱其爲經學大師，並不爲過。如與鄭玄相比，倒是鄭氏反常拘於禮制，不如王肅之切於人情。如：

邶風綠衣：「綠兮衣兮，綠衣黃裏。」

毛詩正義引王注：「夫人正嫡而幽微，妾不正而尊顯是也。」

鄭箋：「綠兮衣兮者，言緣衣自有禮制也。諸侯夫人祭服之下，鞠衣爲上，展衣次之，緣衣次之。次之者，眾妾亦以貴賤之等服之，鞠衣黃，展衣白，緣衣黑，皆以素紗爲裏，今緣衣反以黃爲裏，非其禮制也。故以喻妾上僭。」

鄭氏改綠衣爲緣衣，即受禮制之拘束，甚至更改經文都在所不惜，這是不同於王肅的地方。

王肅經學出，鄭玄經學受了很大的考驗，皮錫瑞經學歷史說：「鄭學出而漢學衰，王肅出而鄭學亦衰。」所以鄭、王二位都是經學上的關鍵人物。王肅在十三經中，除公羊、穀梁、爾雅、孟子四經未注外，其他各經都有注本，譽之者，認爲鄭玄比不上王肅；但毀之者也不少，如丁晏尚書餘論、經義雜記指其好名，變亂家法。甚至說其僞造經籍，如丁氏又說他僞造尚書孔安國傳，其間難免有些寃枉，今平心而論，孔傳是否爲王肅所僞，證據尙不夠充分。陳澧東塾讀書記卷五云：

近儒疑僞孔傳爲王肅作，然如禹貢三百里蠻，傳云：以文德蠻來之。孔疏云：鄭云蠻者，聽從其俗，羈縻其人耳，故云蠻，蠻之言緡也。王肅云：蠻，慢也，禮儀簡慢，與孔異。洪範農用八政。傳云：農，厚也，厚用之，政乃成。孔疏云：鄭云農讀爲醲，則農是醲意，故爲厚也。張晏、王肅皆言農，食之本也，食爲八政之首，故以農言之。然則農用止爲一食，不兼八事，非上下之例，故傳不取。澧案：此皆傳與鄭說同，而與王肅說不同，則似非王肅作也。

陳氏的懷疑是很值得我們注意的，何況王肅到東晉梅賾上古文尚書，中間隔了好幾十年，除非梅氏所上的古文尚書爲眞本，王肅才有造假的可能，或者古文尚書連孔傳一起都是出自王肅所僞，但此說如可以成立的話，爲何同一問題孔傳與王肅之說會有不同處，這是很值得考慮的問題。雖然劉師培尚書源流考，以爲今傳僞孔傳，並非出自王肅，而王肅是另有僞本，久已亡佚不傳，屈萬里先生認爲劉氏之說可信。（註八）不過事實是否如此，劉說尚不夠堅實，仍有繼續求證的必要。我們所要注意的是：不能因一個人偶而有一、二不是之處，就把所有過失，集矢在他身上，這種意氣用事，常常是斲殺眞理的劊子手。不可否認的，王肅說經難免有其缺陷，但絕不能因小過而掩其大美，必須抱着客觀的態度，不因人廢事，才能確實了解王肅說經的眞相。

五、魏晉經學的特色

三國時期由於政權的分離，在學術的發展上也起了很大的變化。晉統一三國後，在學術上也做了一些變革。如晉書職官志說：「晉初承魏制，置博士十九人，……及江左，初減爲九人。元帝末，增儀禮、春秋公羊博士各一人，合爲十一人。後又增爲十六人，不復分掌五經，而謂之『太學博士』也。」但在三國、兩晉這一階段，於經學研究成果上，大不如兩漢，風格上也有相當大的改變，綜合起來，這一期的經學大致具有下列幾項特色：

㈠沿續東漢傳注之學

東漢出了不少的經學大師，都是擅長於名物訓詁之學，對諸經無所不注。到了三國兩晉時，延續東漢爲經作注之風，但由於前人注釋工作已做得很多，所以本期有不少人爲諸家注作蒐集、延續取舍的集解功夫，比較有名的，如張璠的周易集解、范寧春秋穀梁傳集解、何晏論語集解等。這雖然給讀者很大的方便，但因集解所蒐集者，幾乎都是各家的精華，所以由於集解的成書，反而造成前人各家傳注的亡佚。

㈡鄭、王學派的爭執

鄭玄是東漢的經學大師，他的經說對東漢末年、三國、兩晉的學術界影響很大。而魏的王肅也精於經學，且專門與鄭玄作對。他的父親王朗，也是位經學家，著有易、春秋、孝經、論語、周官等傳。肅徧注各經，晉武帝司馬炎又是他的外孫，政治影響學術發展，當然在所難免，所以王學在當時形成一股很大的勢力，像孔晁、袁準等，都極力的申王駁鄭。但因鄭學已擁有穩固的基礎，不是輕易卽可駁倒，鄭派也有不少人起來反擊王學，如孫炎、王基等。因此，魏、兩晉的經學，已由兩漢的今古文之爭，轉變成鄭、王之爭，這也可以說是經學發展史上的一大轉變。

㈢經義的玄理化

一代有一代的文學，一代也有一代的學術，由於政治不安定，社會動亂，一些讀書人，在經義的薰染下，常本於道德，以論人、論時局，而形成後人所謂的名理思想；因此，王肅駁鄭，鄭派反擊王學，多少都與這種思想有關。又有人爲了逃避現實的人生，本着道家虛無的人生觀，做爲待人處世的方針，如魏何晏所著論語集解、周易注，凡是其所補充發揮者，大多具有道家的玄思。又如魏之王弼，著有周易注一書，旨在矯正漢之符瑞、災異之說，着力在發揮天地間自然之理，並闡明道之體、用之功。再如晉之韓康伯爲繫辭作注，也崇尚道家無爲之說，喜談玄理，像這種情況，都是兩漢所沒有的。所以經義的玄理化，也是魏晉經學的一大特色，這完全是時代風氣所使然。如晉書王湛傳有這麼一段話：

「濟（湛兄之子）嘗詣湛，見床頭有周易，問曰：「叔父何用此為？」湛曰：「體中不佳時，脫復看耳。」濟請言之，湛因剖析玄理，微妙有奇趣。」

剖析玄理以說經，正可代表當時經學的風尙。

六、南朝的經學

南朝政權更迭頻繁，又佛教盛行，玄談之風更過於魏晉，它影響於經學者，卽說經更趨細密。但南朝帝王，能眞正重視學術的並不多，如南史儒林傳序說：「宋齊國學，時或開置，而勸課未博，建之不能十年，蓋取文具而已。是時鄉里莫或開館，公卿罕通經術。朝廷大儒，獨學而弗肯養衆；後生孤陋，擁經而無所講習。」僅南宋文帝元嘉十五年（西元四三八）尚能立儒學，以雷次宗爲教授。南齊高帝建元四年（西元四八二）立國子學，生員兩百人，王儉爲祭酒，儉好禮、春秋。梁武帝天監四年（西元五〇五）也詔立國子博士，置五經博士各一人。由於以上數位具有眼光的君王，他們在學術上的建樹，所以南朝經學雖衰，但仍頗有可觀，有關本期經學，約可分爲下列四項：

㈠**義疏之學**

1. 劉瓛　周易義疏一卷

劉瓛字子珪，劉宋時沛郡相人，其說易宗馬、鄭，但也不拒王弼、韓康伯，今從其佚文觀之，難免也有選擇未精，或隨文衍義的缺陷。如乾卦「用九，見羣龍無首，吉。」唐李鼎祚周易集解引劉瓛云：「總六爻純九之義，故曰用九也。」，此本鄭玄：「六爻皆體乾，羣龍之象。」（後漢書郭顗傳注引鄭玄易乾卦）立說，而未明爲何用九之義。劉氏除本書外，尚有周易乾坤義、周易四德例、毛詩序義疏、毛詩篇次義等，今並亡佚。

2. 賀瑒　禮記新義疏二十卷

賀瑒，梁會稽山陰人。北史儒林傳說，其禮學乃遵鄭玄，但其書所以名之爲新義疏，乃有許多與前人或時人不同的新說法，如禮記內則：「雉兎鶉鷃。」正義鄭注云：「以鷃鴽也。」又引賀氏云：「鴽，蝙蝠。」以鴽爲蝙蝠，則不知賀氏據何立說，難怪正義云：「其義未聞。」

3.褚仲都　周易講疏十六卷

仲都，梁人。其主要在疏王弼之注，以名理爲尙。

4.皇侃　禮記義疏五十卷、論語義疏十卷。

皇侃，梁人。梁書說他明三禮、孝經、論語，當時隨從聽其講學者，常多達數百人，本傳稱其撰有禮記講疏五十卷、（但史志著錄各異，隋志云義疏九十九卷、講疏四十八卷，兩唐志並作講疏一百卷、義疏五十卷，按理應先有講疏而後有義疏，今採兩唐志之說，作義疏五十卷。）論語義疏十卷。其禮記義疏大體以鄭玄爲主，唐孔穎達等修禮記正義，很多採用皇疏。其論語義疏是今存南北朝有關義疏之學唯一的全本。但本書在南宋以後於中國本土已不見。後得自日本足利學中，收入知不足齋叢書裡。皇疏主要據何晏集解，再參考晉人江熙所集十三家論語注，擇善者爲疏，當時諸家解經，常雜有玄趣，而皇侃論語疏也難免夾有佛老莊之說，例如論語爲政篇：「子曰：吾七十從心所欲，不踰矩。」皇氏義疏卽引晉李充云：「聖人微妙玄通，深不可識。」此語卽出自老子顯德章河上公之注。再如先進：「顏淵死，子哭之慟。」皇疏引郭象曰：「人哭亦哭，人慟亦慟，蓋無情者與物化也。」卽出莊子義，又如論語先進篇：「未知生焉知死！」皇疏：「外教無三世之義，見乎此句也，周孔之教，唯說現在，不明過去未來。」此稱孔子儒家爲外教，又稱說過去未來，顯然是採用了釋家三世的說法，又其文辭駢麗整齊，也是深受南朝華靡文風的影響。皮錫瑞經學歷史云：「皇侃之論語義疏，名物制度，略而弗講，多以老莊之旨，發爲駢儷之文，與漢人說經，相去懸絕。」

5.周弘正　周易講疏十六卷

弘正字思行，陳汝南南城人。其易大抵尊鄭玄、王弼。除本書以外，尚有論語講疏、孝經疏。而論語講疏大概在疏何晏之集解。

6.張譏　周易講疏三十卷

張譏字直言，陳淸河昌城人。受學於汝南周弘正，弘正易學多據鄭義，但尊王弼之說者也不少；而張氏本疏是以王弼爲主，可是也不排斥鄭玄的說法，今從其佚文可以看得出來，很多與鄭注相同。張氏除本書外，根據陳書本傳還有尚書義十五卷、毛詩義二十卷、孝經義八卷、論語義二十卷等書。

(二)因襲兩漢經學風氣者：

義疏之學，雖然南朝已成風氣，但仍有不少的經學沿襲兩漢爲羣經訓注的工作，尤其是受鄭玄的影響最大。

1.周續之　毛詩注

周續之字道祖，劉宋鴈門廣武人。南朝詩學，大多謹守毛傳，周氏毛詩注亦不例外。

2.雷次宗　略注喪服經傳一卷

雷氏字仲倫，劉宋豫章南昌人。其注喪服經傳，頗能駁正當時說禮各家之譌謬，以申鄭注，所以本書可以比美鄭康成的喪服經傳注，當時有雷、鄭之稱。

3. 庾蔚之　禮記略解十卷

庾氏字季隨，劉宋時潁川人。今考其佚文，雖宗鄭注，但也不完全株守鄭說，能勘正俗本鄭注的謬誤。

4. 梁武帝　周易大義二十一卷

武帝卽蕭衍，字叔達，其注今已亡佚。今考其佚文，大抵與馬鄭義相通。

5. 梁簡文帝　毛詩十五國風義二十卷

簡文帝爲梁武帝第三子，名綱，字世纘，本書今僅見佚文一條，很難知其究竟。

6. 何胤　毛詩隱義十卷，禮記隱義二十卷

何胤字子季，梁廬江人。從毛詩隱義佚文觀之，是精於鄭箋之義者。而禮記隱義，主要亦在疏釋鄭玄之說，其釋文詞意通達明暢，且引證甚廣。

7. 崔靈恩　集注毛詩二十二卷，三禮義宗四十七卷

崔氏，梁清河東武城人。其集注毛詩，雖稱爲集注，但除傳箋之外，並沒有參考他家說法，旨在宗毛申傳。另外三禮義宗，王應麟玉海認爲本書是總匯諸儒禮說而加以評述之，主要在闡明天地以下之歲祭，以及周禮、儀禮、禮記興廢之義。崔氏另有集注周禮四十卷、左氏經傳義二十二卷、左氏條例十卷、公羊、穀梁文句義十卷等書。

8. 戚袞　周禮音一卷

戚袞字公文，陳吳郡人。用反切注音，雖以鄭玄音爲準，但也不完全依照鄭氏。

㈢偏於玄理之說者

在南朝諸經學家中，也有部份說經參雜玄理的，尤其在易學的研治上，更爲顯然，與魏之王弼十分類似。簡博賢先生今存南北朝經學遺籍考，將下列諸家歸到王氏之一派。

1.荀諺　周易繫辭注二卷

荀氏字宋之，劉宋時潁川人。因佚文不多，無法了解其究竟。

2.沈驎士　周易要略

沈氏字雲禎，南齊吳興人。今只見佚文一條。於乾都九：「潛龍勿用」，黃奭佚書考輯沈氏要略云：「稱龍者假象也。」言假則有其玄虛之意。

3.顧歡　周易繫辭注

顧氏字景怡，字玄平，南齊吳郡人。其書主要在注繫辭上下傳，大多遵從王弼之說。

4.明僧紹　周易繫辭注

明僧紹字休烈，南齊平原人。今佚文有三則，一同荀爽，一同王肅，一無可考。

5.伏曼容　周易集解八卷

伏氏字公儀，梁平昌安丘人。其書深受佛家影響。如「蠱，元亨。」伏氏云：「蠱，惑也，萬事從惑而起……」本田成之中國經學史則認爲：「萬事從惑而起」，直是從佛教底無明緣起著想的。

㈣杜氏春秋左氏學之羽翼者

杜預作春秋左氏集解後，很受當時一般學者的重視，在南朝，羽翼杜氏春秋左氏學的有二家。

1. 沈文阿　春秋左氏經傳義略二十五卷

沈氏字國衞，陳吳興人。考其遺文，主要在引申杜注。如：

文公十二年左氏傳曰：「兩君之士皆未憖也。」杜注：「憖，缺也。」沈文阿義略云：「方言云：『憖，傷。』傷卽缺也。下云：『死傷未收』，則是已有死者，但未至大崩，未甚喪敗；故爲皆未缺也。」

沈氏卽在申述杜預之說。

2. 王元規　續沈文阿春秋左氏傳義略十卷

王氏字正範，陳太原人。梁、陳之間研究春秋經的學者，也有引賈、服之說，以難駁杜預的，而王元規是從沈文阿受業，特起來維護杜學。其引證辨析，都能自圓其說，因此，可稱得上是杜學的宗派。

七、北朝的經學

北朝對經學的重視，並不亞於南朝，如拓跋珪建立北魏後，卽以提倡經學爲先，下詔設立太學及置五經博士，而且最難能可貴，是把經義應用到實際的政治上，這種措施，在文化的融合上，具有特殊的意義。而北朝經學的發展，大概可分爲二方面來加以說明：

(一)義疏之學

1.沈重　毛詩義疏二十八卷、禮記義三十卷、周官禮義疏四十卷（本傳作周禮義三十一卷。）

沈重字子厚，北周吳興武康人。他認爲詩序是子夏、毛公合作（釋文引）又創詩協句說。如詩邶風燕燕：「遠送于南。」沈重毛詩音曰：「南，協句，宜，乃林反。」所以他的毛詩義疏，特別精於音釋，今存許多佚文，很值得參考。

禮記義疏，觀其佚文，也是釋音多於釋義，大致上仍以鄭學爲宗。至於周官禮義疏，也大多從鄭玄之說，唐賈公彥作周禮疏，則以沈重之書爲本。

2.熊安生　禮記義疏四十卷

熊氏字植之，北周長樂阜城人。（西元？—五七八）是爲北朝的儒宗。周書儒林傳說他初從陳達受三傳，又從房虬受周禮，並通大義。後事徐遵明，又受禮於李寶鼎，遂博通五經。更精於三禮之學，馬榮伯、張黑奴、竇士榮、孔籠、劉焯、劉炫等大儒，都是出自其門下，著有周禮義疏二十卷、禮記義疏四十卷、孝經義疏一卷等書。其說禮以遵鄭義爲主，但難免也有與鄭不同者。孔穎達修禮記正義，即以皇侃之禮記義疏爲本，熊氏之書爲輔。

(二)因襲兩漢箋注之風者

鄭玄經注，對北朝具有很大的影響力。所以北朝的許多經學家，走的仍是兩漢箋注的路線。如當時學界泰斗徐遵明，即講鄭玄所注之周易，並傳鄭氏注尚書，三禮亦不例外，只有左傳遵服虔。當時王公大儒，多出自遵明。

1. 劉昞　周易注

劉昞字延明，北魏敦煌人。其易注大抵本鄭玄、荀爽、虞翻之說。父寶，都以儒學著稱。

2. 崔覲　周易注十三卷

崔覲，北魏人。其學出自徐遵明，今所見遺文不多，其論易有簡易、不易、變易三名，即從鄭玄之說。

3. 盧氏周易注十卷

盧氏，北魏人。不知其眞實名號，從其佚文來看，雖偶有新義，但其立說大概也離開不了鄭玄、荀爽、虞翻等人的範疇。

4. 劉芳　毛詩箋音義證，禮記義證十卷

劉芳字伯文，後魏彭城人。其毛詩箋音義證十卷，主要在辨正前說，下意十分精當。另有禮記義證十卷，今可見佚文有六條，全不從鄭學。

5. 盧辯　大戴禮記注十三卷

盧辯字景宣，北周范陽人。其書徵引於明永樂大典中，在隋唐以前大戴注傳世的只有盧辯一家，也是北朝經學流傳後世的唯一較完整的本子。注中引有鄭玄、譙周、孫炎、宋均、王肅、范寧、郭象等人的說法。

八、北朝經學與異族華化

匈奴、鮮卑、氐、羌、羯等邊境民族，生性強悍，身裁魁梧，俗尚武事，文化較低。但入主中國以後，何以能接受華夏文化，而終歸同化於漢族呢？有人認爲這是不同民族相處日久必然的現象。或者說他們爲了鞏固其政權，而引用漢人，做有意識的漢化運動，（註九）這些說法，都未免只看到問題的表層，而低估了中國文化本身的力量。北人漢化的原因實與發自人性、雍容平和的經學精神有極密切的關係。

當胡人入侵中原，目睹中華文化衣冠文物之盛，其語言、風俗習慣雖與漢人有別，但由於他們的君王都知道崇尚經術，醉心於禮敎，如匈奴的劉淵、劉聰、劉曜，羯族的石勒，鮮卑族的慕容皝，氐族的苻堅，羌族的姚興、姚泓，以及北魏、北齊、北周諸帝，都是酷愛儒學。不但能重視儒家的學術，而且像察舉孝廉、秀才，也都本於經義的要求。又能模仿中國古制，崇尙禮樂敎化，廣設學校，所以北朝文敎風氣之盛，甚至於超過南朝，這才是當時北方民族漢化的主要原因。晉書劉元海載記：

> 幼好學，師事上黨崔游，習毛詩、京氏易、馬氏尚書，尤好春秋左氏傳、孫吳兵法，略皆誦之，史漢諸子，無不綜覽。

又劉聰載記：

幼而聰悟好學，博士朱紀大奇之。年廿四，究通經史。

又前趙劉曜載記：

立太學，簡明經善書吏為文學掾。

又石勒載記：

勒親臨大小學，考諸學生經義，尤高者賞帛有差。

又石季龍載記：

下書令諸郡國，立五經博士。

又慕容皝載記：

尚經學，善天文。

又云：

親臨東庠，考試學生，其經通秀異者，擢充近侍。

又前秦苻堅載記：

堅親臨太學，考學生經義優劣，品而第之，問難五經，博士多不能對，……自是每月一臨太學，諸生競勸焉。

入主的北方諸族，雖然缺乏高度的文化素養，但能倡導學術，推崇經書，比漢人更喜歡漢文化，至爲難能可貴。這不但給當時戰亂的社會，帶來一股安定人心的力量，而且也造成日後北魏孝文帝積極漢化運動的一種自然趨勢。

北朝自跋拓氏兼併十六國，統一北方以後，奠定了北魏的基業。那時華北，雖然仍爲胡族橫據，但一般人士，尙能精研經術，絃歌不輟，這種重視文化的意識型態，可以說是當時混亂時局的中流砥柱。其中漢化運動表現最積極的，是北魏孝文帝和北周文帝、武帝。魏書卷七文帝紀云：

「文帝五經之義，覽之便講，學不師受，探其精奧，史傳百家，無不該涉。」

北史儒林傳序云：

周文（宇文泰）受命，雅重經典。……求闕文於三古，得至理於千載，黜魏晉之制度，復姬旦之茂典。盧景宣學通羣藝，修五禮之缺；長孫紹遠才稱洽聞，正六樂之壞。由是朝章漸備，學者嚮風。明皇纂歷，敦尚學藝。內有崇文之觀，外重成均之職。握素懷鉛，重席解頤之士，間出於朝廷，員冠方領，執經負笈之生，著錄於京邑。濟濟焉，足以踰於向時矣。

周書武帝紀也云：

天和元年，……五月庚辰，帝御正武殿，集羣臣，親講禮記。

北史儒林傳序文云：

魏道武初定中原，……始建都邑，便以經術為先。立太學，置五經博士，生員千有餘人。天興二年春，增國子太學生員至三千人。……明元時，改國子為中書學，立教授博士。太武始光三年春，起太學於城東。後徵盧玄、高允等，而令州郡各舉才學。於是人多砥尚，儒術轉興，天安初，詔立鄉學。……太和中，改中書學為國子學，建明堂辟雍，尊三老五更，又開皇子之學。及遷都洛邑，詔立國子太學、四門小學。……劉芳、李彪諸人以經書進。……宣武時，復詔營國學，樹小學於四門，大選儒生以為小學博士，員四十人。雖黌宇未立，而經術彌顯。時天下承平，學業大盛；故燕、齊、趙、魏之間，橫經著錄，不可勝數；大者千餘人，小者猶數百。……徵沈重於南荆。及定山東，降至尊而勞萬乘，待熊安生以殊禮。是以天下慕嚮，文教遺覃。

他們除重視中原學術的研究與宣揚外，有關漢化的重要改革也不少，歸納起來，約可分爲下列三項：㈠政治方面：仿漢制，定官位，行均田及三長制。㈡習俗方面：改胡姓，禁胡語、胡服，鼓勵漢胡通婚，禁歸葬。㈢文化方面：建明堂辟雍，又遷都洛陽，並徵求典籍，立學校，更定禮樂，行籍田養老之禮，特重人倫秩序。其中以禁胡語而言，可以說是雷厲風行。如魏書高祖文帝紀稱：在太和十九年，文帝曾下詔，不得以鮮卑語言於朝廷，違者免官。文帝如此作爲，乃本之經義而發。魏書咸陽王禧傳云：「高祖曰：『自上古以來及諸經籍，焉有不先正名，而得行禮乎？今欲斷北語，一從正音。年三十以上，習性已久，容或不可卒革；三十以下，見在朝廷之人，語音不聽仍舊。若有故爲，當降爵黜官，各宜深戒。如此漸習，風化可新。』」這種超越的眼光，從事文明的變革，不但提高當時北人自我的身分和地位，而且也給北方建立了一新的格局。他深深的體認到「武以平亂」，但非「詩書則不足以治國」的道理；認爲本身若無高度的文明，則不足以統一中國；於是凡百庶物，無不效仿中國。日後隋文帝能順利統一南北，北魏孝文帝等的辭

心漢化運動，其功是不可沒的。而漢化的內在力量，便是來自經義的激發。（註一〇）

九、南北經學的比較

從前述南北經學家和他們的著作，可以看出南北說經是有其不同的地方。其中較明顯的，有下列三項：

㈠南北說經各有所宗

魏晉時期，鄭學、王學的爭執仍見於本期，北史儒林傳序說：

> 江左，周易則王輔嗣，尚書則孔安國，左傳則杜元凱；河洛，左傳則服子慎，尚書、周易則鄭康成，詩則並主於毛公，禮則同遵於鄭氏。

又：

> 漢世鄭玄並為衆經注解，服虔、何休各有所說，玄易、詩、書、禮、論語、孝經，虔左氏春秋，休公羊傳，大行於河北。

可知當時南方周易用王弼注，尚書用孔傳，詩遵毛傳，禮用鄭注，左傳則採用杜預集解。北方易、詩、書、禮、論語、孝經都以鄭注為主，左傳則用服虔注，公羊傳則採何休解詁。

㈡南朝說經雜有玄理，北朝尚不失樸實

自然環境會影響到民情風俗，也會影響文學、學術的發展。我國北地平原寬廣，民風樸實，

所以說經大多率由舊章，不雜玄談，如魏書李業興傳：

「少為書生，止讀五典，……素不玄學。」

但南方則不然，如南史儒林傳云：

伏曼容少篤學，善老、易。

太史叔明，少善莊、老，兼通孝經、論語、禮記，尤精三玄。

全緩通周易、老、莊，時人言玄者咸推之。

張譏，通孝經、論語，篤好玄言。

南方多水澤國，鶯鶯燕燕，雜花異樹，又玄風正熾，於是說經則多駢儷詼詞；論義理則多老莊玄言。如皇侃的論語義疏，凡名物制度常略而不講，多以老莊之旨，發爲駢儷之文。（註一一）馬宗霍中國經學史也特別指當時周易，「江南義疏十有餘家，皆辭尙虛玄，義多浮誕。」

㈢南朝君王重視經學程度不如北朝

南朝君王除宋文帝、齊高帝、梁武帝外，大多不重視經術教化。北朝則不然，幾乎所有君王都醉心於儒教，立太學，置五經博士，使經學和實際政治、社會相配合，並大力推行漢化運動，在禮學研究上，成績特別輝煌。

北史儒林傳曾比較南、北經學說：「南人約簡，得其英華；北學深蕪，窮其枝葉。」所謂「深蕪」，正可看出北學樸實的一面，這也是說明北朝經學的一大特色，皮錫瑞經學歷史評之云：

「北人俗尙樸純，未染淸言之風、浮華之習，故能專宗鄭、服，不爲僞孔、王、杜所惑，此北學所以純正勝南也。」但以後統一經學者，卻是出自南方之學。

【附　註】

註　一　見傅樂成編秦漢史「東漢政權的轉換與崩潰」，頁一一八，長橋出版社。

註　二　見後漢書黨錮傳、儒林傳。陳蕃、竇武、劉淑爲「三君」；李膺、荀昱、杜密、王暢、劉祐、魏朗、趙典、朱寓爲「八俊」；郭泰、范滂、尹勳、巴肅、宗慈、夏馥、蔡衍、羊陟爲八顧；度尚、張邈、王考、劉儒、胡毋班、秦周、蕃嚮、王章爲八厨。

註　三　參見郭紹虞著中國文學批評史、頁四〇，商務印書館。

註　四　參見侯康補三國志藝文志及困學紀聞卷五。宏業書局出版三國志附錄。

註　五　黃氏云五長爲：一取證之豐，二說義之愼，三旁證方言，四多引今語，五闕疑不妄。二短爲：一襲舊而不明學，二不得其義而望文生訓。

註　六　見惠棟九經古義。

註　七　見學禮質疑卷一卷二

註　八　見屈萬里尚書釋義第五節僞古文尚書，頁一二，華岡出版部。

註　九　見黃大受編中國史「南北朝對峙與外族的華化」，頁三五，大中國圖書公司。

註一〇　見拙作「北朝經學與胡人漢化」，孔孟月刊第十七卷第二期。

註一一　見皮錫瑞經學歷史「經學分立時代」，頁一六八，河洛圖書出版社。

第六章　隋唐經籍及義疏之學

中國歷史，從魏、蜀、吳三國鼎立，經兩晉、南北朝，直到隋文帝南下滅陳，統一南北，才結束近五百年的混亂與對立；但隋朝立國也不長，前後不過二十九年（五八九——六一七）就亡了國，接着便是大唐帝國，勉強維持了二百多年的穩定。隋唐二代的情形有點類似秦漢，在政治上秦是漢的過渡期，而隋也是唐的過渡時期。又學術與政治本不可分，如就經學的研究而言，秦、隋兩代都談不上大的貢獻，但漢、唐則由於國家的統一較久，國力強大，經學的發展也有走向大一統的趨勢，只不過在性質上稍有不同而已。

一、隋代治經的趨勢

隋代的政局，雖然由北方統一了南方，但在經學的研究上卻由南方統一了北方。談到隋代的治經趨勢，爲了探討的方便，玆分爲四點說明如下：

㈠隋代的學術措施

隋文帝統一南北後，在最初幾年，對學術的倡導還算十分重視，北史儒林傳序云：

隋文……平一寰宇，頓天網以掩之……於是四海九州，强學待問之士，靡不畢集焉。……

齊、魯、趙、魏，學者尤多，負笈追師，不遠千里，講誦之聲，道路不絕。中州之盛，自漢、魏以來，一時而已。

又據隋書經籍志稱，在隋文帝開皇三年（西元五八三），秘書監牛弘曾上表請分別派人到各地訪搜異本書籍，每書一卷，賞絹一匹，校寫既定，將本書歸還原主，在重賞之下，南北朝時因受戰亂影響而亡佚的經書，又稍見完備；朝廷並召集天下工書的人，到秘書府內，補續殘缺不全的書。不過文帝尊儒崇學的工作，並不能有始有終，待到晚年，竟不喜歡儒學，甚至廢除國子四門及各地的學校，而僅保存國子學一所，置太學博士二人，學生七十二人。到了隋煬帝即位，又開有庠、序及國子、郡、縣之學，也徵辟了不少儒生，講論經義得失於東都之下。（註一）可惜後來由於煬帝內肆荒淫，外競武功，學術的研究、整理工作又停頓了下來，且因戰亂連年，經籍再度遭到損毀，經師也轉塡溝壑，使經學研究大受影響，這是件很令人惋惜的事。

㈡南北經學復歸一統

隋代的經學，隨着南北期政局的結束，也復歸一統。隋書經籍志說：

易經：梁、陳鄭玄、王弼二注，列於國學。齊代，唯傳鄭義。至隋，王注盛行，鄭學浸微，今殆絕矣！

書經：梁、陳所講，有孔、鄭二家；齊代，唯傳鄭義，至隋，孔、鄭並行，而鄭氏甚微。

春秋：左氏唯傳服義，至隋，杜氏盛行，服義及公羊、穀梁浸微。今殆無師說。

至於詩、三禮、孝經、論語則崇尚鄭注，可見南北朝經學分歧對立的態勢，在隋統一天下後，才逐漸趨於合流。

㈢劉焯、劉炫的經學

隋代最有代表性的經學家，要算是劉焯、劉炫兩人。劉焯字士元，信都昌亭人，生於梁武帝大同十年（西元五四四）在文帝開皇中，被舉爲秀才，對策甲科，除員外將軍，於國子與諸儒共論古今滯義，以精博著稱，曾奉敕與劉炫等考訂洛陽石經。後因與炫議論，深挫當時一些名儒，也因而遭忌，遂被飛章所譭謗，於是除官返歸故里。在煬帝時，又擧爲太學博士。死於大業元年（西元六一〇），享年六十七。著有稽極、曆書、五經述義等書。(註一)

劉焯曾受詩於同郡的劉軌思，受左傳於廣平的郭懋常，問禮於阜城的熊安生。當時武強有位劉知海，家素多墳籍，焯就之讀書，歷經十載，以儒學知名。隋書儒林傳說：

> 天下名儒後進，質疑受業，不遠千里而至者，不可勝數。論者以為數百年已來，博學通儒，無能出其右者。

足見他在學術界所受到推崇之一斑。那時劉焯曾與牛弘、元善、蕭該、何妥、房暉遠、崔崇德、崔頤等學者，討論經義，常有論難，但都不能屈焯，故楊素等無不服其精博。(註二)可惜他的著作沒有一本是完整的流傳下來，五經述義一書在唐人五經正義中引了不少他的說法，尤其以毛詩正義，更是以焯書爲底本。從引文中可以略知其經說之一二，孔頴達在尙書正義序文說：

> 古文經雖然早出，晚始得其行，……江左學者，咸悉祖焉。近至隋初，始流河朔，其為正

> 義者，蔡大寶、巢猗、費甝、顧彪、劉焯、劉炫等，其諸公旨趣，多或因循，怙釋注文，義皆淺略，惟劉焯、劉炫最為詳雅。然焯乃織綜經文，穿鑿孔穴，詭其新見，異彼前儒，非險而更為險，無義而更生義。

從孔穎達的序可以看出，爲尚書作正義的，在隋代已有多家，其中以劉焯最爲詳細，但孔氏卻嫌其過於繁瑣，在序文中又批評他說：

> 竊以古人言誥，惟在達情，雖復時或取象，不必辭皆有意，若其言必託數經，悉對文。斯乃鼓怒浪於平流，震驚飆於靜樹，使教者煩而多惑，學者勞而少功，過猶不及，良為此也。

後來由於唐人正義的流行，劉焯的五經述義終告亡佚。今從後人所蒐集的佚文來看，其對於東漢曹魏賈、馬、鄭、王諸家傳注，也頗有是非。但在隋、唐經籍義疏之學發展過程中，劉焯確具有極重要的地位。

劉炫字光伯，河間景城人，隋書本傳稱其少以聰敏見稱，與劉焯結爲盟友，閉戶讀書，十年不出。當時牛弘奏請購求天下遺逸的書，炫曾僞造書百餘卷題爲連山易、魯史記等，錄上送官，後爲人發現，告諸官府，論爲死罪，幸經赦免。他生性躁競，頗好俳諧，多自矜伐，好輕侮當世，爲執政者所討厭，所以在宦途上並不很順利。當時吏部尚書韋世康曾問他所能，劉炫回答說：

> 周禮、禮記、毛詩、尚書、公羊、左傳、孝經、論語孔、鄭、王、何、服、杜等注，凡十

> 三家，雖義有精粗，並堪講授。周易、儀禮、穀梁，用功差少。史子文集，嘉言美事，咸誦於心。天文律曆，窮覈微妙，至於公私文翰，未嘗假手。（註三）

劉炫在學術方面的成就，稍亞於劉焯，時人並稱爲二劉。在經學上的重要著述有：論語述義十卷、春秋攻昧十卷、春秋述義四十卷、尚書述義二十卷、毛詩述義四十卷、孝經述義五卷、五經正名十二卷、詩序注一卷、算術一卷等。惜無完本留下，只有一些佚文散見於諸書中。

孔穎達五經正義也引了不少劉炫的說法，如尚書正義孔穎達在序中說：

> 炫嫌焯之煩雜，就而刪焉。雖復微稱省要，又好改張前義，義更太略，辭又過華，雖為文筆之善，乃非開奬之路，義既無義，文又非文，……此乃炫之所失，未為得也。

在春秋左氏傳正義序又說：

> 聰慧辯博，固亦罕儔，而探賾鉤深，未能致遠，其經注易者，必具飾以文辭，其理致難者，乃不入其根節。

孔氏認爲劉炫的諸經義述，其缺點有二：一者在經義上雖極欲更張前人的說法，但卻未能把握要旨。二者在文辭上改變了樸實說經的風格，染有南人華腴害骨的毛病。

儘管孔穎達對二劉的經說頗有微詞，但在隋唐之際，劉焯、劉炫是最具代表性的經學家，從東漢、魏、晉以來，由爲經作傳注的風氣，慢慢轉爲義疏，到了南北朝此風已相當盛行，劉焯、劉炫便是最典型人物，他們的著述也成了唐宋羣經正義的藍本。如唐孔穎達修五經正義，其中詩、書兩正義，都本二劉，四庫全書總目提要於毛詩正義下說：「其書以劉焯毛詩義疏、劉炫毛詩述義爲稿本。」

㈣隋代的其他經學家

隋代重要的經學家，除了劉焯、劉炫外，根據隋書卷七十五儒林傳，還有下列幾位：

何妥：西城人，性勁急，有口才，好是非人物，曾佐於北周、隋，撰有周易講疏十三卷，孝經義疏三卷。

辛彥之：隴西狄道人，博涉經史，撰有墳典、六官、祝文、禮要、新禮、五經異義等書。

元善：河南洛陽人，通五經，尤善春秋左氏傳。

蕭該：蘭陵人，通詩、書、春秋、禮記等大義。

包愷：東海人，明五經。

房暉遠：恆山眞定人，治三禮、春秋三傳、詩、書、周易，兼善圖緯。

馬光：武安人，精於三禮。

褚輝：吳郡人，以三禮學稱於江南，大業中，徵天下儒者相次講論，輝博辯無所屈，擢太學博士，撰有禮疏一百卷。

顧彪：今浙江餘杭人。明尚書、春秋，撰有古文尚書疏二十卷。

魯世達：也是餘杭人，撰有毛詩章句義疏四十二卷。

張沖：吳郡人，覃思經典，撰春秋義略、喪服義三卷、孝經義三卷、論語義十卷等書。

王孝籍：平原人，與劉焯相友善，徧治五經，注有尚書及詩。

隋末還有一位大儒——王通。據舊唐書卷一百九十，王氏字仲淹，絳州龍門人。是唐初詩人王績之兄長，王勃之祖父。通生於陳後主至德二年（西元五八四）卒於唐高祖武德元年（西元六一八），不應隋煬帝之召，專門著書講學，門生甚衆，唐初杜如晦、魏徵、李靖、薛收等，皆出其門下。曾倣六經作禮記十卷，樂論十卷，續書二十卷，續詩十卷，元經十五卷，贊易十卷。但並不爲諸儒所稱道，所以其書不顯，今全告亡佚。從這些經師的著作，不難看出，所謂講疏、義、義疏、大義、述義、義略、疏等，都是針對前人傳注而加以闡揚，它下開唐人羣經正義的先鋒，可惜這些書都早已亡佚，其要旨已不得而知。

二、唐代經籍的整理

(一)唐初的學政

唐高祖初即帝位，已注意到學術教化對治國理民的重要性，在武德元年（西元六一八）詔令皇族子孫及功臣子弟在秘書外省，別立小學接受教育。七年（西元六二四）又詔諸州、縣及鄉並置學校，對明經之士，皆訂有獎勵辦法，如有明一經以上者，經有司試驗後而加以階敍。又根據舊唐書高祖本紀說，在這一年高祖曾釋奠於國學，並立周公、孔子廟。到了太宗時，也屢次行幸國學，在貞觀五年（西元六三一），又增進學舍，同時在國子監、太學、四門學也增加生員。連一些屯營飛騎也給博士，授經學。學術風氣之盛，可說是前未多見。諸學所研討的課程，都以經學爲主，爲了區分的方便，當時以易、書、公羊、穀梁爲小經，以毛詩、周禮、儀禮爲中經，以

禮記、左傳爲大經。(註四)

唐高祖也深能體會馬上可以取天下，但要治平天下則不能不用詩書的道理，所以極力倡導學術，資治通鑑卷一百九十二武德九年（西元六二六）云：

上於弘文殿聚四部書二十餘萬卷，置弘文館於殿側，精選天下文學之士虞世南、褚亮、姚思廉、歐陽詢、蔡允恭、蕭德言等，以本官兼學士，令更日宿直，聽朝之隙，引入內殿，講論前言往行，商榷政事，或至夜分乃罷。

唐會要卷六十四也說：

武德四年（西元六二一）正月於門下省置修文館，至九年三月，改為弘文館，至其年九月，太宗初卽位於弘文殿，聚四部書二十餘萬卷，於殿側置弘文館，貞觀三年（西元六二九）移於納義門西。

唐太宗卽位，推動學術建設，更爲積極，新唐書卷一百九十八儒學上說：

太宗身櫜鞬，風纚露沐，然銳情經術，卽王府開文學館，召名儒十八人為學士，與議天下事。旣卽位，殿左置弘文館，悉引內學士番宿更休，聽朝之閒，則與討古今，道前王所以成敗，或日昃夜艾，未嘗少怠。貞觀六年，詔罷周公祠，更以孔子為先聖，顏氏為先師，盡召天下惇師老德以為學官。數臨幸觀釋菜，命祭酒博士講論經義，賜以束帛。生能通一經者，得署吏。廣學舍千二百區，三學益生員，幷置書、算二學，皆有博士。大抵諸生員至三千二百。自玄武屯營飛騎，皆給博士受經，能通一經者，聽入貢限。四方秀艾，挾策負素，全集京師，文治烱然勃興。於是新羅、高昌、百濟、吐蕃、高麗等羣酋長並遣子弟入學，鼓笥踵堂者，凡八千餘人。紆侈袂，曳方履，誾誾秩秩，雖三代之盛，所未聞也。帝又讎正五經繆缺，頒天下示學者，與諸儒粹章句為義疏，俾久其傳。因詔前代通儒梁皇侃褚仲都，周熊安生沈重，陳沈文阿周弘正張譏，隋何妥劉炫等子孫，並加引擢。二十一年，詔「左丘明、卜子夏、公羊高、穀梁赤、伏勝、高堂生、戴聖、毛萇、孔安國、劉向、鄭衆、杜子春、馬融、盧植、鄭玄、服虔、何休、王肅、王弼、杜預、范甯二十一人，用其書，行其道，宜有以褒大之，自今並配享孔子廟廷。」於是唐三百年之盛，稱貞觀，寧不其然。

在高祖、太宗二朝，招聘了不少學術界的人士，如杜如晦、房玄齡、虞世南、褚亮、姚思廉、李玄道、蔡允恭、薛元敬、顏相時、蘇勗、于志寧、蘇志長、薛收、李守素、陸德明、孔穎達、許敬宗等，當時稱之爲十八學士。由於這一批讀書人而直接帶動了唐初的學術風氣，也穩定了大亂以後的社會人心，造成歷史上所謂的貞觀之治，雖然高宗死後，武后專政，亦不致動搖國本。玄宗即位，也積極倡導經術，又爲大唐帝國開創了第二個盛世——開元之治。儒學傳上又說：

玄宗詔羣臣及府郡擧通經士，而褚无量、馬懷素等勸講禁中，天子尊禮，不敢盡臣之。置集賢院部分典籍，乾元殿博彙羣書至六萬卷，經籍大備，又稱開元焉。

這一經術的弘揚，又讓唐代安然度過「安史之亂」。所以新唐書儒學傳序才肯定的說：「武爲救世砭劑，文其膏粱歟！亂已定，必以文治之。」當時所謂的「文」，主要是指儒學、經術而言。

(二)陸德明著經典釋文

陸德明本名元朗，以字行，蘇州吳人。初受學於周弘正，善言玄理，陳太建中，後主爲太子，集名儒入講承光殿，德明始冠，與下座。國子祭酒徐孝克開講，恃貴縱辨，衆莫敢當，獨德明申答，屢奪其說，舉座咨賞，陳亡，歸鄉里。隋煬帝大業中，遷國子助教。唐滅隋後，召博士徐文遠、浮屠慧乘、道士劉進喜各講經，德明也隨方立義，遍析其要，高祖大悅說：「三人者誠辯，然德明一擧輒蔽，可謂賢矣！」(註五)曾撰經典釋文三十卷，本書可以代是陳末、隋至唐初，經學研究的主要成績之一；今天可透過本書，以推測當時治經的一些迹象，如因時空的轉移，有關羣經文字的異文、音讀、訓義上都有所不同，經典釋文卽着重在這方面的整理。他在釋文序說：

> 癸卯之歲(陳後至德元年，西元五八三)，承乏上庠，循省舊音，苦其太簡，況微言久絕，大義愈乖，攻乎異端，競生穿鑿，不在其位，不謀其政，旣職司其憂，寧可視成而已，遂因暇景，救其不逮，研精六籍，采摭九流，搜訪異同，校之蒼雅，輒撰集五典、孝經、論語及老莊、爾雅等音，……古今並錄，括其樞要，經注畢詳，訓義兼辯，質而不野，繁而非蕪，示傳一家之學。

經典釋文除老莊外，所釋的都是羣經諸書，因本書的寫成，對於我們讀經和研究唐代經學有很大的幫助。釋文序又說：

> 漢魏迄今，遺文可見，或專出己意，或祖述舊音，各師成心，製作如面，加以楚夏聲異，南北語殊，是非信其所聞，輕重因其所習，後學鑽仰，罕逢指要，夫筌蹄所寄，唯在文

言，差若毫釐，謬便千里。

從序文可看出，經典釋文之作，也是在爲經學求一定是。陸氏是南方人，易經主王弼，書經主僞孔傳，左傳主杜預，與日後孔穎達撰修五經正義所宗古注相同，釋文序錄說：

> 易，……今以王為主，其繫辭以下，王不注，相承以韓康伯注續之，今亦用韓本。……書……今以孔氏為正，其舜典一篇，仍用王肅本。……唯毛詩、鄭箋獨立國學，今所遵用。……鄭注周禮、儀禮、禮記，並列學官，而喪服一篇，又別行於世，今三禮俱以鄭注為主。……左氏今用杜預注，公羊用何休注，穀梁用范寧注，……（孝經）今隨俗用鄭注十八章本。……（論語）魏吏部尚書何晏集孔安國、包咸、周氏、馬融、鄭玄、陳羣、王肅、周生烈之說，並下己意，為集解，正始中上之，盛行於世，今以為主。

從陸氏序錄的這段話中，大概可以看出隋唐之際各經所流行的本子。又經典釋文所引用歷代羣經注解傳釋人之著作甚夥，在經典釋文前面有篇序錄，就如唐以前之經學簡史。再如爲了正訂經文的音讀，引有漢魏六朝音切二百三十家，這些都給後代研究經學的人，提供了不少珍貴的資料。馬宗霍在中國經學史一書對陸氏釋文有很高的評價。馬氏說：

> 陸氏則不惟作音，兼釋經義；不惟音經，亦且音注；故體例獨別，而能集諸家之成，自謂古今並錄，括其樞要，經注畢詳，訓義兼辨，示傳一家之學，洵非誇語。又陸氏夙以易稱，故周易釋文，尤為精博，雖主于輔嗣，而所采有子夏、孟喜、京房、馬融、荀爽、鄭玄、劉表、虞翻、陸績、董遇、王肅、姚信數十家。餘如詩之韓嬰，書之馬融，亦存其

概，獨惜服之春秋，鄭之書易，江左不行，不得賴以流傳。然漢魏古音古注，片義單言，藉此而存者，已如碎金屑玉，嘉惠來學，良非淺鮮，固不得以南學而忽之也。

此論至爲客觀。陸德明除作經典釋文外，還著有易疏二十卷，亦流行於世。

㈢正訂羣經文字

中國經籍文字，因版本不同和流傳時代久長的關係，難免會有所歧異。又經過南北朝長期政治的分離不穩定，戰火不停，對典籍損毀至大。到了隋唐之際，諸經文字，的確已相當的紛歧。宋代孔平仲談苑曾引唐太宗貞觀四年（西元六三〇）勑云：「經籍訛舛，今後並以六朝舊本爲證。」（註六）爲了治經的需要，須先求文字上的一致，於是在唐代爲羣經作文字訂正工作的，重要的有下列三家：

1. 顏師古五經訂本

顏氏字籀，京兆萬年人，（西元五八一——六四五）本書主要在考訂經書文字的南北異同，以求經字的統一，舊唐書卷七十三本傳說：

> 太宗以經籍去聖久遠，文字訛謬，令師古於秘書省考定五經，師古多所釐正，既成，奏之。太宗復遣諸儒重加詳議，于時諸儒傳習已久，皆共非之。師古輒引晉、宋已來古今本，隨言曉答，援據詳明。皆出其意表，諸儒莫不歎服。

因本書已全部亡佚，無法了解全書的眞面目。但依新唐書儒學上稱：「帝因頒所定書於天下，學者賴之。」彷佛可體會出顏氏的五經訂本，在當時應頗受重視。

2.張參五經文字

本書是奉代宗之詔撰訂的，朱彝尊五經文字跋云：

唐大歷十年（西元七七五），有司上言經典不正，取舍草率，乃詔儒官校定經本，送尚書省並國子司業張參，辨齊魯之音，考訂古今之字，詳訂五經，書於論堂東西廂之壁。

五經文字舊題張參撰，不過也有人認爲本書是顏傳經所作，但張、顏二人新、舊唐書皆無傳，無法從正史中見其是非，今考古經解彙函所蒐五經文字前面附有張參序例，末署「大歷十一年（西元七七六）六月七日司業張參序」。本書作成後是寫在廂壁上面，後因歲月滋久，可能顏傳經再受命加以整理，才發生作者混淆的現象。王昶爲五經文字作跋就說：

乃命孝廉生顏傳經收集疑文、互體，受法師儒以為定例，凡一百六十部，三千二百三十五字，分為三卷。則參所刊定五經文字，既書於壁，慮其歲久泯沒；因撮其要領，撰成此書，即五經文字也，石刻首題五經文字序例，得之。

據上文五經文字應爲張參作，顏傳經奉命重修，當無問題。因本書附刻在唐石經的後面，所以今天仍可看到全書的面貌。

3.唐玄度九經字樣

玄度是唐文宗開成年間翰林待詔。本書是參考五經文字加以修訂的。唐玄度本身精於文字之學，他在序中說：

大歷中司業張參掇衆字之謬，著為定體，號曰五經文字……臣今參詳，頗有條貫，傳寫歲久，或失舊規，今刪補冗漏，以正之。又於五經文字本部之中，採其疑誤舊未載者，撰成新加九經字樣一卷。凡七十六部，四百二十一文，……辨體觀文，式遵小學，其聲韻謹依開元文字，避以反言，但紐四聲，定其音旨，今條目已擧，刊削有成，顧竭愚衷，以資後學。

從本序可知唐玄度寫作本書的主要目的，是在彌補「五經文字」一書的漏略。全書體例大致上是因循張參書的舊規。他「辨體觀文，式遵小學」，所以經他刊定的文字，都有依據，勝過開成石經。本書與五經文字不但有助於經義的了解，而且也是研究唐代字樣學的主要資料。

四纂修五經正義

1. 纂修五經正義的背景

(1) 政治上的需要

唐太宗卽位後，深知「戡亂以武，守成以文」的道理，所以極力的推崇儒教。司馬光資治通鑑卷一九二說：

> 上曰：「梁武帝君臣惟談苦空（苦行空寂），侯景之亂，百官不能乘馬，元帝為周師所圍，猶講老子，百官戎服以聽，此深足為戒。朕所好者，唯堯舜周孔之道，以為如鳥有翼，如魚有水，失之則死，不可暫無耳。

堯、舜、周、孔大道，卽見於羣經中。太宗思用儒術、經義，作爲治國理民的憑藉，上施下效，風行草偃，所以朝中羣臣也都以前朝不重儒術，經義淪亡來相告誡。當時唐太宗除了命令顏師古考五經以正訂文字外，又命孔穎達撰修五經正義，卽要求由經字的統一，到經義的一致，使後世治學者在文字和訓義上都有所遵循。舊唐書卷一八九儒學列傳上云：

> 太宗又以經籍去聖久遠，文字多訛謬，詔前中書侍郎顏師古考定五經，頒行天下，命學者習焉。又以儒學多門，章句繁雜，詔國子祭酒孔穎達與諸儒撰定五經義疏，凡一百七十卷，名曰五經正義，令天下傳習。

根經舊唐書高宗本紀，孔穎達與諸儒所撰定的五經義疏，凡百七十卷，在孔氏死後，博士馬嘉運即指摘正義許多缺失，高宗詔使修正，但未完成，到永徽二年（六五一）又復詔諸儒改正之，頗有增損，書到永徽四年（六五三）才修成，並頒行天下，於是五經正義便成爲當時官修的經學標準本，也是明經科學的依據。

⑵講論風氣盛行

羣經的研究，由於時空的轉移，越往後的人，對羣經原義的了解，恐怕距離會越來越遠，才有所謂傳、注、箋、義疏……諸學的產生。在兩漢時，爲經作訓、作詁、作傳、作注……等風氣，十分盛行，其目的無非是在詮釋經書的義涵。魏晉以後，因時代思潮的改變，各家對經、對傳注的體會，見仁見智，也有所不同，因而詮釋有所紛歧，於是彼此論難，或再加以疏解的現象，也就十分普遍。又疏解經義的形式也深受佛典疏鈔和僧徒講論的影響，才開展出隋唐的經籍義疏之學。梁啓超在飲冰室合集專集之五十九說：

> 隋唐義疏之學，在經學界有特別的價值，此人所共知矣！而此種學問，實與佛典疏鈔之學問同時發生。吾固不敢逕指此為翻譯文學之產物，然至少必有彼此相互影響。

梁氏的說法十分謹愼，佛經由外域傳入，因文字的隔閡，在佛理的認識上當然也需要彼此相互討論疏通，與當時的六藝講疏、義疏之學極相類似，所以梁啓超才說：經籍義疏與佛典的疏鈔，在形式上必有彼此相互的影響。南北朝時代，有不少經學著作，就以「講疏」命名的，如隋書經籍志就著錄有梁褚仲都周易講疏十六卷，陳周弘正周易講疏十六卷，陳張譏有周易講疏三十卷等。不但儒家經典、佛經講論風氣盛行，就是老莊、道教諸書的倡導也是如此。例如陸德明經典釋文老子序錄就說：「梁武帝父子及周弘正講疏北學。」所以魏晉南北朝三教講論、疏鈔，直接影響到隋唐的羣經義疏之學；換句話說：隋唐五經正義以及其他私人義疏之學，便是當時三教講論和辨義在形式及實質內容上所留下的具體成果。

(3)經疏極爲普遍

爲經作疏的風氣，自兩晉已來，已相當的普遍，如易經有劉宋劉瓛的周易義疏。尚書有北周蔡大寶的尚書義疏三十卷，詩經有三國吳陸機的毛詩草木鳥獸蟲魚疏二卷，劉瓛有毛詩序義疏一卷，北周沈重有毛詩義疏二十八卷，陳顧越有毛詩義疏。在三禮方面孔穎達禮記正義序云：「爰從晉宋逮于周隋，其傳禮業者，江左尤盛，其爲義疏者，南人有賀循、賀瑒、庾蔚之、崔靈恩、沈重、范宣、皇侃等；北人有徐遵明、李業興、李寶鼎、侯聰、熊安生等」。見於隋志的有齊司馬憲的喪服經傳義疏五卷，齊樓幼瑜喪服經傳義疏二卷，劉瓛、沈驎士亦各有喪服經傳義疏一卷，北周有熊安生周禮義疏二十卷、禮記義疏四十卷，賀瑒有禮記新義疏，沈重有周官禮義疏、禮記義疏，顧越有喪服義疏。在春秋三傳方面：有陳沈文阿春秋左氏經傳義略二十五卷、孝經有梁武帝孝經義疏一卷，梁李玉之孝經義疏二卷，梁皇侃孝經義疏，北周熊安生孝經義疏一卷，北周蕭歸有孝經義記，陳張譏有孝經義八卷，王元規有孝經義記二卷，周弘正有孝經疏二卷，顧越有孝經義疏，沈文阿有孝經義記。在論語有皇侃論語義疏，褚仲都論語義疏，周弘正論語疏十一卷，張譏論語義二十卷，沈文阿有論語義記，顧越有論語義疏等。這些有關羣經義疏的著作，已洋洋大觀，隋代更爲盛行。所以唐初孔穎達等奉敕撰五經正義，賈公彥、徐彥、楊士勛等爲其他經作疏，乃因襲前代而來，也可以說是南北朝諸家義疏之學的集大成，使經學、聖道復歸一統，定於一尊，與漢武帝採董仲舒議，罷黜百家，表彰六經，獨尊儒術的作法，十分類似。所以本田成之中國經學史說：「如果沒有六朝諸儒底義疏，在唐要新作正義，恐怕是不容易的事。」

2. 五經正義

孔穎達是纂修五經正義的主要人物，據新唐書儒學孔穎達傳，孔氏字仲達，冀州衡水人（西元五七四——六四八）八歲就學，能日誦記千餘言，熟記三禮義宗。及長，通服氏春秋傳，鄭氏尚書、詩、禮記，善屬文，嘗造訪同郡劉焯，焯名重海內，請質所疑，大爲畏服。在隋大業初，就舉明經高第。起初與顏師古、司馬才、章王恭、王琰等受詔撰五經義訓凡百餘篇，號稱義贊，後來奉詔才改名正義。

(1)周易正義

周易正義共十六卷，採用王弼、韓康伯注，由孔穎達主持其事。正義序曰：

> 今既奉勅刪定，考察其事，必以仲尼為宗。義理可詮，先以輔嗣為本；去其華而取其實，

欲使信而有徵。其文簡，其理約，寡而制衆，變而能通。

參加周易正義編輯工作者，除孔穎達外，還有顏師古、司馬才章、王恭、馬嘉運、趙乾叶、王談、于志寧等，(註八)疏雖宗王弼，但也兼採兩漢象數說，以補王注的不足。因成衆人之手，前後矛盾、譌脫衍羨，或違背自己所立義例的，也不在少數，其間難免也有隨意附會之處。又有人指責正義刪剞前人舊疏，去其姓名，而據爲己有，大爲不該，這些都是周易正義的缺失，所以朱子語類論諸經正義，以易經正義爲最下，亦不無原因。

四庫提要卷一云：「疏家之體，主於詮解註文，不欲有所出入，故皇侃禮疏或乖鄭義，穎達至斥爲狐不首丘，葉不歸根，其墨守專門，固通例然也。至於詮釋文句，多用空言，不能如諸經正義，根據典籍，源委粲然，則由王注掃棄舊文，無古義之可引，亦非考證之疏矣。」從中不難看出孔穎達作正義的立場。

(2)尚書正義

尚書正義共二十卷，依僞孔安國傳，也有引鄭注以補傳之不足，例如虞書「作服十二章」「州十有二師」，則引用鄭玄的說法，以補僞孔傳的未備。除主持者孔穎達外，參與編修者尚有太學博士王德韶、四門助教李子雲、四門博士朱長才、蘇德融、太學助教隋德素，四門助教王士雄、趙弘智覆審。本正義主要採用劉焯、劉炫正義，存是去非，刪繁增簡而成，比較諸說，常有自己論斷。又詮釋經義，至爲謹嚴，不隨便苟同異說，都極爲難能可貴。但後人也指出孔疏有三大缺點：一爲以周禮解釋虞書，變亂三代制度。二是疏於天文曆算，常有錯誤。三是爲禹貢山川

說解過於疏陋簡略。(註九)

四庫提要卷十一評尙書正義云：「雖以末爲本，未免倒置，亦足見其根據古義，非盡無稽矣。」又云：「名物訓故，究賴之以有考，亦何可輕也。」所以，雖朱子列之於五經正義之下等，其價值仍不可忽略。

(3)毛詩正義

毛詩正義共四十卷，孔穎達、王德韶、齊威等奉詔撰修。以毛傳、鄭箋爲作疏之依據，本劉焯毛詩義疏、劉炫毛詩述義之說，毛詩正義序云：

近代為義疏者，有全緩、何胤、舒瑗、劉軌思、劉醜、劉焯、劉炫等，然焯、炫並聰潁特達，文而又儒，擢秀幹於一時，騁絶轡於千里，固諸儒之所揖讓，日下之無雙，於其所作疏內，特為殊絶，今奉勑刪定，故據以為本。

但也並非全部因襲二劉之說，其間頗有斟酌，序又說：

然焯、炫等負恃才氣，輕鄙先達，同其所異，異其所同，或應略而反詳，或宜詳而更略，準其繩墨，差忒未免，勘其會同，時有顛躓，今則削其所煩，增其所簡，唯意存於曲直，非有心於愛憎。

孔穎達等雖然依據毛傳、鄭箋作正義，然在取捨之間，頗多回護鄭說，有時難免有強毛從鄭，依箋改經的現象。(註一〇)至於別的缺陷與其他諸疏相類，因它是割裂舊疏而成，在刪削截取時，常常有首尾不能聯貫，前義後義不相同的現象。清劉毓崧著有毛詩、禮記舊疏考證一書，考辨至爲詳細。

四庫提要卷十五謂毛詩正義「能融貫羣言，包羅古義，終唐之世，人無異詞。」對本書推崇備至。

(4)禮記正義

禮記正義共七十卷。孔穎達、朱子奢、李善信、賈公彥、柳士宣、范義頵、張權等奉詔修撰，由周玄達、趙君贊、王士雄、趙弘智覆審。以鄭玄注爲主。在南北朝的時候，爲禮記作疏的已有很多家，在南方有賀循、賀瑒、庾蔚之、崔靈恩、沈重、范宣、皇侃等人，在北方則有徐遵明、李業興、李寶鼎、侯聰、熊安生等人。而孔穎達等的禮記正義即以梁皇侃禮記義疏爲本，如皇氏有所不備的再參考北周熊安生的禮記義疏，加以修正補充，所以禮記正義可說是南北義疏的折中本。正義序云：

熊則違背本經，多引外義，猶之楚而北行，馬雖疾而去逾遠矣！又欲釋經文，唯聚難義，猶治絲而棼之，手雖繁而絲益亂也。皇氏雖章句詳正，微稍繁廣，又既遵鄭氏，乃時乖鄭義，此是木落不歸其本，狐死不首其丘，此皆二家之弊，未為得也。然以熊比皇，皇氏勝矣！雖體例既別，不可因循，今奉勑刪理，仍據皇氏以為本，其有不備，以熊氏補焉，必取文證詳悉，義理精審，翦其繁蕪，撮其機要。

序文已將禮記正義成書的經過說得很詳細，大體說來，全書取捨十分精審，詞富而理博，且能通三禮於一貫，頗能闡明聖人立禮之奧旨，在諸經正義中，爲較佳之一本。皮錫瑞說：「學者熟玩禮記注疏，非止能通禮記，且可兼通羣經。」（註一二）並非過譽之詞。

四庫提要卷二十一云：「其書務申鄭注，未免有附會之處。然採摭舊文，詞富理博，說礼之家，鑽研莫盡，譬諸依山鑄銅，煮海爲鹽；卽衞湜之書，尚不能窺其涯涘；陳澔之流，益如莛與楹矣。」禮記正義雖然是南北義疏的折中本，但典章禮制，貴在徵實有據，因此以疏申鄭爲主，不在標新故弄玄虛，乃極其自然的現象。

(5)左傳正義

春秋左氏傳正義共三十六卷，由孔穎達、楊士勛、朱長才等奉詔編纂，馬嘉運、王德韶、蘇德融與隋德素覆審。以晉杜預左傳集解爲準。在南北朝至隋這一時期，爲左傳作疏的有沈文阿、蘇寬、劉炫等家較爲有名，孔穎達對杜預集解十分推崇，他在左傳正義序云：「漢德既興，儒風不泯。其前漢傳左氏者，有張蒼、賈誼、尹咸、劉歆，後漢有鄭衆、賈逵、服虔、許惠卿之等，各爲訓詁，然雜取公羊、穀梁以釋左氏，此乃以冠雙屨，將絲綜麻；方鑿圓枘，其可入乎？晉世杜元凱又爲左氏集解，專取丘明之傳，以釋孔氏之經，所謂子應乎母；以膠投漆，雖欲勿合，其可離乎？今校先儒優劣，杜爲甲矣！」故孔氏等正義卽採杜氏集解，並以劉炫春秋述義爲藍本，如果劉氏有疏陋的地方，再取沈氏的說法加以補闕；如果兩家之說皆不妥當，再申述己意。(註一三)其說雖偶而有疑注或議傳之處，但大體上不離杜注的範疇，缺乏新見。

四庫全書總目卷二十云：「杜注多強經以就傳，孔疏亦多左杜而右劉，是皆篤信專門之過，不能不謂之一失。」

所謂五經正義，卽指孔穎達等奉詔所撰修的五經注疏，因爲書成於衆人之手，難免會有許多缺失，如皮錫瑞在經學歷史一書中就說：

> 議孔疏之失者，曰彼此互異，曰曲徇注文，曰雜引讖緯。案著書之例，注不駁經，疏不駁注；不取異義，專宗一家；曲徇注文，未足為病。讖緯多存古義，原本今文；雜引釋經，亦非巨謬。惟彼此互異，學者莫知所從；既失刊定之規，殊乖統一之義。卽如讖緯之說，經疏並引；而詩、禮從鄭，則以為是；書不從鄭，又以為非；究竟讖緯為是為非，矛盾不已甚歟！官修之書不滿人意，以其雜出衆手，未能自成一家。

皮氏評之甚爲詳細，五經正義多多少少都有皮氏所說的缺點。又因其是剪裁前人之書而成，沿襲之迹仍十分明顯，如舜典疏云：「鞭刑……，大隋造律，方始廢之。」呂刑疏云：「大隋開皇之初，始除男子宮刑。」書修於唐代，卻還稱「大隋」顯然襲舊文。其間難免也雜有讖緯之說，也頗受後人指責。朱子論羣經正義，以爲周禮最好，詩、禮次之，春秋左傳又次之，儀禮疏說得不甚分明，書、易爲最下。（註一四）大體尙稱公允之論。因唐人義疏大多主魏晉之說，所以淸儒如閻若璩、段玉裁、江聲、江藩等，對其多有微詞。今平心而論唐人羣經正義仍瑕不掩瑜。（註一五）如正義中引用前代或當代不少的經說、經注，現在書大多已亡佚，正義所引者雖非全書，但吉光片羽，都彌足珍貴。

㈤私人所修義疏

唐代的經籍義疏之學，除五經正義外，尙有周禮、儀禮、公羊、穀梁四經的義疏，都不是出於官修，而係由私人之力編撰而成。其中除公羊疏稍特殊外，其他在體例上與當時的五經正義並無差別。

1.周禮義疏

以鄭玄注爲主，賈公彥所疏。賈公彥之禮學淵源於張士衡、劉軌思、熊安生及劉焯，屬北學系統。新、舊唐志稱有五十卷。本疏主要根據隋陳邵周官禮異同評，及沈重周官禮義疏修成。(註一六) 因爲書成於一人，所以牴牾地方也較少，且發揮鄭學也最爲詳明，(註一七) 引證也相當的博贍精賅，難怪朱熹才說唐人義疏以周禮爲最好。四庫全書總目提要卷十九也說：「公彥之疏，亦極博核，足以發揮鄭學。」如周禮中有隱略而仍可見的，鄭注常引證以明之。經文有是有非，鄭注也以約之及推次的方法以補經義；至於賈公彥疏更能用鄭注推約之法以補經注，尤爲精密。(註一八) 近人簡博賢先生特別歸納出賈疏的三大特長：一是深於鄭注禮經之例，二是援引鄭氏推約注經之法以補經，三是疏語精要而得缺疑之義。(註一九)

2.儀禮義疏

新唐志稱儀禮疏五十卷，鄭玄注、賈公彥疏。在唐以前爲儀禮作疏的，有齊黃慶、隋李孟悊，兩家疏各有短長，賈疏卽以此二家爲底本，加以刪擇，善者從之，並增益己說，以申鄭義。(註二〇) 淸儒陳澧說賈疏有六大特色：一爲有鄭注發凡，而賈疏辨其同異者。二爲有鄭注不云凡，而與發凡無異，賈疏申明爲凡例者。三爲有鄭注不發凡，而疏發凡者。四爲有經是變例，鄭注發凡，而疏申明之者。五爲有經是變例，注不發凡，而疏發凡者。六有賈疏不云凡，而無異發凡者。今仔細檢討賈疏，也有解經而違經的，申注而悖注的地方。所以在諸經正義中，本疏不算是成功的作品。但是陳澧又說：

> 綜而論之，鄭賈熟於禮經之例，乃能作注作疏，注精而簡，疏則詳而密，分析常例、變例，究其因由。且經有不具者，亦可以例補之。朱子云：儀禮雖難讀，然却多是重複，倫類若通，則其先後彼此展轉參照，足以互相發明，此所謂倫類，即凡例也。（註二一）

由於古今制度的轉易，儀禮難讀，這是個不爭的事實，而賈公彥的儀禮疏，歸納出儀禮及鄭注的凡例，對讀儀禮和研究儀禮者，提供了很大的方便。

3. 公羊傳疏

公羊傳疏馬端臨文獻通考云有三十卷，但新舊唐志均不見著錄本書。它是以何休公羊解詁爲本，一般都稱是徐彥所疏。但宋崇文總目並不著錄撰述人，只說：

> 或云徐彥撰，皇朝邢昺等，奉詔是正，始令太學傳授，以備春秋三家之旨。

陳振孫直齋書錄解題卷三引廣川藏書志云：「世傳徐彥撰，不知何據。然亦不能知其定出何代，意其在貞元、長慶後也。景德中，侍講邢昺校定傳之。」徐彥爲何許人也，今不得其詳。本疏與其他諸疏相比，體例獨異，如先設問答，即爲他疏所不見。它的長處是何休公羊解詁常引左傳、穀梁傳的說法，徐彥所疏則都一一明其本源，又注有引其他家說法的，也都能加以疏明之。至於其缺點，則在說明典章禮制稍嫌簡略。疏雖主何休解詁，但也兼存他說，例如：晁公武郡志卷三引李獻民云：「以何氏三科九旨爲宗，本其說曰何氏之意，三科九旨，正是一事爾。總而言之謂之三科，析而言之謂之九旨。新周故宋，以春秋當新王，此一科三旨也；所見異辭，所聞異辭，所傳聞異辭，此二科六旨也；內其國而外諸夏，內諸夏而外夷狄，此三科九旨也。」但於隱公第一徐疏也引宋氏注春秋的說法云：「三科者：一曰張三世，二曰存三統，三曰異外內，是三科也。九旨，一曰時，二曰月，三曰日，四曰王，五曰天王，六曰天子，七曰譏，八曰貶，九曰絕。時與日月詳略之旨也，王與天王、天子是錄遠近親疏之旨也。譏與貶絕，則輕重之旨也。（註二一）宋氏之說雖徐氏所不取，而疏亦並存之。

4. 春秋穀梁傳疏

春秋穀梁傳疏採范寧注，是楊士勛所疏。唐志云十二卷。楊士勛是唐太宗時的國子四門助敎，其疏平易近理，又能指出爲前人曲解的一些說法，雖然宗范注，但並不全囿於范氏的集解，其間對范氏不當處也多所指正。不過楊疏也有一些的缺失，如昧於家法，不達義例；又略於禮制，在聲韵訓詁上也常有錯誤；再者不知旁通各家的說法，於是在引證上也往往有失據的地方。（註二二）簡博賢先生認爲楊疏有三大缺失：一是略於禮制，二是聲音訓詁之失，三是不能旁通。（註二三）不過四庫全書總目提要卷二六云：「其書不及穎達書之賅洽，然諸儒言左傳者多，言公穀者少，旣乏憑藉之資，又左傳成於衆手，此書出於一人，復鮮佐助之力，詳略殊觀，固其宜也。其疏長狄眉見於軾一條，連綴於身橫九畝句下，與注相離，蓋邢昺刊正之時，又多失其原第，亦不盡士勛之舊矣。」

5. 御注孝經疏

唐初爲孝經作疏的有賈公彥的孝經疏和孔穎達的孝經義疏。另有元行沖御注孝經疏較爲有名。

本書是唐玄宗自注孝經後，詔元行沖疏之，並立於學官，唐志著錄有二卷。玄宗所注孝經主要是取王肅、劉劭、虞翻、韋昭、劉炫、陸澄六家的說法，也參考了孔安國和鄭玄的舊注，根據唐會要的說法，初稿在玄宗開元十六年（七二八）完成，並頒行天下，到天寶二年（七四三）又重注。再詔元行沖作疏。宋代邢昺再度爲孝經作正義時，只不過是損益元行沖的疏而成。但因邢氏並無注明何者爲元說，何者爲已說，所以今天已無法從邢疏看出何者是元疏的說法，宋以後很可能由於邢疏的通行，才造成元疏的亡佚。

孝經有今文（鄭玄注）、古文（孔安國注）二本，今文之立，始自玄宗之注，而玄宗注之所以立，首由元行沖疏，再由宋邢昺等奉詔修疏，孝經注疏才大行於天下。

㈥開成石經

唐開成石經在第一章經學與經書已介紹過，在唐文宗開成年間，宰臣判國子祭酒鄭覃，進石壁九經一百六十卷，詔令刻石，立於太學。此石經本爲研究唐代經學最佳資料，但因流傳日久，今所見唐石經已非昔日面目，馮登府唐石經誤字辨自序云：

> 中郎石刻，漢學之最古者也。厥後傳刻既繁，古今文亦少龐雜；惟開成去古未遠，猶為純備，幾經後人之手，一誤于乾符之修改，再誤於後梁之補栞，三誤于北宋之添注，四誤于於堯典之謬作，遂失鄭唐之舊狀。

唐石經有四次的變亂，其叢雜蕪累，可想而知，今傳於世的有：

周易九卷略例一卷　毛詩二十卷

尚書十三卷　儀禮十七卷
周禮十二卷　春秋左傳三十卷
禮記二十卷　春秋公羊二十八卷
春秋穀梁十二卷　孝經一卷
論語十卷　爾雅三卷
五經文字三卷　唐張參撰
九經字樣一卷　唐唐玄度撰

共刻十二經，除詩用毛傳、鄭箋，三禮用鄭注，公羊用何休解詁，是漢人作品外，周易採王弼、韓康伯注，尚書採僞孔傳，春秋左傳採杜預集解，穀梁傳採范寧集解，論語採何晏集解，爾雅採郭注，都是魏晉人的經注，從中亦可看隋唐經學受六朝經學影響之大。不過它只採各家注本之經文，而未刊注文。另附五經文字和九經字樣，很明顯的可以看出唐石經之刊刻，主要目的在求羣經文字上的一致，並爲經書求一標準本。

(七)唐代經學其他重要著作

唐代經學的成就主要在官修的正義和儀禮、周禮、公羊、穀梁等義疏之學，但除此之外，還有一些私人的著作，都可從中反映出當時經學研究的成果，和治經、讀經風氣的盛行。

1. 易經

(1)李鼎祚：周易集解

李鼎祚唐書無傳，中興書目稱集解十卷（唐志作十七卷），本書所集的，有子夏、孟喜、焦贛、京房、馬融、荀爽、鄭康成、劉表、何晏、宋衷、虞翻、陸績、干寶、王肅、王輔嗣、姚信、王廙、張璠、向秀、王凱沖、侯果、蜀才、翟玄、韓康伯、劉瓛、何妥、崔憬、沈驎士、盧氏、崔覲、伏曼容、孔穎達等三十二家（劉師培中國經學教科書作三十五家）的易說，另外還附有九家易、乾鑿度，凡十七篇，主要在崇鄭黜王，其所取的以荀、虞之說爲多，（註二四）主要在表彰漢易，弘揚象數說，隋唐以前易諸家亡佚的書，惟藉從本書得覩一二。

李鼎祚，資州人，據周易集解序末之結銜，知其官爲秘書省著作郎。曾進平戎論，預言戎人叛亡之時日，竟毫無差失，有人卽作爲其精於象數之證。後人如治古易，常據李書加以推衍。

(2)史證（又作徵），周易口訣義

史證又有作史之徵、史文徵（宋志徵誤作徽）者，本書以王弼注、孔穎達正義爲本，漢魏以來之諸家易注爲輔；又證以羣經、諸典籍，專談義理，而略於象數，具注疏之長，較注疏簡要，又足以正疏之缺失，且發其未發。劉師培認爲本書與李鼎祚之書相同，恐怕有誤。史氏姓名、生平、年代說法不一。今考定爲：唐、史徵、河南人。（註二五）

(3)陰宏（或作洪）道：周易新論傳疏

陰氏生平事迹不詳。崇文總目云：「洪道世其父顯之學，雜采子夏、孟喜等十八家之說，參訂其長，合七十二篇，於易有助云。」其書體例與陸德明經典釋文相似。今馬國翰玉函山房輯佚書輯有佚文二條，並附考證一篇，都爲一卷。其佚文如下：

豫卦：「明盍簪」。

陰宏道周易新論傳疏曰：「案張揖古今字詁庢作撍。埤蒼云：『撍，疾也。』撍與簪同。」

姤卦初六：「繫于金柅。」

陰宏道周易新論傳疏曰：「蒼頡篇柅作檷，柎檷也。許氏說文、呂氏字林曰：『檷、絲趺也。字或作鑈。呂、女指反。』案，絡絲之器，今關西謂之絡垛。音墮。梁益之間，謂之絲登；其下柎卽柅也。」觀此佚文，馬國翰在玉函山房輯佚書指其書體例與釋文略似。

(4)釋一行：易傳

根據舊唐書稱僧一行本名張先遂，魏州昌樂人。中興書目稱一行易傳有十二卷，到元時已缺四卷。朱彝尊經義考引朱震說：「孟喜，京房之學，其書概見於一行所集，大約皆自子夏傳而出。」今從佚文觀之，大概也是集諸家說以爲釋，亦主孟喜卦氣之說，是屬漢儒別派之著作。

除上述四部外，尚有邢璹的周易略例注，郭京的周易舉正，趙蕤的關氏傳注，崔憬的周易探玄，李淳風的周易玄義，徐鄖的周易新義。陸希聲的易傳，這些著作有不少是在申王弼以闡揚易義。劉師培中國經學教科書特別說：「蓋斯時玄學盛昌，故說易多採道家之旨。」其實就隋唐的易學著作觀之，與魏晉南北朝治易的風氣，已有很大的不同。

2. 書經

(1)王元感：尙書糾繆

王元感濮州鄄城人，新唐志著錄有十卷，今書已亡佚。

王氏性溫敏，博學強記，掎前達錯失，究先聖意旨，可謂儒宗。魏知古謂其所撰之書爲五經之指南。（註二六）

(2)馮繼先：尚書廣疏

據崇文總目云，本書爲僞蜀馮繼先所撰，大概是以孔穎達正義爲本，而小加己意。

唐代有關書經研究的成績，比起其他各經要來得遜色得多。劉師培經學教科書云：「隋劉炫得南朝費甝疏，並崇信姚方興之書，復益舜典十六字，而北方之士，始治古文，黜今文。唐孔穎達本崇鄭注及爲尚書作義疏，則一以孔傳爲宗，排斥鄭注，而鄭義遂亡。唯劉子玄稍疑孔傳。玄宗之時，復用衞包之義，改尚書古本之文。使之悉從今字，而尚書古本復亡」，從劉氏言之亦可得知隋唐尚書學的大概。

3. 詩經

(1)成伯璵：毛詩指說

本書大致在敍述作詩的大旨，和師承次序，他認爲詩小序是子夏和毛公合作而成。四庫全書總目提要稱本書共分爲四篇，一曰興述，二曰解說，三曰傳授，四曰文體。其另有毛詩斷章一書，久已亡佚。毛詩指說乃述作詩大旨及師承之次序，其間亦有以己意說經者。毛詩斷章則大抵取春秋賦詩斷章之義，鈔取詩語彙集而成的。

(2)施士丐：施氏詩說

施氏爲唐代宗大曆年間的人，其書亡佚已久，馬國翰輯有四節。士丏另著有春秋傳，今亦不傳。馬氏玉函山房輯佚書序錄云：「（唐）文宗嘗謂其春秋傳穿鑿，徒爲異同。解詩尙新，殆相類乎？」史傳亦稱其以詩自名其學，蓋一家之說也。（註二七）主要在闡明毛傳、鄭箋。中亦有指其失，及補毛、鄭所不注者。

(3)許叔牙：毛詩纂義

據舊唐書許叔牙爲潤州句容人。少精於毛詩禮記。當時御史大夫高智同嘗謂人曰：「凡欲言詩者，必須先讀此書。」惜今書已亡佚。

4. 禮經

(1)成伯璵：禮記外傳

本書主要意旨，在通論五禮，體例倣效白虎通，馬國翰稱其書雖不甚奧衍，但義類融貫，注也簡明有法。

(2)元行沖：釋疑論

本書是因唐初魏光乘上書請用魏徵禮類，帝命元行沖與諸儒撰義疏，並準備立於學官，後因丞相張說加以批駁反對，於是便擱置不用，行沖懷疑諸儒間己，所以著此論以自辯。據新唐書本傳，元行沖，名澹，字行沖，以字顯，河南人，後魏常山王素連之後，舉進士，累遷國子祭酒，拜太子賓客弘文館學士，封常山郡公。

(3)張鎰：三禮圖

本書今已亡佚，唯宋聶崇義三禮圖引有張氏之說十一條。舊唐書稱張鎰曾任亳州刺史，撰三禮圖九卷。

隋唐之禮學，以孔穎達禮記正義、賈公彥周禮儀禮義疏爲主，悉宗鄭注。劉師培在其經學教科書特別指出：「唐玄宗改禮記舊本，以月令爲首篇，則近於無知妄作。」（註二八）當時講三禮的還有王恭、李玄植，李著有三禮音義，今未見其書。

5. 春秋

(1)啖助：春秋集傳、春秋統例

春秋集傳旨在貫穿左氏、公羊、穀梁三家的說法，也在補三家缺失，但其書也有缺點，皮錫瑞在經學通論的春秋通論說：「啖氏春秋之學，非專家，故所說有得有失，其說左氏具有特見，說公、穀則得失參半。」至於春秋統例是攝集傳之綱條而成。新唐書本傳云：「啖助，字叔佐，趙州人，後徙關中。淹該經術，天寶末，調臨海尉、丹陽主簿。」

(2)趙匡：春秋闡微纂類義疏

本書是趙氏損益啖助之春秋集傳而成，但也不完全拘囿於啖氏之說。據新唐書本傳稱匡字伯循，河東人。經義考引楊愼之言，指明趙著之失云：「杜預作春秋釋例，趙匡作春秋纂例，蓋以春秋難明，故以例求之。至於不通，則又云變例；變例不通，又疑經有闕文誤字。嗚呼！聖人之作，豈先有例而後作春秋乎？」

(3)陸淳（質）：春秋集傳微旨、集傳春秋纂例、春秋辨疑陸氏春秋微旨採春秋三傳之善者，並參考啖助、趙匡之說爲集傳，以闡揚春秋褒貶大義，所以才稱其書爲微旨。另外又條別三家，以朱、墨二色記其勝否，如果與經有乖戾的，並用啖、趙二家的說法加以訂正，稱之曰辨疑。（註二九）他又錄啖助春秋集傳、統例，加以損益會纂貫穿，號稱爲纂例，本書對宋儒的影響很大，皮錫瑞春秋通論說：「今世所傳，合三傳爲一書者，自唐陸淳春秋纂例始。淳本啖助、趙匡之說，雜採三傳，以意去取，合爲一書；變專門爲通學，是春秋經學一大變，宋儒治春秋者，皆此一派。」

據新唐書陸淳字伯沖，吳郡人，官至給事中。舊唐書作陸質，因避憲宗之名諱而改作淳。長於經學，尤深春秋經；少師事趙匡，匡之師卽啖助，故謂陸淳傳趙、啖之學。陸氏另著有集注春秋十卷，今已亡佚。

(4)陳岳：春秋折衷論

陳岳生平不見兩唐史。本書是以春秋三家異同三百餘條，參核比較，以求其長，旨在通春秋之大義，並斷以己說，所以名曰折衷論。

經義考引王定保曰：「陳岳，吉州廬陵人，少以詞賦貢於春官，晚從鍾傳，爲同舍所譖，退居南郭，以墳典自娛。」又引晁公武曰：「其書以左傳爲上，公羊爲中，穀梁爲下，比其異同而折衷之。」陳岳於其自序中說，春秋乃在顯聖人之道、文、旨，傳者不加演繹，後學遂失其實，故三家傳並行；然三家各執己學，相互詆訾，故作折衷論。司空圖則贊許其：「瞻博精緻，足以下視兩漢迂儒矣。」（註三〇）本書今已亡佚。

(5)陸希聲、春秋通例

本書主要在取三傳中以例說經者，互參其義，所以稱爲通例，今書已亡佚，從其斷篇殘文，無法得知其全部眞相。

以上五家，前三家較爲特殊。劉師培經學教科書說：「趙匡、啖助、陸淳，掊擊三傳，以己意說經，別成一派。」另有徐曠(文遠)亦精於左氏，著有左傳音及義疏，常出新義，折衷先儒異說。

6.論語

韓愈：論語筆解

唐志不載本書，到鄭樵通志始載於藝文略，本書之作主要在破孔安國之注，其間有述也有作。經義考引王楙曰：「或謂文公所解多改本文，近於鑿僕。」劉師培經學教科書也批評說：「隋唐以降，論語之學式微，惟唐韓愈、李翺作論語筆解，附會穿鑿，緣詞生訓，遂開北宋說經之先。」

從上述私家經著來看，以周易、春秋二經最有成績，對後世的影響也最大。在孟子方面，陸善經曾作孟子注，是刪節漢趙歧孟子注而成，但對趙注也頗有去取，今書已亡失。又韓愈及其弟子李翺特別重視論語、孟子、大學、中庸四書，希望學者能從此四書中去體會六經的眞精神，這與兩宋理學的開展，關係至爲密切。

從五經正義的頒行，及私人義疏和以上諸家的經學著作，約略的可以看出唐代經學發展的大概情況。但其間値得注意的是：在羣經義疏大一統的主流下，也有反正統的支流在。如唐武后長安年間，王元感就曾上其所撰的尙書糾謬、春秋振滯、禮記繩愆三書，卽針對五經正義而發。又唐玄宗曾刊定禮記月令一卷，並詔李林甫、陳希烈、徐安貞等注解，且更動了舊本的次第。又據新唐書儒學傳，元澹（行沖）曾疏禮，亦勇於樹立新說，他懷疑諸儒爲此而間己，特作釋疑以自辯。再如啖助亦指「左氏義多謬。」其門人趙匡、陸淳（質）治經亦不尊大統而自名其學，新唐書卷二百云：

大曆時，助、匡、質以春秋，施士匄以詩，仲子陵、袁彝、韋彤、韋茝以禮，蔡廣成以易，張彖以論語，皆自名其學。

啖助在唐，名治春秋，摭詘三家，不本所承，自用名學，憑私臆決，尊之曰「孔子意也」，趙、陸從而倡之，遂顯于時。

這種風氣一直延續下來，如盧仝撰春秋摘微，主張解經不用傳，成伯璵毛詩指說，李翺易詮，陸希聲易傳，高重春秋經傳要略，陳岳春秋折衷論等，都喜以己意解經，或更易經文，有人稱它爲唐代經學的新派。宋代研經風氣的轉變，應與這一派有不可分的關係。

三、科舉明經對治經的影響

中國科舉制度萌芽於隋代，隋文帝於開皇中取消九品中正制，改採用薦舉法，命京官及地方官保舉人才。至煬帝，置進士科，開始改用以考試任官。到了唐初科舉制度已臻於完備。唐時取士途徑有三：一是禮部主持的各地士人的考試，名爲鄉貢。二是中央官學畢業生的考試，名爲生徒。三是皇帝下詔徵求，名曰制舉。前兩種考試是經常舉辦的，制舉則依當時的需要舉行，並無定期。所謂科舉，主要是指鄉貢而言。（註三一）鄉貢科目甚多，有秀才、明經、進士、明法、明字、明算、道學、童子等八科，其中以明經和進士二科士人最感興趣。而以詩賦取者叫進士，以經義取者叫明經。當時政府規定，凡通二經者，即可爲明經，二經是指一大經一小經，或兩中經。考試方法乃先行筆試，即「令其全寫注疏，謂之帖括」（註三二），帖括也有稱之爲帖經的。文獻通考卷二九選舉考說：

帖經者，以所習經，掩其兩端，中間唯開一行，裁紙為帖，凡帖三字，隨時增損，可否不一，或得四、或得五、或得六，為通。

唐代科舉，錄取人數以明經爲最多，這種以明經用人，與西漢設經學博士相類，皆有以利祿來鼓勵讀書人的作用，在這種制度下，對於唐代治經的取向有下列幾項大的影響：

㈠促成經籍標準本的出現

爲了帖經的需要，必須有通行的經學標準本，如前面所說五經文字、九經字樣、開成石經等的刊刻，即在正訂羣經的文字。又五經正義的編纂，即在統一羣經義理的疏解，這種經學的統一，比起西漢董仲舒的統一儒術，表彰六經，更爲徹底，但在境界上未免狹窄多了。皮錫瑞經學歷史說：

自正義定本頒之國胄，用以取士，天下奉為圭臬。唐至宋初數百年，士子皆謹守官書，莫敢異議矣。故論經學，為統一最久時代。

至於唐文宗開成年間所刻石經，一則可借以資證今本之譌脫者，得以補正，二則拿世俗之本與石經相校，亦可知其誤、衍者。此二者對於有志研究隋唐經學的人，有莫大的助益。

㈡擴大了讀經風氣

科舉明經要默寫經義，爲了功名，不得不讀經，因此很容易形成一種風氣。由於參加考試的讀書人愈來愈多，競爭日益激烈，於是所帖的經也就越來越難。爲了記誦的方便，有人便將經文編成歌訣，這些書雖然對經義的弘揚毫無幫助，但卻有助於經的流傳。從唐以後五經一詞，便深植一般人心中。但是讀經也因此變成科舉的敲門磚，而忽略經書的致用精神，於是流弊也日漸滋生。皮錫瑞經學歷史指出，宋初仍因循唐明經之法，弊端依舊，王安石才改用墨義，又成了空衍義理之始，使元明時代的經義研究，始終無法走出八股的範疇。

㈢造成前代羣經注、疏的亡佚

唐代的科舉明經，主要是以唐人所修的正義爲標準本。又兩晉以來的義疏之學，既然已爲唐人的正義所綜合，科舉又不考唐人正義以外的書，於是諸家說議，因而寢廢。吳萊春秋釋例後序就說：「自唐孔穎達春秋正義一用杜氏，非徒劉、賈之說不存，服義亦不盡見。」其他各經的情況也是如此。可見五經正義和其他私人義疏的編修在中國經學發展史上，的確具有其深遠的影響。

㈣羣經未能平衡發展

唐代明經取士是以九經爲準，在大、中、小三經中，又可自由選擇，趨易避難乃人之常情，於是像左傳、周禮、儀禮、公羊、穀梁，因爲疏文篇帙較繁，因此選這些經作爲應考科目的人少之又少，於是讀這五經的人也一天不如一天，在那時就有人擔心這些經書將會廢絕。（註三三）至於其他不考的經書，更是乏人問津，因而影響了羣經的平衡發展。唐玄宗開元八年國子司業李元瓘曾上奏文說：「三禮、三傳及毛詩、尙書、周易等，並聖賢微旨，生人敬業。……今明經所習，務在出身。咸以禮記文少，人皆競讀；周禮經邦之軌則，儀禮莊敬之楷模，公羊、穀梁歷代宗習。今兩監及州縣以獨學無友，四經殆絕，事資訓誘，不可因循。」（註三四）足證這些由科舉關係，而造成治經上的缺失，當時一些有志之士業已發覺。皮氏經學歷史也說：「蓋大經，左氏文多於禮記，故多習禮記，不習左氏。中、小經，周禮、儀禮、公羊、穀梁難於易、書、詩，故多習易、書、詩，不習周禮、儀禮、公羊、穀梁。此所以四經殆絕也。」

(五)未見有深度經學著作

隋唐治經，最大的成就是義疏之學，此外並無任何宏揚經義的偉大著作產生，縱使五經正義，也只能說是一種編纂貫穿剪裁的成果而已，談不上新的創見。這原因一來由於羣經經過了一千年來的研究，前人用力已深，後人當然很難再有新的突破。二來不可否認的是受到唐代科舉明經的影響。爲了帖經，只重記憶，不講究思考，當然不求貫通經義，很少專心爲治經而治經，致缺乏有深度的著作。並且還給社會造成一種錯誤的觀念，認爲讀經就是爲了功名應付科舉，足見一種制度的創立，常利弊互見，又其對社會風氣影響是何等的深遠，同此學術研究和新制度的設立，豈能不愼。

(六)開宋儒以義理解經之先河

一個時代有一個時代特有的學術風氣，但如透過歷史的觀點仔細加以考察，都有其前因後果；中國經學的發展也是如此。隋唐的羣經義疏之學，是經六朝慢慢發展而成；而宋代治經的轉向，又是植因於隋唐。如劉師培的經學教科書就說：「成伯璵毛詩指說，間以己見說經，以詩序爲毛公所續，遂開宋儒疑序之先。」又說：「自韓愈、皮襲美諸儒尊崇孟子，遂開宋儒尊孟之先。」又：「唐韓愈、李翺作論語筆解，附會穿鑿，緣詞生訓，遂開北宋說經之先。」本田成之在中國經學史也說：

如周禮、儀禮雖是名物度數，然僞孔之書與王弼之易却是理論的，因古昔底名物度數等少，故不成為認識古昔的參考。雖然如此，孔穎達等與之共鳴，大半是對於南學的疏通證明，可注意的，這已成為宋儒理學的先驅了。例如所謂尚書序沒有一辭的處所，在孔疏裏却說：「道本沖寂，非有名言。既形以道生，物由名舉。則凡諸經史以物立名。物有本形，形從事著。聖賢闡教，事顯於言，言愜羣心，書而示法。既書有法，因號曰書，後人見其久遠自於上世，尚者，上也。言此上代以來之書，故曰尚書。且言者意之聲，書者言之記，是故存言以聲意，立書以記言，故易曰：書不盡言，言不盡意，是言者意之筌蹄，書言相生者也。」單是所謂尚書的名稱底解釋，不用何等具體的說明，直下一種道體認識論的考察，道是無形無象，是從老子所謂「道可道，非常道」之語而說明的。……蓋自大曆而後，經學新說日昌，初則難疏，繼則難注。（註三五）

隋唐經學家如此以意說經，與宋儒的作風已極相類似。總之隋唐經學是以正義、義疏之學之主流，它與當時科舉制度緊密的結合在一起，在中國經學發展史上形成了獨特的局面。馬宗霍在中國經學史一書說：「自五經定本出，而後經籍無異文；自五經正義出，而後經義無異說，每年明經依此考試。天下士民，奉爲圭臬，蓋自漢以來，經學統一，未有若斯之專且久。」馬氏的這一番話，頗能點出唐代經學的主要精神所在。不過在唐代宗大曆年間以後，許多經學家也喜歡標新立異，不守舊說。這樣的著作，因過逞私意，本身並無多大價值，但影響所及，遂開宋人疑經、改經、以意說經的風氣。(註三六)

另外，在唐代經學發展過程中，有一位值得注意的學者，他本身雖不是經學家，但對於經學卻有自己一套不隨流俗的見解，便是作史通的劉知幾。劉氏字子玄，彭城人。（西元六六一—七二一）。幼跟隨父親藏器學古文尚書、春秋左傳，精通史學，善持論辨。嘗議孝經鄭氏學非康成注，舉十二條左證其謬，主張當以古文爲正。並認爲易無子夏傳，老子書無河上公注，請存王弼學。當時宰相宋璟等不同意這論點，上奏玄宗，請與諸儒質辯，而博士司馬貞等皆黜其言。(註三七)又所著史通首卷「六家」篇中，援經入史，將尚書、春秋、左傳與國語、史記、漢書平行並列，各爲一家，不分主輔。且三傳中特別稱美左傳，卷十四「申左」篇論左氏之義有三長：

> 丘明之傳，所有筆削及發凡例，皆得周典，傳孔子教，故能成不刊之書，著將來之法，其長一也。又案哀三年，魯司鐸火，南宮敬叔命周人出御書，其時於魯文籍最備。丘明既躬為太史，博總羣書，至如檮杌、紀年之流，鄭書、晉志之類，凡此諸籍，莫不畢覩。其傳廣包它國，每事皆詳，其長二也。論語子曰：「左丘明恥之，某亦恥之。」夫以同聖之才，而膺授經之託，加以達者七十，弟子三千，遠自四方，同在一國，於是上詢夫子，下訪其

徒，凡所採摭，實廣見聞，其長三也。

二傳之義有五短：

如穀梁、公羊者，生於異國，長自後來，語地則與魯產相違，論時則與宣尼不接，安得以傳聞之說，與親見者爭先者乎？譬猶近世，漢之太史，晉之著作，撰成國典，時號正書，既而先賢、耆舊、語林、世說，競造異端，強書它事，夫以傳自委巷，而將冊府抗衡；訪諸古老，而與同時並列，斯則難矣。彼二傳之方左氏，亦奚異於此哉？其短一也。左氏述臧哀伯諫桓納鼎，周內史美其讜言；王子朝告於諸侯，閔馬父嘉其辨說。凡如此類，其數實多。斯蓋當時發言，形於翰墨；立名不朽，播於他邦，而丘明仍其本語，就加編次。……觀二傳所載，有異於此，其錄人言也，語乃齟齬，文皆瑣碎。夫如是者何哉？蓋彼得史官之簡書，此傳流俗之口說，故使隆促各異，豐儉不同，其短二也。……如二傳者，記言載事，失彼菁華；尋源討本，取諸胸臆，夫自我作故，無所準繩，故理甚迂僻，言多鄙野，比諸左氏，不可同年，其短三也。案二傳雖以釋經為主，其缺漏不可殫論。如經云：「楚子麇卒」，而左傳云：「公子圍所殺」。及公、穀作傳，述經文，無所發明，依違而已，其短四也。……公羊釋義……是違夫子之教，失聖人之旨，獎進惡徒，疑誤後學，其短五也。

凡此可見知，幾對經書的看法，較近古文學派。

劉知幾以史學家歷史求眞的態度治經，懷疑經書史實，本極自然的事。卷十三疑古篇疑尙書、論語二經，卷十四惑經篇上承王充論衡「問孔」「刺孟」諸篇的懷疑精神，對春秋提出十二未諭、五虛美，已與宋儒疑經、主觀說經的風氣，相差無幾。史通六家篇中將諸史之作分爲六家，把屬於經的尚書、春秋、左傳三家，與國語、史記、漢書並列；又將後世的詔令、策對等視爲續書，使經部的權威解體，在尊經的主流中，提出這種言論，膽量實在很大，這是史學家不同於經學家的立場，也是衞道人士非議知幾的地方。

【附　注】

註　一　見皮錫瑞經學歷史，經學統一時代，頁一八五，河洛圖書出版社。

註　二　見隋書，卷七十五儒林傳及北史，卷八十二儒林傳下。

註　三　見隋書劉炫傳，鼎文書局。

註　四　見新唐書，卷四十四選擧志，鼎文書局。

註　五　見新唐書本傳，鼎文書局。

註　六　參見古書版本學，頁一，洪氏出版社。

註　七　見古經解彙函小學彙函，鼎文書局。

註　八　見新唐書藝文志，鼎文書局。

註　九　參見簡博賢唐代經學遺籍考，民國五十六年師大國文研究所碩士論文。

註一〇　同注九

註一一　見禮記正義孔穎達序，藝文印書館。

註一二　見皮錫瑞經學通論，頁七十四，「論鄭注引漢事引讖緯皆不得不然，習禮記者當熟玩注疏，其餘可綏。」，河洛圖書出版社。

註一三　見春秋左傳正義孔穎達序，藝文印書館。

註一四　參見朱子語類，華世出版社。

註一五　參見馬宗霍中國經學史，第九篇：隋唐之經學，頁九七——一〇五，臺灣商務印書館。

註一六　見朱彝尊經義考，卷一二一，中華書局。

註一七　見晁公武郡齋讀書志，廣文書局。

註一八　參見陳澧東塾讀書記，卷七，中華書局。

註一九　同注九。

註二〇　見儀禮義疏序及晁公武郡齋讀書志，藝文印書館。

註二一　見陳蘭甫東塾讀書記，卷八，中華書局。

註二二　見十三經注疏公羊疏，卷一，藝文印書館。

註二三　同注九。

註二四　參見朱睦㮮周易集解序及朱彝尊經義考。

註二五　參見劉師培經學教科書，漢聲出版社；及徐芹庭周易口訣義疏證，成文出版社。

註二六　同注一六，卷一七八。

註二七　同注九及朱彝尊經義考，卷一百三，中華書局。

註二八　同注二五，第二十課二三國南北朝隋唐之禮學。

註二九　參見馬端臨文獻通考卷一八二經籍九引崇文總目，新興書局。

註三〇　同注一六，卷一七八。

註三一　參見傅樂成主編，隋唐五代史，長橋出版社。

註三二　參見顧炎武日知錄卷十六明經，明倫出版社。

註三三　參見舊唐書楊瑒傳，鼎文書局。

註三四　參見杜佑通典卷十五選舉三，新興書局。

註三五　參見本田成之中國經學史第六章唐宋之明的經學，頁二三一—二三二，廣文書局。

註三六　參見傅樂成主編隋唐五代史，頁一六八，長橋出版社。

註三七　玄宗開元七年（西元七一九年），劉知幾與諸儒辯證之語，具載於唐會要卷七十七貢舉門論經義條下。

第七章　兩宋的新經學

宋太祖趙匡胤原仕於後周，爲殿前都檢點，兼歸德節度使，在建隆元年（西元九六〇年）太祖廢後周恭帝自立，建國號宋；直到欽宗靖康二年（西元一一二七）金兵攻陷汴京，徽、欽二帝被俘，北宋亡。前後一六八年。當年康王構卽位南京，改元建炎，是爲南宋高宗，在紹興八年（西元一一三八）奠都臨安（今浙江杭州）。恭帝德祐二年（西元一二七六）元將伯顏率兵入臨安，擄恭帝北去，南宋亡，計一五〇年。南北宋總計三一七年，在這近三百多年間，外患頻仍，初有契丹、遼、金、西夏，後有蒙古，使國家長期處在外敵壓境，國土分裂局面下，對於治經和學術研究風氣的取向，不免會有所影響，於是在中國經學發展史上又開創出一個新局面。

一、宋初的學術背景

就中國歷史說，兩宋三百多年間，是國力較弱，外患特多的一個朝代。不過在學術的成就上，卻至爲突出，大師、大儒輩出，後人常以宋學和漢學相對稱。兩宋有關經學研究的成績也相當輝煌，那時所謂的道學，也可說是經學的產物。爲何會形成這種局面？主要是由於下列幾種背景所造成：

㈠刊印經書

中國歷史介於隋唐之間還有所謂的「五代」，卽從朱全忠篡唐，建國號梁，改元開平（西元九〇七）算起。梁太祖在開平三年，又將國都從開封徙到洛陽。不久李存勗卽代梁稱帝，建國號唐，卽史稱的後唐（西元九二三）。後來契丹又立石敬瑭代唐爲帝（西元九三六），史稱爲後晉。西元九四七年，沙陀人劉知遠入大梁滅晉，建國號漢，史稱後漢。西元九五〇年，郭威舉兵反漢弑帝稱制，是爲後周，直到宋太祖統一全國（西元九六〇）止，共計五十四年，當時據地各自稱王立國的也不少，所以歷史上把這一時期叫做「五代十國」。在這短短五十多年大動亂的時代裏，北方還有強敵契丹壓境，中原無暇於學術，在經學方面當然談不上有什麼大成就，唯一值得注意的是中國鏤版印刷術從五代卽開始盛行。據五代會要在後唐明宗長興三年（西元九三二），馮道、李愚卽奏請依石經文字刻九經，後漢、後周皆繼續此項刻書的工作，到後周太祖廣順三年（西元九五三），九經皆成，這對中國經籍流傳和經義的弘揚，貢獻最爲直接具體。宋代立國後，由於印刷術的改進，在北宋太宗端拱元年（西元九八八）曾詔國子監刊刻孔穎達所編修的五經正義，以後公家、私家卽大量翻刻經書。在本書第一章「雕版經書」一節，已略有介紹，於此不再贅述。而由於經書刊刻風氣的興起，和技術的改進，直接帶動兩宋經學的研究風氣。馬宗霍中國經學史第十章宋之經學說：

> 蓋自有鏤板，學者無復筆札之勞，經籍流布，由是益廣，斯實文藝上一大發明，且各經皆詳加校定而後頒行，則舛誤亦自較傳鈔為少。宋槧之見寶於後世，實在於此。是故唐以前

但有官學，宋以來又有官書，其於扶翼聖道，豈曰小補之哉。

宋版經書之所以寶貴，非但其時間早，校對精而已，它對兩宋治經學者也是提供了最有利的條件。

㈡輕武重文

一般人都說唐代之亡，亡於藩鎭，這是不可否認的事實；宋太祖本身便是在這種情況下起家的，深知武人坐大，國君力弱，尾大不掉的弊端。於是在他陳橋兵變，取得政權，統一天下後，便盡量設法抑住武將的權勢，重用文官，在宋史太祖本紀有這麼一段記載：

乾德改元，先諭宰相曰：「年號須擇前代所未有者。」三年，蜀平，蜀宮人入內，帝見其鏡背有志「乾德四年鑄」者，召竇儀等詰之。儀對曰：「此必蜀物，蜀主嘗有此號。」乃大喜曰：「作相須讀書人」，由是大重儒者。

太祖本紀贊又說：

建隆以來，釋藩鎭兵權，繩贓吏重法，以塞濁亂之源。

釋藩鎭兵權，旨在杜絕濁亂的根源，但卻導致宋代兵弱，無法抗敵。又社會人士較重讀書，學術思想蓬勃發展，當與這種特殊的政治背景有關。

㈢增設學校

在宋初太祖的時候，就曾增築國子監學舍，到仁宗慶曆四年（西元一〇四四）范仲淹爲參知政事，即極力批評當時不重敎而重選，主張廣設學校，凡應科舉者，須先受學校教育，當時仁宗下令在地方設置學校，詔「有司其務嚴訓導，精察學；學者其務進德修業，無失其時」。在中央擴充學生員額。神宗時又採納王安石的建議，改革教育，注意興辦學校（註一），命諸州置學官，給田贍士，置小學教授，創立大學三舍法，增太學生至千人，使教育能眞正做到平民化、普及化，這是宋代在學政上的一大建樹。

㈣書院大興

秦漢時，學子講學地方，已有稱「精舍」或「精廬」、「講堂」者，但比較有規模的書院大概始於唐代，據王應麟玉海稱「唐明皇置麗正書院，集文學之士，講學於其中。」到了晚唐五代，書院日漸盛行。入宋以後，由於重視師道，以及受到科舉理學的影響，教育大興，於是書院蓬勃發展，總計南北宋書院近五百所（註二）。如在廬山有白麓書院，衡陽有石鼓書院，應天府有應天書院，長沙有嶽麓書院，史稱爲四大書院。後人對書院制度雖有許多的批評，但不可否認的，它是融學術於生活最佳的教育方式，也培養出不少人格修養極高的大師。更爲政府訓練政治人才，並對時政提供一些建言，及促進平民教育的普及，這些都是書院的正面作用。又它主要的教材是中國的經書，因此書院對經籍的整理、研究和弘揚，都有相當大的貢獻。

㈤理學發達

宋代的學術，以理學爲中心，宋史在儒林之外另立道學傳，所傳卽兩宋之理學家。宋代的理學開山大師，胡瑗（安定）、孫復（泰山）分別在南方及北方講學。比胡、孫稍晚的北宋理學大家則有周敦頤（濂溪）、張載（橫渠）、二程子（程顥、程頤）。張載、程頤的思想，影響了南宋的朱熹（晦菴）；周敦頤、程顥的思想則影響了陸九淵；一派偏於道問學，一派偏於尊德性，而朱、陸學說便是集兩宋理學之大成者，它與經學息息相關，清顧炎武卽認爲捨經學則無理學；理學乃從經學發展而出，而理學一盛後，也影響了治經的內涵，所以想探究兩宋經學，對於當代的理學則不能不知。而且理學的出現與釋、老也脫不了關係，所以像張載、程子、朱子及他們的門人，說中庸很難不受佛、老的影響。

二、兩宋治經的取向

(一)繼續唐代經籍義疏之學

從兩漢以後，經學已成爲中國學術文化的主流，由經義的統一到學術的統一，是國家大一統的前提，王安石曾說：

> 學術不統一，則一人一義，十人十義，朝廷有所為，則議論紛然不聽，此由朝廷不能統一學術；統一學術，不能不興學校，改貢舉之法。（註三）

因此有統一的經義以作爲科舉和教學的準則，乃是配合時代的需要。羣經義疏在唐時已編修了不少部。宋初由於印刷術的盛行，除將唐代所纂修的九經義疏，刊刻推廣外，在宋眞宗咸平三年（西元一〇〇〇）邢昺受詔與杜鎬、舒雅、孫奭、李慕清、崔偓佺等，將周禮、儀禮、公羊傳、穀梁傳等正義重新校訂，並再修孝經、論語、爾雅諸經正義，至於孟子正義也是在宋代完成的。

1. 論語注疏

根據宋中興館閣書目，稱本疏完成於眞宗咸平年間，是由邢昺等奉詔修纂。邢昺字叔明，曹州濟陰人，（西元九三二——一〇一〇），本書乃依何晏集解各家之注敷衍而成，其間採用皇侃疏爲最多，也斟酌了各家的說法，大體上是偏於以義理說經，但也不忽略章句、訓詁、名器事物，雖缺乏新義創見，不過邢疏在中國經學發展史上，是由漢學轉爲宋學過渡的一部代表作。

2. 孝經注疏（正義）

宋史藝文志卷二百二著錄本疏有三卷，宋會要稱（宋太宗）至道二年（西元九九六），判監李至請命李沆、杜鎬等纂孝經正義，朝廷准其奏。於眞宗咸平三年三月，命祭酒邢昺代領其事；另外參與編纂工作的還有杜鎬、舒雅、李維、孫奭、李慕清、王煥、崔偓佺、劉士玄等人。本疏主要是取唐元行沖孝經疏加以約簡而成。咸平四年（西元一〇〇一）九月書成呈獻朝廷，眞宗並在國子監賜宴參與編纂工作人員，也分別加以獎勵。十月命杭州書家刻版刊行。至於唐元行沖所疏孝經因書出於多人之手，不免有牴牾褊陋處，所以崇文總目批評元疏說：

> 初世傳元行沖疏外，餘家尚多，皆猥俗褊陋，不足行遠，咸平中，昺等奉詔據元氏本而增損焉。

元疏早已亡佚，邢昺雖據其疏而加以增損，惜今邢疏未注明何者爲元疏，以致無法見其損益情形，至爲遺憾。

3. 爾雅注疏

漢魏以來，爲爾雅作注的有不少家，但在隋書經籍志和陸德明經典釋文序錄中所見到的，卻只剩下犍爲文學、劉歆、樊光、李巡、孫炎（叔然）五家，從其佚文看來，都未盡詳備。東晉時郭璞，斟酌前人的說法，探究六經義旨，花了二十多年的功夫，再爲爾雅作注，其命義至爲精當，也詳於百物訓說。後人根據郭注作義疏的，有唐孫炎、高璉等家。（後人常把此孫炎，誤以爲是孫叔然。黃季剛……說：「唐代別有孫炎，邢疏序云：『爲義疏者，俗間有孫炎、高璉。』宋志稱孫炎疏十卷，今輯佚家往往誤以爲孫叔然。」）但二家詞義皆爲淺近俗陋。於是入宋後，邢昺方奉敕與杜鎬、舒雅、李維、孫奭、李慕清、王煥、崔偓佺、劉士玄等人，以郭璞注爲疏釋對象，乃以經籍爲宗，推衍義理，而寫成本疏。爾雅疏序云：

> 今既奉敕校定，考案其事，必以經籍為宗，理義所詮，則以景純為主。

宋志著錄邢昺爾雅疏共十卷，書成列於學官，此後便成爲研究爾雅和郭注的主要書籍，不過後代學者，對邢疏也有所不滿。如錢大昭在爾雅釋文補自序說：

> 北宋邢叔明專疑郭景純注，墨守東晉人一家之言，識已拘而鮮通，其為書也，又不過鈔撮孔氏經疏、陸氏釋文，是學亦未能過人矣！

邵晉涵爾雅正義序亦說：

> 邢氏疏於宋初，多掇毛詩正義，掩為己說，間采尚書禮記正義，復多闕略，南宋人已不滿其書，後取列諸經之疏，聊取備數而已。

邢疏的成書與唐人正義相類，都是成於衆人之手，難免會有一些缺失，但不應因錢氏、邵氏的指責而就否定它的價值，如四庫全書總目提要就有很客觀的評論：

昺疑亦多能引證，如尸子廣澤篇、仁意篇，皆非今人所及睹，其犍為文學、樊光、李巡之注，見於陸氏釋文者，雖多所遺漏，然疏家之體，唯明本注，注所未及，不復旁搜，此亦唐以來之通弊，不能獨責之於昺。

四庫提要的評論，尚稱平允。黃季剛於爾雅略說中更指出爾雅疏有三項優點，一爲補郭注之闕，二爲知聲義之通，三爲達詞言之例（註四）。頗能突顯邢疏的特色。

4. 孟子正義

孟子正義有十四卷，其序署名孫奭撰。經義考卷二百三十三採用宋晁公武的話並說：

孫奭等采唐張鎰、丁（郡齋讀書志卷三作于）公著所撰，參附益其闕。古今注孟子者，趙氏之外，有陸善經。奭撰正義，以趙注為本，其不同者，時時兼取善經，如謂子莫執中為子等無執中之類。（真宗）大中祥符中書成，上於朝。

孫奭字宗古，博州博平人。（西元九六二——一〇三三）今孟子注疏因俗陋的地方很多，南宋朱熹對本疏已有所懷疑，他說：

孟子疏乃邵武士人假作，蔡季通識其人，其書全不似疏體，不曾解出名物制度，只繞纏趙岐之說爾。

王應麟也說：

孫奭正義、崇文總目、館閣書目、讀書志皆無之。朱文公謂邵武士人作（註五）。

朱熹爲南宋人，與孟子正義成書的時間較爲接近，他的懷疑可能性相當高。朱彝尊特別舉一些例子：

> 按趙岐注孟子，多引舊事以證之。如曰殀若顏淵，壽若召公，有不虞之譽。尾生本與婦人朝于梁下，不度水之卒至，遂至沒溺，而獲守信之譽，有求全之毀。陳不瞻將赴君難，聞金鼓之聲，失氣而死，可謂欲求全其節，而反有怯弱之毀者也。非禮之禮若禮而非禮，陳質娶婦而長拜之也；非義之義若義而非義，藉交報仇是也。其為人也寡欲，雖有不存焉者寡矣！雖有少欲而亡者，謂遭橫暴，若單豹臥深山而遇饑虎之類也，然亦寡矣！其為人也多欲，雖有存焉者寡矣！謂貪而不亡，蒙先人德業，若晉國欒黶之類也，然亦少矣！不存者衆。岐之引書偶失傳，使正義出於宣公，必能元元本本，即或不然，亦當云未詳為是，乃不曰據史記之文而言之，則曰此蓋史傳之文而云然，未免疏矣！至詮西子，按史記云：西施，越之美女，越王勾踐以獻之，吳夫差大幸之，每入市，人願見者，先輸金錢一文。考史記並無其文，不知何所依據。朱子謂正義是邵武士人作，似有可疑，不若音義（孟子音義，宋志云二卷）之真也（註六）。

四庫全書總目提要也是有同樣的看法，但至今尚未找到確切的證據，可資斷定孟子正義非孫奭所撰。

㈡孟子經學地位的確立

孟子在漢文帝時，曾立爲博士，但不久又廢棄，主要是因爲孟子思想較爲前進，又倡導民貴君輕思想，所以不大受歷代國君所歡迎，在漢志、隋志、兩唐志都將孟子一書列於子部儒家類，唐文宗時，刊刻開成石經，尚無孟子。而孟子喜談理、談氣、談心性，這正是理學家所特別標榜的，因此孟子在宋代就格外的受到重視。如在眞宗大中祥符五年(西元一〇一二)命孫奭校定孟子，並爲孟子修正義，孟子才正式成爲十三經之一。孟子正義序對孟子書至爲推崇，孫序云：「夫揔羣聖之道者，莫大乎六經；紹六經之教者，莫尚乎孟子。自昔仲尼既沒，戰國初興，至化陵遲，異端並作，儀、衍肆其詭辯；楊、墨飾其淫辭，遂致王公納其謀，以紛亂於上。學者循其踵，以蔽惑於下，猶洛水懷山，時盡昏墊，繁蕪塞路，孰可芟夷。惟孟子挺名世之才，秉先覺之志，拔邪樹正，高行厲辭，導王化之源，以救時弊，開聖人之道，以斷羣疑，其言精而贍，其旨淵而通，致仲尼之教獨尊於千古，非聖賢之倫安能致於此乎？」宋神宗時，王安石等議定以論孟同科取士，徽宗崇寧年間孟子進祀孔廟，到此時孟子經學地位才眞正被肯定，但元托克托所修宋史藝文志卻仍把孟子書列於子部，這完全是一種相因成習的錯誤安排，乃撰史者因襲前志不知變通的緣故。

(三)標榜四書

早在梁武帝時，已特別看中禮記中庸一篇，曾著有中庸講疏。後將大學、中庸從禮記一書中單獨提出，與論語、孟子並列，應從李唐的韓愈、李翺開始，宋儒爲弘揚儒家思想，喜談心性之學，想爲儒學找出更高的形上基礎，並建立一思想體系，以對抗佛學，所以對此四書格外的重視，在司馬光時，已特別爲大學作廣義，宋史道學傳也說：

仁宗明道初年，程顥及弟頤寔生，及長，受業周氏，已乃擴大其所聞，表章大學、中庸二篇，與語、孟並行，於是上自帝王傳心之奧，下至初學入德之門，融會貫通，無復餘蘊。

道學程頤傳又說：

> 頤書無所不讀，其學本其誠，以大學、語、孟、中庸為指標，而達於六經。

到了南宋朱熹，並爲之作章句、集註，於是四書名稱，便普遍的流行於民間，這四本書也就成爲讀書人進德修業必讀的書，從此以後，四書五經便成爲家喻戶曉的名詞。馬宗霍中國經學史說：

> 程朱既以倡明道學自任，因復表章大學中庸二篇與論語、孟子並行。以為此道統之所在，二程於學庸、語孟皆有說，出其門者，如謝良佐有論語說，游酢有中庸義、論語孟子新解，楊時有中庸解、論語解、孟子義，尹焞侍講經筵，奉詔作論語孟子解，大抵發揮師說，一以義理為歸。朱子則作大學、中庸章句或問，論語孟子集注，合稱曰四子書，益萃羣賢之言而折衷之，且于大學分別經傳，于中庸定著章節，遂使二篇離禮記而獨自成學。朱子沒，朝廷以其四書訓說立于學官，於是四書亦為一經。自有四書，而後道學之門戶正，自朱子四書立于學官，而後道學之壁壘堅，此黃榦所謂道之正統。由孔子而後，曾子子思繼其微，至孟子而始著，由孟子而後，周、程、張子繼其絕，至朱字而始著也。

所以突顯四書學，也是宋代經學發展很特殊的一環。

(四)新經義的修訂

唐代科舉，採用帖經方式，較偏重於記憶，後因時代的變亂，曾中止了一段時間，到了宋仁宗時，又恢復了明經科。宋神宗熙寧四年（西元一〇七一）用王安石爲相，變法革新，更定科舉，改帖經爲墨義。所謂墨義，卽以經義取士，常視現實社會需要出一策論題，令學子筆答，爲了讓一般士子有所遵循，王安石著有周禮義，呂惠卿有詩義，王雱有書義，合稱爲三經新義，書成頒於學官，作爲策論墨義的準繩，晁公武郡齋讀書志卷一上說：「熙寧中，設經義局。」所撰三經義，皆本王安石經說。此舉對於宋代學子治經的取向有相當大的影響。

王安石除三經新義外，尙撰有易解、論語解、孟子解，也都是科場主要的用書，哲宗紹聖，徽宗崇寧、大觀年間，章惇、蔡京分別用事，兩人都是王氏餘黨，王學仍然流行。如蔡卞的尙書解、毛詩名物解，陸佃爾雅新義、詩物性門類、禮記解，王昭禹的周禮詳解，林之奇的周禮講義，方愨、馬晞孟的禮記解等多宗王學，所以陳振孫稱王學獨行於世六十年（註七）。

南宋以後，因科舉明經仍採用墨義的制度，爲了迎合時尙，當時說經者往往空衍義理，因此使經學精神爲之架空，直到元明，依然如此，日後不免滋生流弊，爲了匡正這種缺失，才轉而有清代樸學的代興。

㈤特別著重易與春秋二經的研究

易經爲六經之原，又深富人生哲理；春秋經則爲孔子一生的用心所在，它有微言、有大義，其中如申明華夷之辨，在宋代外患頻仍的社會，具有特殊的意義。又宋代理學特別發達，這二經常常是理學家取義的根據。馬宗霍中國經學史也特別強調這一現象，馬氏說：

> 其間易與春秋作者尤繁，蓋易本隱以之顯，春秋推見至隱，一明天道，一明人事，惟人所說，不必徵實，故自王弼廢象數，而談易者日增，自啖助廢三傳，而談春秋者日盛，空言

易騁，亦不獨宋儒為然矣。又南渡而後，國勢不振，士大夫憤夷禍之日亟，痛恢復之難期，情殷中興，念切雪恥，無以寄志，退而著書，則垂戒莫顯乎易象，復讐莫大乎春秋，趨治二經，殆亦有不獲已者焉。

居於以上的內外在因素，所以易與春秋二經，在宋代經學研究上，佔有極重要的地位。如孫復（泰山）就認爲：能盡孔子之心的便是大易，能盡孔子之用的便是春秋。因此認爲這二經乃是聖人的極筆，也是治世的大法，他自己便有易說和春秋尊王發微的著作，我們從宋史藝文志所蒐集的經學著作來看，易經和春秋佔了極大的分量，便是最好的說明，這也是兩宋治經至爲特殊的趨向。

(六)治經趨於主觀

宋代理學的特色，是着重在自我內心的反省體驗，所以在經學的研究上乃捨兩漢訓詁章句之學，而趨向義理的闡發，當然主觀的成分便會來得濃厚些。在宋仁宗慶曆以後，治經主觀味道，更日趨濃烈，司馬光曾說：

新進後生，口傳耳剽，讀易未識卦爻，已謂十翼非孔子之言；讀禮未知篇數，已謂周官為戰國之書；讀詩未盡周南、召南，已謂毛、鄭為章句之學；讀春秋未識十二公，已謂三傳可束之高閣。(註八)

陸游也特別指出唐代及宋初，學者不敢不相信孔安國、鄭康成。而宋慶曆諸儒則排斥易繫辭（指歐陽修），毀周禮（指歐陽修、大小二蘇），譏書之胤征、顧命（指蘇軾），黜詩序（指晁說之)，大概從劉敞的七經小傳，王安石等的三經新義刊行，憑主觀說經的風氣便大爲盛行。程頤易傳，專明易理，排斥王弼說，專以儒理說易。蘇軾作書傳，橫生議論，都是出自同樣的作風。(註九)

三、宋代的疑經改經風氣

由於兩宋說經風氣趨向主觀，不信注疏，難免對前人的經說會有所懷疑。屈萬里先生曾將兩宋疑經之說區分爲三大類：一是懷疑經義的不合理性，二是懷疑先儒所公認的經書著作，三是懷疑經文的脫簡、錯簡、訛字等。(註一〇)凡諸經皆有所疑。例如：

(一)疑易經

如歐陽修撰易童子問，不信河圖、洛書。又謂文言、繫辭、說卦而下，皆非聖人之作。易童子問三卷三十七章云：

> 童子問曰：繫辭非聖人之作乎？曰：何獨繫辭焉，文言、說卦而下，皆非聖人之作；而衆說淆亂，亦非一人之言也。昔之學易者，雜取以資其講說；而說非一家，是以或同或異，或是或非；其擇而不精，至使害經而惑世也。

唐時陸希聲已深病爻辭之不類，常隨欲去取。宋情況更爲嚴重，如趙汝楳在其所著易雅象釋第六亦疑說卦、序卦、雜卦皆爲漢儒所竄入；又在周易輯聞卷一以繫辭多稱子曰，疑爲門人所記，非夫子所作之書。葉適在習學記言卷三也懷疑十翼非孔子作。葉國良在宋人疑經改經考一書曾加以統計：疑繫辭有鄭厚、楊簡、葉適、吳仁傑、趙汝談、李心傳、馮椅、徐總幹、趙汝楳、王柏、金履祥。疑文言有鄭厚、葉適、吳仁傑、高似孫、趙汝談、李心傳、馮椅、方實孫、趙汝楳、王柏、金履祥。疑說卦有葉適、吳仁傑、趙汝談、馮椅、趙汝楳、王柏、金履祥。疑序卦有朱翌、程迥、葉適、吳仁傑、趙汝談、馮椅、章如愚、趙汝楳、王柏、金履祥、張文伯。疑雜卦有葉適、吳仁傑、趙汝談、馮椅、趙汝楳、王柏、金履祥等，足見當時疑經風氣之盛。

㈡疑書

如吳棫撰書裨傳，漸覺古文尚書之僞。朱子也懷疑古文尚書和孔傳。至趙汝談併今文而疑之，於伏生所傳諸篇，亦多所掊擊觝排。成爲明梅鷟、淸閻若璩、惠棟等考訂古文尚書及孔傳爲僞作的先驅。朱子再傳弟子王柏作書疑，則疑尚書有脫簡、誤衍之處。

㈢疑　詩

如歐陽修作詩本義，謂詩序非子夏所作，也懷疑毛、鄭之說，又謂各詩所繫類例不一，未可盡從。蘇轍作詩傳，謂詩之小序，反復繁重，類非一人之詞；疑爲毛公之學，衞宏之所集錄。楊簡亦據後漢書之說，以小序爲出自衞宏，不足深信。鄭樵、朱熹、王質，幷攻毛傳鄭箋、小序。(註一一)程大昌作詩論不惟辨大小序，又論古有二南而無國風，國風之名，出于左、荀，豳詩非有七月等。

㈣疑　禮

劉敞作七經小傳，於禮記疑「若夫坐如尸」一節有脫簡，「人喜則斯陶」九句有遺文，「禮不王不禘」及「庶子王亦如之」有倒句。趙汝談謂周禮爲傅會女主之書。另歐陽修、蘇軾、蘇轍、胡宏等也並懷疑周禮一書。歐陽文忠公全集居士集卷四十八問進士策云：

周禮其出最後。……漢武以為瀆亂不驗之書，何休亦云六國陰謀之說，何也？然今考之，實有可疑者。夫內設公卿大夫士，下至府史胥徒，以相副貳；外分九服，建五等，差尊卑，以相統理；此周禮之大略也。而六官之屬略見於經者五萬餘人，而里閭縣都之長、軍師卒伍之徒不與焉。王畿千里之地，為田幾井，容民幾家，王官王族之國邑幾數，民之貢賦幾何，而又容五萬人者於其間。其人耕而賦乎？如其不耕而賦，則何以給之？夫為治者，故若是其煩乎？此其一可疑者也。秦既誹古，盡去古制。自漢以後，帝王稱號，官府制度，皆襲秦故，以至於今。雖有因有革，然大抵皆秦制也；未嘗有意於周禮者。豈其體大而難行乎？其果不可行乎？夫立法垂制，將以遺後也；使難行，而萬世莫能行，與不可行等爾。然則，反秦制之不若也。脫有行者，亦莫能興，或因以取亂，王莽、後周是也。則其不可用決矣。此又可疑也。

東坡續集卷九策「天子六軍之制」云：

周禮之言田賦夫家車徒之數，聖王之制也；其言五等之君，封國之大小，非聖人之制也，戰國所增之文也。何以言之？按鄭氏說：武王之時，周地狹小，故諸侯之封及百里而止。周公征伐不服，廓大中國，故大封諸侯，而諸公之地至五百里。不知武王之時，何國不服，而周公之所征伐者誰也。東征之役，見於詩、書，豈其廓地千里而史不載邪？此甚可疑也。周之初，諸侯八百；春秋之世，存者無數十。鄭子產有言：古者大國百里；今晉、楚千乘，若無侵小，何以至此？子產之博物，其言宜可信。先儒以周禮為戰國陰謀之書，亦有以也。

蘇轍欒城後集卷七歷代論一「周公」篇云：

言周公之所以治周者，莫詳於周禮；然以吾觀之，秦、漢諸儒以意損益之者衆矣，非周公之完書也。

蘇轍於該篇最後結語說：「則凡周禮之詭異遠於人情者，皆不足信。」

㈤疑春秋

如王安石認爲春秋比他經更爲可疑，並斥春秋爲斷爛朝報，進而指三傳皆不足信，如他曾作春秋解一卷，曾列舉十一事證明左傳非左丘明作。朱熹在朱子語類卷八十三也懷疑左傳是秦時的文字。葉夢得作春秋考，懷疑左傳是戰國時秦晉間人所作。鄭樵作春秋考，則疑左傳是出自六國時人之手。

㈥疑孝經

如朱子大全集卷八十四跋程沙隨帖朱熹云：「孝經獨篇首六七章爲本經，其後皆傳文，然皆齊魯間陋儒篡取左氏諸書之語爲之。至有全然不成文理處，傳者又頗失其次第，殊非中庸、大學之儔也。」朱子語類卷八十二朱子又說「古文孝經亦有可疑處。」「孝經疑非聖人之言。」「孝經亦湊合之書，不可盡信。」此即疑孝經之眞。

(七)疑　孟

如李覯撰有常語三卷，多疑孟子之言。(註一二) 司馬光也曾作疑孟一卷(注一三)。晁說之對孟子也頗有疑惑。(註一四)

這種疑古求眞的治學態度，往好的方向說，很富科學精神，促使經學研究產生突破性的發展，也給了後世學者莫大的啓示。但如不該疑而疑，或爲求眞而失眞，則將形成的負面影響，亦不能不加注意。

懷疑前人經說一旦到達某種程度，進而加以刪改或變動經傳，便是極爲自然的事，這種改經的風氣，在鄭玄注經時，已常有此種現象，只不過沒有像宋代那麼隨意刪改就是。宋初的劉敞作尙書、毛詩、周禮、儀禮、禮記、公羊傳、論語等所謂的七經小傳，就喜歡以意改經。朱彝尊在經義考卷八十四尙書附傳下說：

> 漢儒於經文遇有錯簡，斤斤宗其師傳，不敢更易次第。至宋二程子始更定大學篇，而朱子遂分為經傳，又取孝經考定，繼是有更定雜卦傳者，有更定武成、洪範者，餘亦不數見也，魯齋王氏於(柏)詩書皆疑之，多有更易。書則於舜典、「舜讓於德弗嗣」下，補入論語作堯帝曰：「咨爾舜，天之曆數在爾躬，允執其中，四海困窮，天祿永終」二十四字。於「敬敷五教在寬」下，補入孟子「勞之來之，匡之直之，輔之翼之，使自得之。又從而振德之」二十二字。餘若臯陶謨，益稷、武成、洪範、多方、多士、立政皆更易經文先後而次第之，觀者未嘗不服其精當，然亦知者之過也。

朱氏所學，只是數端而已。他如：

更改易經者：如馮椅的厚齋易學，改彖曰、象曰、爲贊；以繫辭之卦卽爲彖，繫爻之辭卽爲象，認爲王弼本彖曰、象曰、乃孔子釋彖、象。又改繫辭傳上下爲說卦上中。李過的西谿易說，於乾卦彖辭下，便掇入彖傳，象傳內便掇入文言，釋彖處繼以大象，又分爻辭附於小象，又附入文言。趙汝楳的周易輯聞，以大象移于卦畫之後，彖辭之前；以文言散附乾坤彖傳及小象後，又去彖曰、象曰、文言曰等字。使經傳混淆，茫然莫辨。程子亦改易繫辭「天一地二」一節于「天數五地數五」一節之上。後世易經讀本卽因襲程子改本。

更改尚書者：龔鼎臣在其所著東原錄改定洪範篇，劉敞的七經小傳改定武成篇，王柏的書疑，動以脫簡爲辭，併舜典于堯典，刪除姚方興所撰二十八字，合益稷于皐陶謨，以大禹謨、皐陶謨爲夏書，以論語「咨爾舜」二十二字補「舜讓于德弗嗣」之下，以孟子「勞之來之」二十二字補「敬敷五教在寬」之下，至于堯典、皐謨陶、說命、武成、洪範、多士、多方、立政八篇，則純以意爲易置，一概託之於脫簡。有割一兩節者，有割一兩句者。蘇軾亦更改尚書洪範「王省惟歲」一節于「五曰曆數」之下。又改康誥篇「惟三月哉生魄」一節，于洛誥篇「周公拜手稽首」之上。

更改詩經者：如蘇轍的詩集傳，小序僅存發端一言，餘文悉從刪汰。鄭樵的詩傳及詩辨妄，盡削去小序，而以己意爲之序。陳鵬飛的詩解，去商、魯二頌，以爲商頌當闕，而魯頌可廢。王柏的詩疑，以行露首章爲亂入，以小弁「無逝我梁」四句爲漢儒妄補，以下泉末章爲錯簡，謂與上三章不類，又刪召南的「野有死麕」，邶風的「靜女」，鄘風的「桑中」，衞風的「氓」、「

有狐」，王風的「大車」、「丘中有麻」，鄭風的「將仲子」、「遵大路」、「有女同車」、「山有扶蘇」、「籜兮」、「狡童」、「褰裳」、「丰」、「東門之墠」、「風雨」、「子衿」、「野有蔓草」、「溱洧」等篇，秦風的「晨風」，齊風的「東方之日」，唐風的「綢繆」、「葛生」，陳風的「東門之池」、「東門之枌」、「東門之楊」、「防有鵲巢」、「月出」、「株林」、「澤陂」等詩，都三十餘篇。又謂小雅中凡雜以怨誹之語者，宜歸之王風。又謂桑中當曰采唐。權輿當曰夏屋，大東當曰小東，篇名亦認爲應當更改。

更改禮經者：劉敞七經小傳「謂周禮誅以馭其過」，過當作「禍」，「士」田賈田，士當作「工」，九簭五曰「巫易」，當作「巫陽」；謂禮記諸侯以「貍首」爲節，貍首當作「鵲巢」。兪廷椿周禮復古編，謂五官所屬皆六十，不得有羨，其羨者皆取以補冬官。又謂天官世婦與春官世婦，夏官環人與秋官環人，爲一官複出，當省幷之。二程則更定禮記大學篇。又吳澄作禮記纂言，將禮記四十九篇加以顚倒割裂。

更改春秋者：如劉敞的春秋傳，其經文雜用三傳不主一家，每以經傳連書，不復區畫，又好減損三傳字句，往往失眞。如左傳「惜也越竟乃免」句，劉敞卽改爲「討賊則免」，而仍以「孔子曰」冠之。

更改孝經者：如朱熹將古文孝經分經一章，傳十四章，且刪改經文三百多字，但朱子到底據何而改，則不得而知。

更改四書者：如朱熹將禮記大學篇，訂爲四書之一，又任以己意將大學區分爲經一章、傳十章，並說：「經一章，蓋孔子之言，而曾子述之。其傳十章，則曾子之意，而門人記之也。」並認爲中庸是孔門傳授心法，由子思「筆之以授孟子」。朱子又說：「舊本有錯簡，今因程子所定，而更考經文，別爲序次。」程子對論語則改鄉黨「必有寢衣」一節，於「齋必有明衣布」之下。（註一五）

宋儒喜歡隨意改經、變更經文次序的習尚，往往使經書喪失原來面目，這是最受後人批評的地方。然而在此一片疑經改經的風氣下，也有志在恢復古經書原貌的，如朱震的漢上易集傳，薛季宣的書古文訓，陳傅良的詩解詁……等，可說是主流之外的旁支。

四、兩宋經學的重要著述

自北宋雕版印刷術盛行以後，有關兩宋經學著述被保留下來的，比起以往任何朝代要多得多，茲將見於通志堂經解中及其他較爲重要的著作，依各經的次序分別說明如下：

(一)易 經

宋代的易學相當發達，約可區分爲四派：一是圖書象數派：如陳摶的先天太極圖，周敦頤（西元一〇一七—一〇七三）的太極圖說，劉牧的易數鈎隱圖，李之才的卦變反對圖，邵雍的皇極經世書論，朱震的漢上易傳等。二是易義理派：如胡瑗的易解，司馬光的易說，張載的易說，程頤的易傳，蘇軾的東坡易傳等。三是易象數義理折中派：如耿南仲的周易新講義，鄭剛中的周易窺餘，趙彥肅的復齋易說，易祓的周易總義，朱子的易本義等。四是以史證易派：如李光的讀易詳說，楊萬里的誠齋易傳，李杞用的易詳解等。宋儒的易學著作至爲豐富，可惜大多已亡佚，現把較重要的易書介紹如後：

1. 劉牧　易數鈎隱圖三卷　遺論九事一卷。

劉牧字先之，西安人。全書以易數爲主，凡四十八圖，並遺事九，有歐陽修的序。他的象數學來自周易正義，但也評論了孔疏，是北宋象數易批評玄理易的代表作。劉書使道家書與周易相附，影響黃黎獻，吳秘等人的易學，盛行於仁宗慶曆年間。

2. 張載　橫渠易說三卷。

張氏字子厚，世居大梁（西元一〇二〇—一〇七七）。其學尊禮貴德，樂天安命，以易爲宗，以中庸爲體，以孔孟爲法。晁公武認爲本書「其解甚略，繫辭差強」。其說易深受孔疏影響，與二程子相近。張氏除本書外，尚有詩、禮記、春秋說。

3. 歐陽修　易童子問卷三。

歐陽修字永叔，吉州廬陵人。（西元一〇〇七—一〇七二）本書是用問答方式，以闡揚易理，書分上下卷。並稱繫辭、文言、說卦以下，都非聖人所作，全書糾正王弼疏誤處有數十事。但其治易的基本精神仍來自王弼，認爲六十四卦的卦爻辭都是用來說明人事的，與當時李覯的易論性質很相似。

4. 程頤　易傳十卷。

程頤字正叔，河南人（西元一〇三三—一一〇七），爲程顥之弟。本書只解六十四卦，不解大傳，並把序卦分置在諸卦的前面，與李鼎祚周易集解同。但程易旨在闡揚易理，不及象數。程子另著有春秋傳。劉絢曾作春秋解，取自頤書甚多。

5.王湜　易學一卷

王湜同州人。本書寫作的原委，是因爲王氏曉得邵康節易學著作，大爲高興，於是針對邵書晝夜勤加研究而寫成。

6.張浚　紫巖易傳十卷

張氏字德遠，緜竹人，是位名理學家。此書是張氏的讀易雜記，主要遵循劉牧說法，屬象數易學。

7.沈該　周易小傳六卷

沈該字約文，歸安人。精通易理，作周易小傳，主要在研究易經陰陽之奧秘，發明它的變動之理，卦後的一論，最爲精切，都是前人所忽略的。

8.朱震　漢上易集傳十一卷　附卦圖三卷，叢說一卷。

朱氏字子發，荆門軍人。他說易排斥王弼易學，取象數，不反對卦變說。陳振孫批評朱氏的著作說：「其學專以王弼，盡去舊說，雜一莊老。」而卦圖的撰述，其目的在「解剝象象，推廣說卦，斷古今之疑，發不盡之意，彌縫易傳之闕者也。」（註一六）與程大昌易原等同是宋易象數派的代表者。

9.吳沆　易璇璣三卷

吳沆字德遠，號無莫居士，崇仁人。幼孤，博通經史。所作易璇璣三卷，每卷九篇，雜論易義，又有易禮圖說，前有或問六條，圖說十二軸。另著有論語發微。

10. 李衡　周易義海撮要十二卷

李氏字彥平，江都人，致仕後喜聚書，號稱萬卷。本書名爲義海撮要，是刪削蜀房生的義海而成。

11. 趙彥肅　復齋易說六卷

趙氏字子欽，建德人，私淑陸九淵，學者稱爲復齋先生。朱子評本書說：「爲說太精，取義太密，或傷簡易之趣。」（註七）趙氏亦精於禮，著有士冠、士昏、饋食圖等書。

12. 楊萬里　誠齋易傳二十卷

楊氏字廷秀，江西吉水人（西元一一二四－一二〇六），通經學，他一生特別服膺張浚的正心誠意之學，名其室曰誠齋，並以爲號。是位人品極高的儒者。其說易，凡每爻都引古人以作證，偏於以史說易。旨在發明程氏易說，反對象數和圖書學派。

13. 吳仁傑　易圖說三卷

吳氏字斗南，又字南英，號森隱，其先洛陽人，至仁傑時徙崑山，通經史，爲朱熹門人。吳氏除本書外，還著有古周易、集古易。另著有尙書洪範辨圖。

14. 林至　周易裨傳二卷

林至字德久，嘉興華亭人，爲朱熹門人。所著周易裨傳全書共分三篇，一曰法象，本之太極；二曰極數，本之天地之數；三曰觀變，本之揲蓍十八變。

15. 王宗傳　童溪易傳三十卷

王氏字景孟，寧縣人。本書主要在強調易對世道人心的重要，在其序中曾說：「本莫誤人，有不得其死者；殊不知注易誤人，有不得其生者。」

16. 鄭汝諧　東谷易翼傳二卷

鄭氏曾說孔子翼文王之經，而本書之作則在輔翼伊川之傳。

17. 林光世　水村易鏡一卷

林光世字逢聖，莆田人。在南宋理宗淳祐年間，曾以精易學應召赴京。本書旨在借易道以闡揚天地自然與人生的關係。

18. 趙汝楳　周易輯聞六卷　易雅一卷　筮宗三卷

趙汝楳別號善湘子，南宋理宗時，官至戶部侍郎。所著輯聞主要在論述易體用之意義。易雅則在論易之訓詁，有異於其他諸經。筮宗旨在論易與占驗卜筮之道。

19. 朱元昇　三易備遺十卷

朱氏字日華，平陽人。本書主要在申說周易理、象、數三者有所不可分之關係。

20. 王申子　大易緝說十卷

王氏字巽卿，邛州人，死於元初。王書本程子易傳，但如易傳有與易經不甚協同的，便加以更易。另著有春秋類傳。

宋易除上述諸家外，朱熹弟子蔡元定的經世指要，蔡沈的洪範皇極，是南宋象數派的代表者，蔡氏二父子對易理的闡揚，則本朱熹之說。又楊簡的易傳，薛季宣的易說，都是當時較有代表性的易學著作。

(二)書　經

宋代書學，著重在尙書所言一些史實的考訂，並開始懷疑孔傳和古文尙書。大體說來，兩宋尙書學不頂發達，重要著作有下列幾部：

1. 林之奇　尙書集解五十八卷

林之奇字少頴，號拙齋，侯官人，爲當時大儒呂祖謙之業師。本書通志堂經解作尙書全解四十卷。是林氏父子二代之作。陳振孫批評林書說：「平心定氣，博採諸儒之說，而去取之；苟合於義，雖近世學者之說，亦在所取；苟不合於義，雖先儒之說亦所不取。」它主要在辨析異同，貫穿史實，卓然成家，但也頗多異說。林氏爲當時經學大師，除精於書學外，還著有春秋、周禮講義，論語注，孟子講義等書。

2. 薛季宣　書古文訓十六卷

薛氏字士龍，永嘉人。在本書序文說：「隸古定書最古，孔氏文義多本伏生之說，唐明皇帝更以正隸改定，而俗儒承詔文多踳駁古文，是訓不勞乎是正之也。」他於詩、書、春秋、大學、論語皆有訓義。

3. 程大昌　禹貢論四卷

程大昌字泰之，休寧人，其學甚博，凡古今事無不考究。程書之特色，清納蘭成德序本書說：「公（指大昌）之爲是書也，盡屏訓傳，獨取經文而熟復之，於一言一字間有意指可以總括後先者，則主以爲據，而後採歷世載籍以證之，其用志可謂勤矣。」程亦精於易、詩二經，著有易原和詩論。

4. 呂祖謙　書經三十五卷

呂氏字伯恭，其先河東人，後徙婺州（西元一一三七—一一八一）。本書是呂氏作爲教授弟子的教材，全書從秦誓追溯而上，止於洛誥，並非完書，後有時瀾增修東萊書說三十五卷。

5. 黃度　書說七卷

黃氏字文叔，新昌人。書說爲其晚年著作，陳振孫說：「度篤學窮經，老而不倦，晚年制閫江淮，著述不輟，時得新意，往往晨夜叩書塾，爲友朋道之。」（註一八）除本書外，尚有詩說和周禮說。

6. 蔡沈　書傳六卷

蔡沈字仲默，建州建陽人（一一六七—一二三〇），爲朱子弟子，隱居九峯，學者稱九峯先生，所著書傳嘗經朱子訂正過，黃震對本書至爲推崇，他說：「其釋文義既視漢唐爲精，其發指趣，又視諸家爲的。書經至是而大明，如揭日月矣！」據宋史本傳，蔡氏沈潛尙書學數十年，考序文之誤，訂諸儒之說，以發明二帝三王羣賢用心之要，釋洪範、洛誥、泰誓諸篇，往往有先儒所未及者。

7. 王柏　書疑九卷

王氏字會之，金華人。本書更動不少尙書經文次第，也有取論語、孟子等書以補經文的。

8. 陳大猷　尙書集傳或問二卷

陳大猷字文獻，都昌人。在其書前自序說：「大猷旣集書傳，復因同志問難，記其去取曲折以爲或問。」與朱子除四書集註外又別有或問相似。陳氏除本書外，尙有東齋書傳會通一書，惜今已亡失。

除上述諸家外，蘇軾的東坡書傳、鄭伯熊的敷文書說，夏僎的尙書詳解等，也是當時尙書學的名著。

(三) 詩　經

宋代的詩學，各家派別十分複雜，以打破傳統，而另立新說的風氣至爲風行，今依其性質大致可分爲五派

1. 議論毛傳鄭箋派

如歐陽修作詩本義就說：「先儒於經，不能無失，而所得固已多矣。盡其說而理有不通，然後以論正之。」因議論毛、鄭，當然亦不守唐正義之說，鄭樵、朱熹、王柏等從之。

2. 廢小序派

詩序本爲前人解詩的主要準則，但到了宋代起而反對的有不少家，如歐陽修的詩本義，程大昌的詩論，鄭樵的詩辨妄，王質的詩總聞、朱熹的詩序辯說，楊簡的慈湖詩傳，輔廣的詩童

子問、朱鑑的詩遺說等，都主張廢小序。

3.存毛鄭小序派

像呂祖謙作東塾讀詩記，陳傅良作詩解詁，則主張存毛傳鄭箋小序之說，乃針對朱熹而發。稍後的嚴粲作詩緝，段昌武作毛詩集解等，說詩都偏於宗毛、鄭和序，但仍敵不過當時新派的勢力。

4.名物訓詁派

本派受晉陸機毛詩草木鳥獸蟲魚疏和王安石的影響很大。如蔡卞的毛詩名物解，陸佃的詩物性門類，錢文子的詩訓詁，王應麟的詩地理考，吳棫的毛詩叶韻補音等，都屬這一派。

5.三家詩派

如王應麟作詩考，專輯齊、魯、韓三家詩的遺說。

以上五派是兩宋詩經學的主流，下面就宋代詩經學的重要著述介紹如下：

1.歐陽修　毛詩本義十六卷

詩本義主在指毛、鄭詩說之失，然後斷以己見。末二卷爲：一義解、取舍義，以及時世論、本末論、豳問、魯問、序問，另有詩解經序、二南爲正風解、周召分聖賢解、王國風解、十五國次解、定風雅頌解、十月之交解、魯頌解、商頌解，另附有詩圖總序及補亡鄭譜。自唐以來，很少敢議毛、鄭，歐陽修本義出，始辨其失，並斷以己意。例如：

詩周頌思文篇「貽我來牟」。毛公傳「牟，麥也。」鄭玄箋「武王渡孟津，白魚躍入於舟。出涘以燎，後五日，火流為烏，五至，以穀俱來。此謂貽我來牟。」歐陽修詩本義卷十二辨之，云：「古今諸儒謂來牟為麥者，更無他書所見，直用二頌毛、鄭之說。來牟為麥，始出於毛、鄭；而二家所據，乃臆度偽大誓不可知之言，其可信哉？爾雅釋草載詩所有諸穀之名甚多，而獨無來謂之來牟，是毛公之前說詩者不以來牟為麥可知矣。此風開展了宋人以意說詩之先河。

2. 蘇轍　詩集傳二十卷。

蘇轍字子由，一字同叔，眉山人（西元一〇三九—一一一二）。本書各家著錄書名不太一致，宋史藝文志、直齋書錄解題作「詩解集傳」，晁公武郡齋讀書志作「詩解」，四庫全書總目提要則作「詩集傳」。大體上其說詩仍採毛傳、鄭箋，如毛、鄭有不妥的才斷以己說。他主張小序爲毛公之學，衞宏所集錄。

3. 陸佃　詩物性門類八卷

陸佃，字農師，號陶山，越州山陰人。本書不著姓氏，陳振孫認爲係陸佃作，多採取說文。旨在藉名物訓詁以通詩義。

4. 蔡卞　毛詩名物解二十卷

蔡卞字元度，爲京之弟，王安石女婿，因此多用字說，精於名物訓詁，陳振孫評之曰：「其目自釋天至釋雜，凡十一類（陳誤爲十類），大略似爾雅，而瑣碎穿鑿，於經無補也。」(註一九)但其不少引徵發明，頗多可採處。

5.李樗　毛詩集解四十二卷

李氏字迂仲，侯官人，自號迂齋，受業於呂本中。經義考有李氏有毛詩詳解三十六卷，通志堂經解則收有李樗、黃櫄之毛詩集解四十二卷，並標明李泳校正，呂祖謙釋言。本書大致上博取諸家說，訓釋名物文意，末用己意爲論以斷之。

6.吳棫　毛詩叶韻補音十卷

吳棫字才老，福建建安人。所謂詩叶韻說，即自吳棫開始，也是專門研究詩經音韻的重要人物。

7.鄭樵　詩辨妄六卷

鄭樵字漁仲，興化莆田人（西元一一〇四—一一六二）。本書經義考標明未見，後人有輯佚本，主要在指毛鄭之妄，並謂小序非子夏作。進而全否定詩序內容，並以激烈的言辭，痛斥詩序的作者爲村野妄人，指其傅會書史，依託名諡，以誑後人。

8.程大昌　詩論一卷

朱彝尊經義考作詩議一卷。但據今所見版本芝園秘錄初刻本、藝海珠塵金集本、學海類編本、叢書集成初編本都作詩論一卷，其論詩勇於建立新說，但亦難免有所穿鑿。近人鄭振鐸說：「此書極爲重要，篇幅雖不多，而他的見解卻有許多很可采取的地方。」（註二〇）

9.王質　詩總聞二十卷

王氏字景文，其先鄆州人，後徙興國（西元一一二七—一一八八）。總聞是指聞音、聞訓、聞章、聞句、聞字、聞物、聞用、聞跡、聞事、聞人等十聞，每篇爲總聞。又有聞風，聞雅，聞頌等。其說不循舊傳，別出新裁，常有新意。自成一家。

10. 范處義　詩補傳三十卷

范氏字逸齋。他有關毛詩著作除本書外，還有詩學一卷，解頤新語十四卷，但後世不見。詩補傳序說：「補傳之作，以詩序爲據，兼取諸家之長，揆之情性，參之物理，以平易求古詩人之意，文義有闕，補以六經史傳；詁訓有闕，補以說文；篇韻異同者一之，隱奧者明之，窒礙者通之，乖離者合之，謬誤者正之，曼衍者削之，而意之所自得者亦錯出其間。」補傳大概情形有如上述。

11. 呂祖謙　家塾讀詩記三十二卷

呂氏字伯恭，其先河東人，後徙婺州（一一三七—一一八一）。陳振孫對呂書有很高的評價。他說：「博采諸家，存其名氏，先列訓詁，後陳文義，剪截貫穿，如出一手，己意有所發明，則別出之。詩學之詳正，未有逾於此書者。（註二二）但從公劉篇以後，尚未及意，甚爲可惜。呂氏爲經學大師，除本書外，尚著有古周易一卷，（本書非呂氏自撰，乃出於門人所集）易說二卷，東萊詩說三十五卷，東萊左氏傳說十二卷，續說十二卷，東萊左氏博議二十卷，春秋集解三十卷等。其中博議雖然是在敎人作議論文的翻案文章，但其中有不少篇章是牽涉到左傳義涵。

12. 朱鑑　詩傳遺說六卷

朱鑑字子明，婺源人，朱熹之孫。朱熹詩集傳成後，學者彼此切磋研究，反覆問答，朱鑑將此加以彙集而編成詩傳遺說。主要是存朱熹之說，明朱熹未竟之義。

13. 嚴粲　詩輯三十六卷

嚴氏字明卿，又字坦叔，精於詩學。根據嚴粲序文，知其寫作動機是為了童蒙學詩的方便，所以集諸家說法，好的不必求異，不妥的再加以己說，而真正使讀詩的人能「以意逆志，優而柔之，以求吟咏之情性。」也擅長考證，大體上以呂氏讀詩記為主，並宗小序之說。

14. 王應麟　詩地理考五卷　詩考五卷

王氏字伯厚，鄞縣人。在詩地理考序說：「據傳箋、義疏，參之禹貢、職方、春秋、爾雅、說文、地志、水經，網羅遺文古事，傅以諸儒之說，列鄭氏譜十首，為詩地理考」於詩考序則說：「應麟竊觀傳記所述，三家緒言尚多有之，網羅遺軼，傅以說文、爾雅諸書，粹為一篇，以扶微學，廣異義。」對三家詩遺文的考徵，頗多貢獻。除上三書外，王氏尚有毛詩草木鳥獸蟲魚廣疏一書，是屬詩經博物之學的著作。

15. 王柏　詩疑二卷

王柏字號里籍已見於前，為朱熹的三傳弟子。本書又叫詩辨說，共提出毛詩辨、風雅辨、王風辨、二雅辨、賦詩辨、豳風辨、風序辨、魯頌辨、詩亡辨、經傳辨等十辨。王氏另有詩可言集，本書後世未見。王氏除此書外，還作有讀易記，書疑等書。

根據朱彝尊經義考，所著錄的宋代詩經學著述共一百八十四種，其中有作者可考的有一百七十部。經義考所未蒐的可能還有不少。如包居正的毛詩正誤，章如愚的新刻山堂詩考，袁燮的絜齋毛詩經筵講義，李公凱的東萊毛詩句解，楊甲的毛詩正變指南圖，陳植的潛室陳先生木鍾詩集……等，(註二三) 均不見於經義考，宋代詩學之盛，由此可見其一斑。

(四)三　禮

禮講典章制度儀文，務在崇實，無法徒尚空談。在兩宋理學特別興盛的背景下，是不利於禮的探討，但仍有可觀處。如在周禮方面，王安石執政時曾以周官取士，以後王昭禹著有周禮詳解，易祓著有周官總義，葉時著有禮經會元。在儀禮方面，則有李如圭的儀禮集釋、儀禮釋宮、儀禮綱目，張淳的儀禮識誤等。在禮記方面則有衞湜的禮記集說，採集諸家之說，至爲宏富。會通三禮的，則有陳祥道的禮書，聶崇義的三禮圖等。宋代禮學最大的特色，即以反漢儒的說法爲常事。茲列舉幾部有關宋代的禮學著作，以觀其梗概。

1. 王安石　新經周禮義二十二卷

王安石字介甫，撫州臨川人(西元一〇二一～一〇八六)。宋代在神宗熙寧年間，朝廷設有經義局。王安石親自爲周官義十餘萬言，但不解考工記。其所創新法與之傅會者很多，安石因身爲宰輔之尊，本書在熙寧八年(一〇七五)詔頒國子監，且置於羣經義解之首。凡先儒傳注，一切廢棄不用，黜春秋不使之列於學官。

2. 鄭伯謙　太平經國之書統集十一卷

鄭伯謙字節卿，永嘉人。本書共有二十目，大體上是借周禮以抒論，與葉時禮經會元互相出入，他特別重視相權，又謂人主不可崇儉約，立論乖僻，不算是一部客觀平穩的著作。

3. 王與之　周禮訂義八十卷

王與之字次點，樂清人。以布衣皓首窮經，深通六官要旨，其書滿家，守志勵行，無求於世，他彙集周禮數十家的說法，然後折衷己見，最爲精粹。

4. 稅與權　周禮折衷二卷

稅與權字巽甫，巴郡人，從魏了翁受學，精於經學。宋史藝文志稱本書爲魏了翁作，陳振孫直齋書錄解題云：「周禮折衷二卷，樞密臨邛魏了翁華父之門人稅與權所錄，條列經文，附以傳注，鶴山或時有發明，止於天官，餘皆未及也。」

5. 葉時　禮經會元四卷

葉時字文康，自號竹埜愚叟，錢塘人。曾任龍圖閣學士，獨精周禮，大旨醇正。潘元明序其書說：「其出入諸經，援引明贍，比事漢唐，考覈精詳，一洗漢儒之陋，誠有裨於治化者。」能闡發經國治民之深意。

6. 林希逸　考工記解三卷

林氏字肅翁，號竹溪，福清人。工詩善書畫。朱氏經義考引林兆珂曰：「林氏考工記有圖，蓋宗三禮圖，而祖漢儒鄭康成輩，非無據也」。除本書外，另著有易講，春秋正附篇等書。

7. 楊復　儀禮圖十七卷。

楊復字志仕，福安人，曾受業於朱熹之門。楊氏在本書自序說：「復今所圖者，則高堂生十七篇之書也，釐爲家、鄉、邦國、王朝喪祭禮，則因先師經傳通解之義例也。附儀禮旁通圖於後，則制度名物之總要也。」對禮制考索至爲精湛。

8. 衞湜　禮記集說一百六十卷

衞湜字正叔，吳郡人，生於南宋末年。本書是兩宋研究禮記學的集大成，書大概成於南宋寧宗開禧、嘉定間，採取各家說至爲宏富。衞氏在序中說：「首取鄭注孔義，翦除蕪蔓，採摭樞要，繼遂博求諸家之說，零篇碎簡，收拾略徧；至若說異而理俱通，言詳而意有本，詆排孔鄭，援據明白，則亦併錄，以俟觀者之所衷，其有沿襲陳言，牽合字說，於義舛駁，悉置弗取，日編月削，幾二十載而後成。」本書徵引宏博，共引一百四十四家，其用力之深，可想而知。四庫全書總目提要也說：「採摭羣言最爲賅博，去取亦最爲精審，自鄭注而下，所取凡一百四十四家，其他書之涉於禮記者，所採錄不在此數焉。今自鄭注，孔疏而外，原書無一存者。朱彝尊經義考，採摭最爲繁富，而不知其書與不知其人者，凡四十九家，皆賴此書以傳。」以後像黃震讀禮記日鈔，陳櫟禮記集義詳解，只不過取衞湜是書，加以刪節，並附上己意而已。淸代欽定禮記義疏，有不少說法是取自衞書。

9. 聶崇義　三禮圖二十卷。

本書是在五代後周顯德年間，聶崇義奉詔參訂郊廟祭禮，因取三禮舊圖，重加考訂，而別爲三禮圖。入宋又增訂過宋時已有很多人譏評本書頗多疏舛。

10. 陳祥通　禮書一百五十卷

陳祥道福州人。本書很多在抨擊鄭注，晁公武、陳振孫稱其論辨精博。

宋代重要三禮著述除上述十家外，見於四庫全書者，尚有王昭禹周禮詳解四十卷，俞廷椿周禮復古編一卷、易祓周官總義三十卷，朱申周禮句解十二卷（以上爲周禮）。張淳儀禮識誤三卷，李如圭儀禮集釋三十卷、儀禮釋官一卷，魏了翁儀禮要義五十卷（以上爲儀禮）。禮記則有張虙月令解等書。

㈤春秋類

兩宋因政治、學術環境特殊，使春秋的研究格外的受到重視。據宋史藝文志所載有關春秋類的著作，就有二百四十部之多。如將這些著述加以歸納、分析，便可發現兩宋春秋學與前代也有很大的不同。其中比較特殊的有下列四項

1. 擺脫三傳家法

宋儒治春秋，很少將三傳分開作單獨研究的，大多視春秋經爲一整體單元。趙鵬飛春秋經筌有納蘭成德的序就說：

> 春秋之傳五，鄒氏無師，夾氏未有書，列於學官者三焉。漢志二十三家，隋志九十七部，唐志六十六家，未有舍三傳而別自為傳者。自啖助、趙匡稍有去取折衷，至宋諸儒，各自為傳。或不取傳注，專以經解經；或以傳為案，以經為斷；或以傳有乖謬，則棄而信經。

如劉敞的春秋權衡，崔子方的春秋經解，張大亨的春秋五禮例宗……等，都抛開三傳，另闢蹊徑。蘇轍著有春秋集解，四庫全書總目提要也特別提到：「謂孔子作春秋，略盡一時之事。

不復信史，故盡棄三傳，無所復取。」趙氏春秋經筌也說：「主棄傳從經。」如此捨三傳而直求經義，便成爲宋代春秋學的一大特色。

2. 說經多出新意

詮釋春秋既然要擺脫三傳，則難免代之以新解、新意，這也是宋代春秋學極爲普遍的現象。如四庫全書總目提要卷廿六，就指出劉敞的春秋意林「多出新意。」又如葉夢得的春秋傳四庫全書總目提要也說：「參考三傳以求經，多不因循舊說。」提要又評胡安國的春秋傳說：「多借以託諷時事，於經義不甚相符。」宋代春秋學如此類之著作不在少數。

3. 闡揚春秋書法

宋代因外患多，內政不張，欲借春秋以弘揚王道、王綱，攘除外敵，以安定天下，乃當時之急務。於是闡揚春秋義法，也成了治春秋經的一大重點。如四庫全書總目提要稱蕭楚的春秋辨疑說：「大旨在於尊王，蓋爲蔡京盜竊威福而發。」又指黃仲炎的春秋通說云：「謂春秋爲聖人教戒天下之書，直書事蹟，義理自見。」王晳春秋皇綱論卷一「孔子修春秋」下說：

夫聖帝之隆，莫隆於堯舜，禮法之備，莫備乎三代。國有史官者，皆堯、舜、禹、湯、文武之令典也。史官屬辭以記得失，世盛則其致美，世衰則莫道微，亦理之常也。仲尼旣遭亂世，以躬負聖人才識，無以發明，故因魯史之文，託之行事，以盡其所緼之志，以遺後世之聖賢爾。

宋代春秋諸家學者中，像孫復的春秋尊王發微，孫覺的春秋經解，蕭楚的春秋辨疑，胡安國的春秋傳，高閌的春秋集註，陳傅良的春秋後傳，趙鵬飛的春秋經筌……等，(註二三) 都極力在闡發孔子作春秋的大義所在。

4. 貫集經傳各家注

宋儒研治春秋雖然標榜新徑、新見，但從事會通經文、公羊、穀梁、左氏三家傳，及彙集前人諸家注解的也不少，如四庫全書總目提要稱呂本中的春秋集解說：「攝取羣言，不自發議。三傳以外，所取惟陸氏、兩孫氏、兩劉氏、蘇氏、程氏、許氏、胡氏九家。」又稱李明復的春秋集義、綱領說：「其所採如楊時、謝湜、胡安國、朱子、呂祖謙之說，不一而足，不但三子；然皆濂、洛、關、閩之派，惟呂祖謙爲永嘉派也。」其他像蘇轍的春秋集解，呂本中的春秋集解，高閌的春秋集註，黃仲炎春秋通說，張洽的春秋集注……等，都是貫穿三傳和彙集前人之說而成的著作。

從以上的分類，大概可以了解兩宋春秋學的大概情形，下面就擇幾部重要著作稍作一介紹。

1. 孫復　春秋尊王發微十二卷

孫復字明復，平陽人。(西元九九二——一〇五七)。因舉進士不第，遂隱居泰山。李燾續通鑑長篇說：「孫復治春秋，不惑傳注，其言簡易，得經之本義。」強調春秋經要旨在誅亂臣賊子。另有在辨名分，別嫌疑，興亡治亂之機，亦時有所發明。(註二四) 深受公羊傳、趙匡、陸淳之說的影響。

2. 王晳　春秋皇綱論五卷、春秋通義十二卷、異義十二卷王氏太原人，王應麟玉海云：「哲撰春秋通義十二卷，據三傳注疏及啖、趙之學，其說通者附經文之下，闕者用己意釋之。又異義十二卷，皇綱論五卷。今通義、異義皆不傳。」春秋皇綱論共有二十二論，主要在發明孔子春秋筆削的要旨，並考辨三傳及啖助、趙匡的得失，其用語明白平易，沒有穿鑿的毛病。不贊同孫復認爲春秋有貶無褒的說法。

3. 劉敞　春秋權衡十七卷春秋傳十五卷春秋意林二卷春秋傳說例一卷

劉敞，字原父，臨江人（西元一〇一九——一〇六八），爲宋仁宗慶曆年間的進士，學問淵博，是位精於春秋學的專家，世稱「公是先生」。諸書以春秋權衡成書時間最早；本書主要平議三傳的得失。又集衆說而斷以己意，而寫成春秋傳。傳不能盡言的，又另外作春秋意林，以上三書均收在通志堂經解中。春秋傳說例今已不全，四庫全書總目提要云：「今檢永樂大典，尚雜引說例之文，謹詳加綴輯，仍釐爲一卷。」又說：「敞說春秋頗出新意，而文體則多摹公穀，諸書皆然，是編（說例）尤爲簡古。」

4. 孫覺　春秋經解十三卷

孫覺字莘老，江蘇高郵人（西元一〇二八——一〇九〇）。早年從胡瑗習春秋。本書之作大旨以抑霸尊王爲主。他在自序中稱：「左氏多說事蹟，公穀以存梗概，今以三家之說，較其當否，而穀梁最爲精深，且以穀梁爲本，其說是非褒貶，則雜取三傳及歷代諸儒啖、趙、陸氏之說長者從之。」如果有所未聞的，則以胡安定之說解之。除本書外另有春秋學纂十二卷，春秋經社要義六卷。

5. 蘇轍　春秋集解十二卷

四庫全書總目提要：「劉敞作春秋意林多出新意，孫復作春秋尊王發微，更舍傳以求經，古說於是漸廢，後王安石詆春秋爲斷爛朝報，廢之不列於學官。轍以其時經傳並荒，乃作此書以矯之。其說以左氏爲主，左氏之說不可通，乃取公、穀、啖、趙諸家以足之。」

6. 崔子方　春秋經解十二卷春秋本例二十卷春秋例要一卷

崔子方字彥直，一字伯直，涪陵人。通春秋，與蘇軾、黃庭堅相交游。春秋經解序述其著書之大要說：「聖人欲以繩當世之是非，著來世之懲勸，故辭之難明者，著例以見之，例不可盡，故有日月之例，有變例，愼思精考，若網在綱。」大抵本書疏解宗旨，在推本經義，於三傳也頗糾正。

春秋本例四庫全書總目提要云：「是書大旨，以爲聖人之書編年以爲體，擧時以爲名，著日月以爲例，而日月之例又其本。故曰本例，凡一十六門，皆以日、月、時推之，而分著例、變例二則，州分部居，自成條理。」至於春秋例要，本與春秋本例合併，朱彝尊經義考稱本例、例要十卷並存。而今通志堂經解所刊行之春秋本例，則目錄別爲一卷，以足二十卷之數，但缺春秋例要。

7. 張大亨　春秋五禮例宗七卷春秋通訓六卷

張大亨字嘉父，湖州人，本書之作主要根據春秋事迹，分吉凶軍賓嘉五禮，依類別記，各爲總論，義例賅貫，而無諸家拘於條例的缺失。

春秋通訓一書朱彝尊經義考云已佚，然卻見於永樂大典中，因張氏春秋學出自蘇軾，所以其議論宗旨亦與蘇軾相近。（註二五）

8. 蕭楚　春秋辨疑十卷

蕭氏字子荊，江西廬陵人（西元一〇六四——一一三〇），本書大旨乃在闡發春秋尊王之思想，論夫子作春秋是在垂敎後世，所以蕭氏卽因事變以考春秋之書法。

9. 葉夢得　春秋傳二十卷春秋考十六卷春秋讞二十二卷

葉夢得字少蘊，號石林，吳縣人，（西元一〇七七——一一四八），四庫全書總目提要云：「夢得以孫復春秋尊王發微主於廢傳以從經，蘇轍春秋集解主於從左氏而廢公羊、穀梁，皆不免有弊，故其書（春秋傳）參考三傳以求經，不得於事，則考於義，不得於義，則考於事，更相發明，頗爲精核。

春秋考朱彝尊經義考已注明亡佚，但四庫全書總目提要稱：「永樂大典頗載其文，以次檢校，尚可得什之八九，……其書大旨，在申明所以攻排三傳者，實本周之法度制作以爲斷，初非有所臆測於其間，故所言皆論次周典，以求合春秋之法。」

春秋讞根據四庫全書總目提要的說法，本書主要在抉摘三傳的是非，主要是在信經而不信傳。猶沿啖助、孫復之餘波，對公羊、穀梁頗多駁詰。

10. 呂本中　春秋集解三十卷

舊刻題呂祖謙撰，有誤，四庫全書總目提要辨之甚詳。（註二六）本中初名大中，字居仁，其先東萊人。呂祖謙爲其從孫，一般稱本中爲大東萊先生，稱祖謙爲東萊先生。本書主要在集諸儒之說，採擇頗精，而無自己的議論。

11. 胡安國　春秋傳三十卷

胡氏字康侯，建寧崇安人（西元一〇七四——一一三八）。宋哲宗紹聖年間進士。本書通志堂經解未收，但卻是兩宋經學的代表作，宋史本傳稱他潛心春秋二十年，以爲天下事物無不備於此。晁公武郡齋讀書志云：「安國師程頤，其傳春秋事，按左氏義，取公穀之精者，采孟子、莊周、董仲舒、王通、邵堯夫、程明道、張橫渠、程正叔之說。以潤色之。」可知胡書是集合各家之所長，但主要在推廣程子之說，旨在明天理、正人心，有剛大正直之氣。四庫全書總目提要亦云：「顧其書作於南渡之後，故感激時事，往往借春秋以寓意，不必一一悉合於經旨。」本書難免有牽合處，但元、明兩代科舉，春秋則尊胡安國的春秋傳，所以胡書對後世的影響，不能說不大。

12. 高閌　春秋集註四十卷

高閌字抑崇，浙江鄞縣人（西元一〇九七——一一五三），少卽能通經史大義。所著春秋集註是以程子的春秋傳爲本，故仍冠以程子原序。其說則雜採唐宋諸家，鎔以己意，但不標舉其姓名。本書寫作大旨，以尊王爲主，他在隱公元年下註云：「春秋之法，周稱天王，尊無二世；列國稱爵，重王命也；附庸稱字，尊命卿也；夷狄稱名，隆中國也。」又爲了尊王不免貴臣，也強調攘夷，以合時代需要。

13. 陳傅良　春秋後傳十二卷

陳傅良字君舉，溫州瑞安人（西元一一四一——一二〇七）。四庫全書總目提要云：「趙汸春秋集傳自序，於宋人說春秋者，最推傅良，稱其以公穀之說，參之左氏。以其所不書實其所書，以其所書推見其所不書，得學春秋之要。」陳氏治經重視致用，宋史本傳稱他解剝於周官、左、史，變通當世之治具，條畫本末，粲如也。不專談心理，世稱之爲功利派，與周、程、張、朱之道學派不同，學者稱止齋先生。他的經學著作，還有毛詩解詁三十卷，周禮說三卷，左氏章指四十卷。

14. 呂祖謙　春秋左氏傳說二十卷春秋左氏傳續說十二卷詳注東萊左氏博議二十五卷

春秋左氏傳說，陳振孫直齋書錄解題稱：「於左氏一書，多所發明，而不爲文，似一時講說，門人所鈔錄者。」至於春秋左氏傳續說之作，主要在補春秋左氏傳說未及的地方。書已久無傳本。部分散見於永樂大典中。另呂祖謙曾就左傳治亂得失之跡，加以疏說，而寫成左氏博議一書。但誰加以詳注則不得而知。考宋史藝文志有祖謙門人張成招標注左氏博議綱目一卷。四庫全書總目提要卽懷疑當時書肆以成招標注散入各篇而成是書。

15. 沈棐　春秋比事二十卷

沈棐生平無可考。四庫全書總目提要云：「其書前以諸國類次，後以朝聘征伐會盟事迹相近者，各比例而爲之說，持論頗爲平允。」

16. 魏了翁　春秋左傳要義三十一卷

魏氏字華父，蒲江人。本書亦魏氏所輯九經要義之一，其書節錄注疏之文，每條之前各爲標題，而系以先後次第，與諸經要義體例相同。（註二七）魏氏亦精於詩學，另作有毛詩要義。

17. 程公說　春秋分紀九十卷

程公說字伯剛，號克齋，眉山人。本書共有年表九卷、世譜七卷、名譜二卷，書二十六卷，周天王事二卷，魯事六卷，大國世本二十六卷，次國二卷，小國七卷，附錄三卷。明以後其書流傳很少，所以朱彝尊經義考注曰未見，今有四庫全書輯自永樂大典本。

18. 李琪　春秋王霸列國世紀編三卷

李琪字開伯，吳郡人。四庫全書總目提要稱本書「以諸國爲綱，而以春秋所載事蹟類編爲目，前有序，後有論斷。」

19. 黃仲炎　春秋通說十三卷

黃仲炎永嘉人，其在本書自序說：「春秋爲聖人敎戒天下之書，非褒貶之書，所書之法爲敎，所書之事爲戒。」所以他認爲只要直書事迹，則義理自明。

20. 張洽　春秋集注十一卷、綱領一卷

張洽字元德，臨江清江人（西元一一六一——一二三七）。四庫全書總目提要稱：「書首有洽進書狀，自言於漢唐以來，諸儒之議論，莫不考覈研究，取其足以發明聖人之意者，附於每事之左，名曰春秋集傳。既又因此書之粗備，復倣先師文公語孟之書，會其精意，詮次其說，以爲集注。」除本書外，另有春秋集傳，左氏蒙求二書。

21.趙鵬飛　春秋經筌十六卷

趙氏字企明，錦州人。在其自序中言其作本書的動機說：「蓋春秋公天下之書，學者當以公天下之心求之，作經筌。」他作本書的基本立場認爲「學者當以無傳明春秋，不可以有傳求春秋。」即主張以經解經，可棄三傳。其全書的主要宗旨，乃在正人倫、興王道、明君臣之義。趙氏除春秋經筌外，尚有詩故。晚年嘗以六經教弟子，對宋末經學的弘揚貢獻很大。

22.呂大圭　春秋或問二十卷附春秋五論一卷

呂大圭字圭叔，號樸卿，南安人，四庫全書總目提要云：「(大圭)嘗撰春秋集傳，今已散佚，此或問二十卷，即申明集傳之意也。大旨於三傳中多主左氏、穀梁，而深排公羊，於何休解詁，斥之尤力。考三傳之中，事蹟莫備於左氏，義理莫精於穀梁。惟公羊雜出衆師，時多偏駁，何休解詁牽合讖緯，穿鑿尤多，大圭所論於三家得失，實屬不誣，視諸家之棄傳談經，固迥然有別。所著五論：一曰論夫子作春秋，一曰辨日月褒貶之例，三曰特筆，四曰論三傳所長所短，五曰世變。」呂氏亦精於易學，著有易經集解、學易管見二書。

23.家鉉翁　春秋詳說三十卷

家鉉翁字則堂，眉山人。本書寫成於元世祖至元二十一年(一二八四)，距宋亡已十年，本名爲集傳，詳說可能是後來所改，四庫全書總目提要云：「其說以春秋主乎垂法，不主乎記事。其或詳或略，或書或不書，大率皆抑揚予奪之所繫，要當探得聖人心法所寓，然後參稽衆說，而求其是。故其論平正通達，非孫復、胡安國諸人務爲刻酷者所能及。」

兩宋春秋學研究的收穫最爲豐碩。在葉夢得以前諸家，可歸到北宋的春秋家，葉氏生於北宋、死於南宋，葉氏後面學者，則屬南宋。除上述諸家外，尚有馮繼先春秋名號歸一圖二卷、王當春秋列國臣傳三十卷、章沖春秋左氏傳事類始末五卷、陳則通春秋提綱十卷、徐晉卿春秋類對賦一卷，均蒐集在通志堂經解一書中。

㈥孝　經

宋代治孝經學者，據蔡汝堃孝經通考的統計，約有五十一家。今見存於世的主要有古文孝經指解。

古文孝經指解一卷

本書不著論輯者名氏，是把宋司馬光、范祖禹之說合爲一卷，四庫全書總目提要云：「中興書目曰：自唐明皇時議者排毁古文，以閨門一章爲鄙俗，而古文遂廢，至司馬光始取古文爲指解。又范祖禹進孝經說。」可見本書是由二書合編而成，這可能是本書不著作者姓名的原因。

宋代孝經學除本書之外，比較重要的尚有邢昺的孝經疏，朱熹的孝經刊誤。大體說來兩宋有關孝經學的研究並不太盛行，除上述指解外，今存者尚有范祖禹古文孝經說。其他像呂公的孝經要語(見經義考)，王安石的孝經解(見文獻通考)、趙克孝的孝經傳(見宋志)……等今並亡佚。

㈦四　書

宋代的四書學，是中國經學發展史上所開創出的新局面。在宋孝宗淳熙年間，朱子編訂「四子書」，以論語屬孔子，大學爲曾子作，中庸爲子思所作，下接孟子，儒道一脈相貫，所以「四書」便成了儒家思想的道統所在。從朱熹以後，研治四書的學者，便日漸增多，有的分開研究，有的則作綜合研究，據國立編譯館所編「四書註解存目及存書目錄」，宋代以「四書」爲名的著作，就有八十二種之多。下面所列舉的，是較具代表性的著作。

1. 孫奭　孟子音義二卷

四庫全書總目提要云：「唐陸德明經典釋文於羣經皆有音義，獨闕孟子，奭奉敕校定趙岐注，因刊正唐張鎰孟子音義，及丁公著孟子手音二書，兼引陸善經孟子註，以成此書。」

2. 蘇轍　論語拾遺一卷孟子解一卷

轍兄曾撰論語說，轍即取軾書之未安者，重爲此書。（註二八）至於孟子解一書，則出於少年之作。共分二十二章。四庫全書總目提要評其：「未免駁雜，蓋瑕瑜互見。」

3. 陳祥道　論語全解十卷

陳祥道擅長禮學，所以所作的論語全解，於禮制也最爲明晰。

4. 張九成　孟子傳二十九卷

張九成字子韶，自號橫浦居士，祖先爲開封人，後徙錢塘。文獻通考載有九成孟子解十四卷，朱彝尊經義考注云未見。四庫全書總目提要，稱其實作孟子傳，不作孟子解。另有尚書、中庸、大學、孝經、論語說等書。

5. 余允文　尊孟辨二卷續辨二卷別錄一卷

余允文爲建安人。朱彝尊經義考僅云：附載朱子全集中，而條下注闕字，可見余書在明中葉以後，已無完本。

6. 鄭汝諧　論語意原二卷

鄭汝諧於論語意原書前自序稱：二程、橫渠、楊謝諸公，互相發明，然後論語之義顯，謂諸公有功於論語則可，謂論語之義備見於諸公之書則不可。予於此書少而誦，長而辨，研精覃思，以求其指歸，既斷以己說，復附以諸公之說，期歸於當而已。（註二九）

7. 張栻　癸巳論語解十卷　癸巳孟子說七卷

張栻字敬夫，一字樂齋，廣漢人（西元一一三三—一一八〇），所作論語解，頗多己見。朱子大全集中，曾抉摘張氏本書瑕疵有一百一十八條。但今本所見據朱熹改正者不過二十三條，餘悉仍舊稿。（註三〇）至於孟子說一書，於王霸之辨、義利之分，言之最明。另外還有易說三卷。

8. 戴溪　石鼓論語問答三卷

戴溪曾擔任石鼓書院的山長，與湘中諸生集所聞而作成此書，朱熹曾見及本書，並以爲所論近於孔道。（註三一）

9. 袁甫　蒙齋中庸講義四卷

本書後世無全本流傳，僅散見於永樂大典中。袁氏另有孟子解，今亦不見。

10. 眞德秀　四書集編二十六卷（大學一卷、中庸一卷、論語十卷、孟子十四卷）

眞德秀字景元，浦城人（西元一一七八—一二三五），根據四庫全書總目提要，稱大學一卷、中庸一卷爲德秀所手定；至於論語十卷、孟子十四卷則由劉承以眞德秀遺書補輯而成。另有大學演說，論語集疏已告亡佚。

11. 蔡模　孟子集疏十四卷

蔡模字仲覺，爲建安人，蔡沈之子，趙順孫四書纂疏評本書曰：「氣象涵蓄，語意精密。」

12. 蔡節　論語集說十卷

蔡節爲永嘉人。本書大旨皆本朱熹的論語集註。有時也斷以己意，亦有所發明。

以上十二家爲今所見全本，或有佚文可考，也是兩宋四書學的主要著作，其中張栻南軒論語解、蔡節論語集說、張栻南軒孟子說、蔡模孟子集疏、孫奭孟子音義、趙順孫四書纂疏、眞德秀四書集編皆收入通志堂經解中。

(八)爾　雅

爾雅在宋代並不受重視，陳傅良在跋爾雅疏論宋代爾雅學就說：

> 國初諸儒獨追古，依郭注為之疏，爾雅稍稍行。比於熙豐三經，學者非字說不學，凡先儒注疏皆罷絀，而爾雅益廢。

今考各家書目，宋代爾雅著作除邢昺爾雅疏外，尚有孫奭爾雅釋文一卷，王雱爾雅注一卷，陸佃爾雅新義二十卷，陸佃爾雅貫義，鄭樵爾雅注三卷，潘翼爾雅釋，羅願爾雅翼三十二卷，洪焱祖爾雅翼音釋三十二卷，王柏爾雅六義，無名氏互注爾雅貫類一卷、爾雅音訓二卷、爾雅兼義十卷、爾雅發題一卷，計十四種而已。(註三二)下面所介紹的是今存的二部。

1. 陸佃　埤雅二十卷、爾雅新義二十卷

陸佃，山陰人。本書計釋魚二卷，釋獸三卷、釋鳥四卷、釋蟲二卷、釋馬一卷、釋木二卷、釋草四卷、釋天二卷。另有爾雅貫義，今已亡佚　又有爾雅新義，僅散見於永樂大典中。

2. 羅願　爾雅翼三十二卷

四庫全書總目提要稱本書考據精博，而體例謹嚴，在陸佃埤雅之上。今本另附有宋末元初洪焱祖的音釋。

(九)羣經總義

宋代將群經作綜合研究者，主要有下列三家：

1. 劉敞　七經小傳三卷

本書之作在集論經義之語，所謂七經是指尙書、毛詩、周禮、儀禮、禮記、公羊傳、論語等七經。然而公羊傳僅有一條，又只在校正傳文衍字，於傳義無所辨正。

2. 毛居正　六經正誤六卷

陳振孫書錄解題，謂其只講偏旁之疑似。四庫全書總目提要亦云：「今觀是書校勘異同，訂正訛謬，殊有補於經學，其中辨論旣多，不免疏舛者。」

3. 六經奧論六卷

本書舊題鄭樵撰。但四庫全書總目提要云：「今檢書中論詩皆主毛鄭，已與所著詩辨妄相反。又天文辨一條引及樵說，稱夾漈先生，足證不出樵手。又論詩一條，引晦菴說詩。考宋史樵本傳，卒於紹興三十二年，朱子詩傳之成，在淳熙四年，而晦菴之號則始於淳熙二年，皆樵不相及。論書一條，併引朱子語錄，且稱朱子之諡，則爲宋末人所作，具有明驗。」

以上三家均蒐在通志堂經解中，另四庫全書尙收有程氏經說七卷，楊甲六經圖六卷、岳珂刊正九經三傳沿革例一卷等書。從這些著作，正可反映出宋代經師能通羣經大義者，並不太多。

五、兩宋經學的代表學者—朱熹

朱熹，字元晦，一字仲晦，徽州婺源人。生於南宋高宗建炎四年（西元一一三〇年），卒於寧宗建元六年（一二〇〇），享年七十一歲，他在兩宋理學發展上是位重要的人物。可說是集邵雍、周敦頤、張載、二程子等之大成，致廣大、而盡精微。而在經學的研究上，同樣也是代表兩宋經學成果的大儒。著述之豐可與東漢的鄭玄相媲美，朱熹在理學上的成就，卽建立在經學的基礎上。宋史卷四百廿九道學傳云：「熹之學，既博求之經傳，復徧交當世有識之士。延平李侗老矣，嘗學於羅從彥，熹歸自同安，不遠數百里，徒步往從之。……黃榦曰：道之正統，待人而後傳。自周以來，任傳道之責者，不過數人。而其能使斯道章章較著者，一、二人而止耳，由孔子而後，曾子、子思繼其微，至孟子而始著。由孟子而後，周、程、張子繼其絕，至熹而始著。識者以爲知言。」現就朱熹在經學上的有關著作簡介如下：

(一)易　類

1. 周易本義十二卷

明朝永樂年間，編修五經大全，曾割裂本書卷次，附於程頤易傳。後世學者因厭程傳卷次繁多，於是專用本義合爲四卷。後世刊行本很多，有清內府校刊宋本，曹寅刊本，劉端臨翻刻宋本等，較爲有名。

本書旨在闡明易義，用辭相當簡潔明要。書前附有河圖、洛書、伏羲八卦次序、伏羲八卦方位、伏羲六十四卦次序、伏羲六十四卦方位、文王八卦次序、文王八卦方位、文王六十四卦卦變圖等，稱之爲河洛九圖。

2. 易學啓蒙四卷

見朱子遺書，全書共分爲本圖書、原畫卦、明蓍策，考變占四篇。

3. 蓍卦考誤一卷

朱子的易學除重視義理外，復以邵子之圖象而探究占筮之道理，本書撰述目的卽在此。易經揲蓍方法最早見於大傳，但不甚詳確。所以邵雍著有蓍卦辨疑，然而說愈多而法愈亂，朱熹便以邵氏之辨疑而爲之考誤。

除上述三書外，朱熹的易經著作已亡佚的還有易傳十二卷，古易音訓二卷，損益象說一卷，易問答二卷等書。其易學主要在恢復古本。其說易綜合象數，義理自成一家。

(二)書　類

根據直齋書錄解題、馬端臨文獻通考，著錄有朱熹書古經四卷，序一卷，今並亡佚。其門人黃士毅集有朱子說書遺說，名爲書說，宋志云七卷。又弟子蔡沈書集傳，亦經朱熹親校過，所以蔡氏書集傳，也可列爲朱熹書學的範疇。朱熹於書經雖無著作見存，但懷疑孔安國書爲僞，並指出書序可能是魏晉間人所作，如此疑惑，啓後人辨正僞古文尚書之端。

㈢詩　類

朱子早年說詩多用毛鄭說，後來疑大小序，自創新說，主要著作有詩集傳和詩序辨說。

1. 詩集傳三十卷

本傳在訓詁上多採用毛傳、鄭箋的說法，間也採用三家遺說，叶韻則本吳才老之說。在詩旨方面則大多參考歐陽修的詩本義。朱子曾自己認爲在其所釋諸經中，獨詩集傳最無遺憾。所以在當時有「東萊呂氏最精密，朱子實兼取之」的稱譽。其優點有：六義解說，簡明易識；詩旨判斷，時有高見；作法審訂較爲詳切；訓釋語譯，繁簡有則；注明讀音，有益後學。但也有一些受到後人批評的缺點：如所訂詩旨，仍多附會；淫奔之說最爲誤人。作法解說，常欠妥當；解釋文詞，常憑臆斷，叶韻改讀，缺乏依據。（註三三）

2. 詩序辨說一卷

鄭樵曾作詩辨妄，攻擊小序，朱子卽承襲了鄭氏的意見，而作成本書，或附於詩集傳後，今見於朱子遺書。他曾說：

> 小序大無義理，皆是後人杜撰，先後增益湊合而成，多就詩中採摭言語，更不能發明詩之大旨，才見有「漢之廣矣」之句，便以為「德廣所及」。才見有「命彼後車」之言，便以為「不能飲食教戰。」其他像行葦之序……等，解說謬誤不可勝說。後世但見詩序巍然冠

於篇首，不敢復議其非，並有解說，不過多為飾詞以曲護之者，其誤後學多矣。

朱熹以一代大儒，大反詩序之說，使一千二百年來說詩遵循毛傳，鄭箋的舊傳統發生動搖，其影響是無以倫比的。朱熹其他詩學著作還有毛詩集解、詩風、雅頌四卷、序一卷，今並亡佚。

(四)禮　類

儀禮經傳通解三十七卷

本書初名爲儀禮集傳集注，是朱熹晚年所修的書。以儀禮十七篇爲主，另取大小戴記及其他書傳有關禮者，附益之。全書分爲家禮、鄉禮、學禮、邦國之禮四部分。喪、祭二禮未完成朱熹卽過世。後門人黃榦修完喪禮，楊復重修祭禮。另外還有儀禮經傳集解、朱子井田譜、禮記辯等書，但書皆早已不見。

(五)孝經類

孝經刊誤

本書取古文孝經，分爲經一章、傳十四章、並且也刪改了孝經舊文二百二十二字。

除本書外，尙有孝經存異一書，但書亦已亡佚。

(六)四書類

1. 四書章句集註十九卷

所謂四書章句集註，包括大學章句一卷、論語集註十卷、孟子集註七卷、中庸章句一卷，本書可說是朱子平生精力所萃集之書，對後世的影響至爲深遠。

2. 四書或問三十九卷

朱子作四書章句集註以後，因諸家對集註仁智所見，紛紜不一，因此朱子特設問答，以明其去取之原委，而彙成本書。

3. 論孟精義三十四卷

本書是屬資料蒐集性質的書，初名要義，又名集義，主要在輯錄二程、張氏、范祖禹、呂希哲、呂大臨、謝良佐、游酢、楊時、侯仲良、周孚先等十二家解釋論孟之語而成，很明顯的可以看出是為了撰寫四書章句集註、四書或問的立論根據。

4. 中庸輯略二卷

本書是就石𡼖中庸集解刪其繁蕪而成。起初是附於中庸章句之末，以後單獨刊行。其他有關朱子四書方面的著作，還有大學集傳（或名大學集解）、大學詳說、大學啓蒙、論語要義、論語訓蒙口義、論語詳說、孟子集解、孟子問辨、中庸詳說，四書音訓等，從這些書可以看出，可能都是為了撰寫四書章句集註前，所做資料蒐集的準備工作。由此不難了解朱子治學態度的嚴謹慎重。

另外朱子語類從卷十六到卷九十二，都是在討論群經的一些問題，也是研究朱熹經說很重要的資料。朱熹從三十歲開始，即不斷的著書，相傳直到臨終前三日，仍在修改大學誠意章，足見其著作之勤。他的經學研究足以廓清自漢以來，許多學者給經學所帶來的支離紛雜的局面。如在易經方面：朱熹認為易本卜筮之書，後人的解釋常「憑虛失實，茫昧臆度」，曾評伊川易傳說：

「要立議論敎人，可向別處說，不可硬配在易上說。」又稱聖人要說理，「何故要假卜筮來說。」在詩經方面；他直接從詩經本文著手，放開了毛傳鄭箋，反對詩序，以爲「必欲如序者之意，寧失詩人之本意。」認爲詩經是文學之書，又將鄭衞多篇指爲淫奔之詩，批評「今人說詩，定有無限道理，而無一點意味」。在尙書方面：他首先提出伏孔二家今古文間的異同。稱「今文多艱澀，古文反平易。」對今文尙書中的盤庚、金滕、禹貢等篇也深致懷疑。在春秋經方面：他本認爲春秋義例不能自信於心，所以沒有專門著作，但對傳統的「褒貶」之說，以爲「春秋只是直載當時之事，要見當時治亂興衰，非是於一字上定褒貶。」又說後人對於此書「要去一字半字上理會褒貶，求聖人意，你如何知得他肚裏事」。朱子也反對春秋有凡例，以爲「非夫子之爲也」。同時又反對春秋的變例，以其類似「後世弄法舞文之吏之所爲」，非大中至正之道。有人以公羊、穀梁問他，他稱「據他看，亦是有那道理，但恐聖人當初無此等意」，可見他對春秋學也有相當深入的了解。在禮經方面：朱子反對專以考古爲事，他曾說：「禮樂多不可考，蓋爲其書不全，考來考去，考得沒下梢，故學禮者多迂闊」。他對於禮，主張「時爲大」，「因今禮而裁約其中，取其簡易，與曉而可行。」(註三四) 另外他又仿春秋、左傳作通鑑綱之。

朱子的學說受李侗、羅從彥、楊時、程伊川的影響很深。他在治學爲人上，主張窮理以致其知、反躬以踐其實。而歸結於居敬。對於羣經訓注的工作，自鄭玄、王肅以後，無人能出其右。元仁宗延祐年間，定科舉制度，明經所依據的標準本，易經卽採用朱子的周易本義，詩經也用朱子的詩集傳。尙書採用蔡沈的書集傳。春秋用胡安國春秋傳，禮記仍用鄭玄注，蔡沈是朱熹弟子，亦不出朱熹的系統。所以除了禮經和春秋外，都是以朱子的著作爲主，尤其四書集註，在民間流行更爲普及。可見朱子經學對當時及後世，都有極大的影響。馬宗霍在中國經學史一書，對朱子在經學上的貢獻有極客觀的論斷。他在中國經學史第十篇兩宋經學說：

朱子之學博綜旁通，不欲以道學自限。其平居教人治經，宜先看注疏，尤非空談性命，屏漢唐之學為不足取，假道學以自飾其淺陋者，所可同日而語；且不徒有取于漢唐注疏也。即同時之人，如胡瑗、歐陽修、晁説之、程迥、蔡元定之於易，王安石、蘇軾、林之奇、史浩、張栻、呂祖謙之於書，吳棫、歐陽修、呂祖謙之於詩，方慤、馬晞孟、呂大臨、吳仁傑之於禮記，張淳之於儀禮，陳傅良之於周官，孫復、蘇轍、呂本中、胡安國、程迥之於春秋，亦莫不擇善而從，絕無門戶之見。是故從其游者，義理固所涵泳，名物詁訓，亦所兼擇，五經傳授，皆有專門，舉其著者，若蔡淵撰周易經傳訓解，蔡沈撰尚書集傳，輔廣撰詩童子問，黃榦撰續儀禮經傳通解，張洽撰春秋集注，皆能申述師說，自成一家，卓然有以樹立于後。世謂朱子集宋學之大成，猶漢學之有鄭康成，非過譽也。

從馬氏平議，朱熹與鄭玄的確可稱得上是中國歷史上，最偉大的二位經學家。

六、兩宋治經的主要特色

由於兩宋特殊的政治環境，以及學術思想潮流的轉變，因此在經學的研究上，也與前代迴然有別。如前面所說的隋唐的義疏之學的發展，是到了兩宋才眞正的完成。又如孟子一書在經學上地位的確立，以及標榜四書，從事新經義的修訂，又特別著重易與春秋二經的研究；再如治經的取向趨於主觀，甚至於走上了疑經、改經的道路。這些在中國歷代經學的發展上，都是相當突出的。今歸納其要點，大概有下列幾點特色：

㈠擺脫章句箋注偏於義理

章句傳注訓詁之學，在漢魏經學家用力已深，後世學者如不改弦易轍，則恐難再超越前人，所以才有隋、唐義疏之學的興起，這種義疏之學不但重典章制度的考訂，也重義理的闡發，到了北宋邢昺編纂論語義疏，是一大轉捩點，今就通志堂經解所蒐和今存兩宋經學著作來看，絕大部分都是偏重義理的疏解，如易經有歐陽修易童子問、程頤易傳，尚書有蔡沈書集傳、陳大猷尚書集傳或問，詩經有歐陽修毛詩本義、王質詩總聞，三禮有王安石新經周禮義、衞湜禮記集說，春秋經有孫復春秋尊王發微、王晳春秋皇綱論等，都不是止於典章文物制度的訓詁考證而已，十分著力於義理的闡揚，陸九淵就曾說：「學苟知道，六經皆我註腳。」這與整個時代精神是相吻合的。朱子稱當世經學有三：一為儒者之經，二為文人之經，三為禪者之經，(註三五) 分別受到道學、文學、佛學之影響，所以經學偏於義理的弘揚，乃極其自然的現象。

㈡勇於懷疑敢於變古

兩宋學者疑經、議經、改經的習氣，至為普遍，稱得上是極具高度的懷疑精神。如懷疑經的作者，經的眞僞、經的篇章錯簡、經的傳注……等，對於羣經幾乎無所不疑。近人葉國良先生著有宋人疑經改經考，考辨甚詳。他在該書前言中稱宋人疑經大概可分為七方面：一是懷疑經書全部或部分非前儒所公認聖賢之書，二是懷疑經書非古本原貌而予以復原，三是考訂錯簡，爲一較有系統之整理，四是疑經義之不合理，五是考史實之誤謬，六是論章句之分合，七是校字句之脫衍等。（註三六）如此的勇於懷疑，實在是前所未見。根據葉先生的統計，凡兩宋曾疑經改經者，檢得一百三十人，若分別南北宋，北宋得四十四人，南宋得八十六人，是南宋疑經改經承繼北宋而烈於北宋。若以一人一經爲一單位，則北宋得八十三單位，南宋得一百七十三單位，是亦可見南宋疑經改經之風盛於北宋。（註三七）宋人敢於變古，勤於辨僞，如此實事求是，不失作學問之眞實態度，但如矯枉過正，難免會產生許多流弊，如流於穿鑿、孟浪，但大體說來，宋人的治經勇於懷疑，正面的意義大於負面。葉國良先生又說：

> 不忍以宋人之疑經改經為病，翃後人能辨別經書之僞，不惑於所謂聖人之言，多賴宋人啓發乎？竊嘗以為宋人疑經，所以尊經也，疑此經，所以尊他經；疑此經之一部分，所以尊此經之他部分。……竊又以為宋人改經亦尊經也，如朱子之於大學，若非以為其乃聖賢之遺書，必不費神改定也。此余所謂「改經亦尊經」也。（註三八）

如就研究經學而說經學，宋人疑經、議經、改經，並沒有輕視經學的意味，而是爲了弘揚經義，一般說來還相當講求態度、方法和證據，但不免有部分不夠精確、客觀，有待後人加以批判糾正。

(三)藉經義以弘王綱正人倫

兩宋外患特多，朝綱不振，加上受理學諸家學說的影響，所以弘揚王綱、重建人倫，常常成爲當時治經學者的用心所在。尤其以春秋經的研究最爲顯然。如北宋孫復作春秋尊王發微，即在端本尊王，黜權臣大夫專國。王晳著春秋皇綱篇，在其孔子修春秋篇說：「尊君與賢，旌善黜惡。」在尊王篇則說：「篤於三綱五常，明於義理之盡。」所以尊王宗周，正君臣之義，以闡揚春秋義法，即皇綱論的主要精神所在。孫覺作春秋經解則在弘揚尊王大一統之義，這正是兩宋時局之所需。如孫覺在其序云：

> 如經書王正月者，大一統也。先王人也，卑諸侯也。不書王戰者，以見天下莫之敵也。書王而加天者，別乎楚之僭僞也。

於春秋哀公十三年孫覺經解云：「內京師而外諸夏，尊天王也。」其端正王綱之意至爲明顯。再如蕭楚所作春秋辨疑，四庫全書總目提要述其書之大旨說：

> 以統制權歸天王，而深戒威福之移於下，雖多爲權姦柄國而發，而持論正大，實有合尼山筆削之義。

因宋室南遷以後，局勢混亂，國步更爲艱難，對春秋大義的闡發至爲迫切。如胡安國作春秋傳，實有警戒世人之義。王夫之宋論評之曰：

> 是書也，著攘夷尊周之大義，入告高宗，出傳天下，以正人心，而雪靖康之恥，起建炎之衰，誠當時之龜鑑矣！（註三九）

又如高閌作春秋集註在其隱公元年注云：

> 春秋之法，周稱天王，尊無二世；列國稱爵，重王命也；附庸稱字，尊命卿也；夷狄稱

> 名，隆中國也。

在莊公十年，集註又云：

> 商頌曰：奮伐荊楚，裒荊之旅；此高宗中興之時也。周雅曰：蠢爾蠻荊，大邦為讎；此宣王中興之時也。蓋荊最蠻夷之强者，中國盛則後服，中國衰則先叛，故中興之君尤以服楚為最。

其尊王攘夷之用心於此可見。他如陳傅良作春秋後傳、趙鵬飛作春秋經筌，也都是在詳察世變，以發揮春秋的微言大義，使王綱正，君臣合義，父子有親，長幼有序，夫婦有別，朋友有信，這些無非想藉振興王道，重建倫常，以匡正日走下坡的政局和社會。（註四〇）

㈣標立新說各抒己見

漢魏經師的羣經傳注，已爲後人解經奠定了良好基礎，就是隋唐的義疏，也是以不破注爲正例，所以周易王注，書孔傳，詩毛傳鄭箋，三禮鄭注，左傳杜預集解，穀梁范注，公羊何休解詁，便是後人研讀羣經所必須依循的古注。但到了兩宋說經，常喜標立新說，踰越舊軌，各抒己見。尤其在慶曆以後情況更爲嚴重，吳曾能改齋漫錄云：

> 國史云：慶曆以前，學者尚文辭，多守章句注疏之學，至劉原父為七經小傳，始異諸儒之說。（註四一）

如程子易傳，朱子周易本義，完全另闢蹊徑。在尚書一經有如泰誓：「皇天震怒，命我文考，肅將天威，大勳未集。」孔傳云：

言天怒紂之惡，命文王敬行天罰，功業未成而崩。

孔傳以爲文王已受命稱王，但宋歐陽修作泰誓論，胡宏作皇王大紀，李舜臣作羣經義，皆斥以爲非，謂文王未嘗稱王。（註四二）

又如洛誥：「王曰：公，予小子其退卽辟於周，命公後。」孔傳云：

我小子退坐之後，使就君於周，命正公後，公當留佑我。

孔穎達「命公後」正義云：「立公之世子爲國君。」蔡沈書集傳則說：

此下成王留周公治洛也，成王言我退卽居於周，命公留後治洛。謂之後者，先成王之辭，猶後世留守、留後之義。

蔡沈以「命公後」爲命周公留後治洛，與孔傳、孔疏不同。再如詩經方面，以往無不奉毛鄭爲圭臬，歐陽修作詩本義，主要卽在探討詩旨，且常議評漢儒舊說，抒發個人見解。如解「伐檀」詩「坎坎伐檀兮，寘之河之干兮，河水清且漣漪。」詩本義評曰：

毛謂伐檀以俟世用，若俟河水清且漣；如毛之說，是寘檀於濁河之側以俟河清，不可得也。據詩文，乃寘檀於清河之側爾，初無俟清之意，知毛之說非也。

其他像蘇轍詩集傳，鄭樵六經奧論、詩辨妄，程大昌詩論，朱子詩序辨說，詩集傳……等，都不全依前人說法，常獨創新意。再就三禮而論，兩宋治三禮之學雖比不上他經盛行，但也常不同於鄭玄、王肅等漢魏人的說法。皮錫瑞經學歷史云：

宋人治經，務反漢人之說。以禮而論，如謂郊禘是一，有五人帝，無五天帝，魏王肅之說

也。禘是以祖配祖，非以祖配天，唐趙匡之說也。此等處，前人已有疑義，宋人遂據以詆漢儒。(註四三)

這種更改前人傳注說法，在春秋三傳及其論孟諸經，也是常見的事。不過宋儒的出奇創新，也未必全是，如皮氏就批評說：

宋人盡反先儒，一切武斷；改古人之事實，以就我之義理，變三代之典禮，以合今之制度；是皆未敢附和以為必然者也。(註四四)

宋人解經，喜標立新說，當然不能否定其貢獻，但是皮氏的批評，對於後人讀宋人經注，在取擇之際，也有參考的價值。

宋代經學的主要特色，雖偏於義理，勇於疑古變古，藉經義以弘王綱正人倫，喜標立新說各抒己見。但在此大流下，也有不少經師效唐陸德明、李鼎祚爲經說做了存古的工作，如：房審權的周易義海，所採上自鄭玄，下迄王安石，凡百家。黃倫的尙書精義，其所徵引，自漢迄宋，亦極賅博。王與之的周禮訂義，所採舊說，凡五十一家。衞湜的禮記集說，自鄭注而下，所取凡一百四十四家。呂本中的春秋集解，自三傳而下，所集陸氏兩孫氏、兩劉氏、蘇氏、程氏、許氏、胡氏凡九家。高元之的春秋義宗，所采前後凡三百餘家。其間裒錄當代諸儒之說，特別的多，後代考宋學的，固可於數書而觀其滙，而魏了翁的九經要義，取諸經注疏之文，據事別類而錄之，每條之前，各爲標題，系以先後次第，此其意亦在存古，然前主於博，此主於約，體例迥殊，又如陳祥道的禮書，貫通經傳，縷析條分，前說後圖，考訂詳悉，則後世考通禮者之所自出。王應麟的三家詩考，輯周易鄭康成注，則後世輯佚書者之所取法。（註四五）這些潛在的治經態度，似乎又爲元明以後的經學發展，播下了深遠的伏機。

【附　註】

註一　參見宋史選擧志及王鳳喈中國教育史，頁一三四—一三五，正中書局。

註二　參見吳萬居宋代書院與宋代學術之關係，民國七十五年政大中文研究所碩士論文。

註三　見本田成之中國經學史第六章第三節宋底的經學，頁二三八引，廣文書局。

註四　參見胡楚生訓詁學大綱第三節爾雅的注疏，頁二六五，蘭臺書局。

註五　見朱彝尊經義考，卷二三三，中華書局。

註六　同前注。

註七　參見馬宗霍中國經學史，頁一一八，臺灣商務印書館。

註八　見司馬光作論風俗劄子，司馬溫公集，臺灣商務印書館。

註九　參見經與經學第十七章經學的衰落二，頁二〇八，世界書局。

註一〇　見屈萬里著宋人疑經的風氣，書傭論學集，開明書局。

註一一　朱子語類卷八十云：「詩序實不足信。向見鄭漁仲有詩辨妄，力詆詩序，其間言語太甚，以爲皆是村野妄人所作。始亦疑之，後來仔細看一兩篇，因質之史記、國語，然後知詩序之果不足信。」華世出版社。

註一二　見李覯盱江集二十二。常語下云：「或曰：地方七百里，有諸？曰：信也。然則孟子何言乎儉於百里也？因閟宮頌，僖公復周公之宇，而曰：『公車千乘，朱英綠縢。』千乘之地方三百一十六里有畸，山陵、林麓、川澤、溝瀆、城郭、宮室、涂巷不與焉，其何儉於百里也？世俗疑周官五百里，以其大也，是亦不思耳矣。諸侯之於天子，非若敵國然也；大國貢半，次國三之一，小國四之一。諸侯有其地，天子食其稅，譬之一郡而已矣。魯七百里，開方之而四十九，殆半王畿也。今之大郡不有半京畿者乎。」

註一三　見司馬溫公文集卷七十四，第二篇「陳仲子避兄離母」如下：疑曰：「仲子以兄之祿爲不義之祿，蓋謂不以其道事君而得之也；以兄之室爲不義之室，蓋謂不以其道取於人而成之也。仲子蓋嘗諫其兄矣，而兄不用也。仲子之志以爲吾既知其不義矣，然且食而居之，是口非之而身享之也，故避之居於於陵。於陵之室與粟，身織屨，妻辟纑，而得之也，非不義也，豈當更問其築與種之者誰邪。以所食之鶂，兄所受之饋也，故哇之，豈以母則不食，以妻則食之邪！君子之責人，當探其情；仲子之避兄離母，豈所願邪！若仲子者，誠非中行，亦狷者有所不爲也。孟子過之，何其甚與！」

註一四　晁說之嵩山文集云：「孟子：『凱風，親之過小者也。』而序詩者曰：『衞之淫風流行，雖有七子之母，猶不能安其室。』是七子之母者，於先君無妻道，於七子無母道，過孰大焉。孟子之言妄歟？孟子之言不妄，則序詩非也。」

註一五　同注七，頁一二五—一二六。

註一六　見朱震周易卦圖卷上，河圖前之序言，通志堂經解，頁六二一七，漢京文化事業有限公司。

註一七　參見朱彝尊經義考卷二十八，中華書局。

註一八　見陳振孫直齋書錄解題，廣文書局。

註一九　同前注。

註二〇　參見黃忠愼宋代之詩經學，民國七十三年政大中文研究所博士論文。

註二一　同注一八。

註二二　同注二〇。

註二三　參見倪天蕙宋儒春秋尊王思想研究，民國七十一年政大中文研究所碩士論文。

註二四　見四庫全書總目提要，卷二十六春秋類，頁五四六，藝文印書館。

註二五　同注一四，卷二十七。

註二六　同注二四，卷二十七。

註二七　同注二四，卷二十七。

註二八　同注二四，卷二十五。

註二九　同注二四，卷三十五。

註三〇　同前。

註三一　同前。

註三二　見盧國屏清代爾雅學，民國七十七年政大中文研究所碩士論文。

註三三　參見趙制陽著朱熹詩集傳評介，詩經名著評介，頁一二七，學生書局。
又：朱熹詩集傳以為男女淫佚之詩計二十四，即：(一)邶風靜女，(二)鄘風桑中，(三)衛風木瓜，（四）王風采葛，（五）丘中有麻，（六）鄭風將仲子，（七）遵大路，（八）有女同車，（九）山有扶蘇，（十）蘀兮，（十一）狡童，（十二）褰裳，（十三）東門之墠，（十四）丰，（十五）風雨，（十六）子衿，（十七）揚之水，（十八）出其東門，（十九）野有蔓草，（二十）溱洧，（廿一）陳風東方之日，（廿二）東門之池，（廿三）東門之楊，（廿四）月出。

註三四　見陸寶千著朱熹，中國歷代思想家第五册，頁一七—一八，商務印書館。

註三五　同注七，頁一一二。

註三六　詳見葉國良宋人疑經改經考，頁一，國立臺灣大學文史叢刊。

註三七　同注三六，頁一四八。

註三八　同注三六，頁一五五。

註三九　見宋論，卷十，河洛圖書出版社。

註四〇　見倪天蕙作宋儒春秋尊王思想研究，民國七十二年政大中文研究所碩士論文。

註四一　見能改齋漫錄，卷一。

註四二　見皮錫瑞經學歷史周注，頁二三九。

註四三　見經學歷史經學變古時代，頁二四九。

註四四　同前。

註四五　同注七，頁一二二—一二三。清人已言之，不始於馬氏。